Stefan Pertoft

Direkt vom Bauernhof in Niedersachsen

Stefan Pertoft

Direkt vom Bauernhof in Niedersachsen

Rund um Hannover: von Weser bis Harz, von Elbe bis Eichsfeld

Natürlich einkaufen und genießen

Eichborn.

Die Deutsche Bibliothek – CIP-Einheitsaufnahme

Pertoft, Stefan:
Direkt vom Bauernhof in Niedersachsen : Rund um Hannover :
von Weser bis Harz, von Elbe bis Eichsfeld /
Stefan Pertoft. – Frankfurt am Main : Eichborn, 1998
ISBN 3-8218-0533-1

Umschlaggestaltung: Christina Hucke
Layout und Satz: bLoch Verlag, Frankfurt am Main
Lektorat: Georg Simader
Druck und Bindung: Fuldaer Verlagsanstalt, Fulda
ISBN 3-8218-0533-1
Verlagsverzeichnis schickt gern:
Eichborn Verlag, Kaiserstraße 66, D-60329 Frankfurt am Main
http://www.eichborn.de

Inhalt

Vorwort zum Einkaufsführer »Direkt vom Bauernhof«

von Klaus-Jürgen Hacke, Präsident der Landwirtschaftskammer Hannover

Großmütter wissen es noch, früher gab's den Sack Kartoffeln für den Winter oder die frischesten Eier nur beim Bauern. Heute gibt's im Supermarkt in der Stadt einfach alles, und Vorratshaltung betreibt kaum noch jemand. Wozu also auf den Bauernhof fahren, um einzukaufen? Vielleicht, weil die Eier dort immer noch die frischesten sind? Ganz bestimmt aber, weil der Einkauf auf dem Bauernhof ein Erlebnis ist – für die ganze Familie. Immer mehr Verbraucherinnen und Verbraucher entdecken dieses Erlebnis. Für sie ist dieser Einkaufsführer gedacht.

Es ist dem Autor zu verdanken, daß das Einkaufserlebnis schon beim Lesen der Hofportraits und der Beschreibungen von typischen und ursprünglichen Lebensmitteln zu spüren ist. Wer also Heidelbeeren sucht oder Rhabarber, Spargel oder Bachforellen, der wird hier fündig. Zugleich erfährt der Leser Wissenswertes über Landschaften und touristische Ziele für den Sonntagsausflug. Die liebevollen Hofbeschreibungen liefern genug Vorabinformationen für das Schwätzchen mit der Bäuerin oder dem Bauern.

Adressenlisten von Bauernhöfen oder Direktvermarktern gibt es inzwischen viele. Dieses Buch ist mehr. Dem Autor ist es gemeinsam mit den Beraterinnen, die in der Landwirtschaftskammer für die Betreuung der Direktvermarktungsbetriebe zuständig sind, gelungen, ein Buch zu schreiben, das zu einem besseren Verständnis zwischen Stadt und Land beitragen kann. Das ist nicht hoch genug einzuschätzen in einer Zeit, in der viele Menschen so verunsichert sind wie noch nie zuvor, was die Qualität landwirtschaftlicher Produkte angeht.

Das beste Rezept gegen die Verunsicherung ist eben: sich selbst ein Bild machen, miteinander reden und – direkt genießen, was Niedersachsens Bauern zu bieten haben!

Klaus-Jürgen Hacke
Präsident

Ein Wort zuvor

Niedersachsen schmeckt. Ob Obst und Gemüse, Fleisch, Wurst, Käse oder Honig: Die fast 600 niedersächsischen Bauernhöfe in diesem Buch bieten ungeahnte Köstlichkeiten. Das reichhaltige Angebot unterscheidet sich von der anonymen Massenware aus dem Supermarkt vor allem in einem Punkt: Sie als Einkäufer wissen genau, wo Ihre Äpfel, Ihre Leberwurst, Ihr Seesaibling und Ihr Kohlrabi herkommen. Sie können im Hofladen die Bauersleute direkt nach Anbaumethoden u.ä. fragen, um mehr über die eingekauften Waren zu erfahren; die Namen der Ansprechpartner sind bei den Adressen im Buch genannt. Der Landwirt kann Ihnen zeigen, auf welchen Feldern der Kohlrabi gewachsen ist (das macht er in der Regel sehr gern) und wie man die Möhren am besten lagert. Hier können Sie als Kunde sichergehen, obwohl an den Kartoffeln kein Etikett klebt. Mit dem guten Gefühl, Gesundes eingekauft zu haben.

Und mehr noch: Das Einkaufen wird zum Erlebnis. Dazu gehört auch die Atmosphäre eines Bauernhofes: die noch warme Milch abfüllen und nebenan das zufriedene Muhen der Kühe hören. Sich mit der Bauersfrau über die besten Marmeladenrezepte austauschen. Oder den herumstolzierenden Hühnern ein paar Körner zuwerfen und die Lämmer streicheln. Nicht nur für Kinder sind das unvergeßliche Eindrücke. Aber gerade sie profitieren sehr davon, die Herkunft von Nahrungsmitteln zu erleben. Kein Buch oder Film kann ihnen das vermitteln. So besteht ein Besuch auf dem Bauernhof nicht nur aus dem Einkauf, sondern vielmehr im ganzheitlichen Erfahren des Landlebens.

Nebenbei lädt die frische Landluft zum Verweilen in der Natur ein: durchatmen, spazierengehen oder radfahren sind gute Möglichkeiten, die Umgebung bewußt aufzunehmen.
Das Buch hält viele Ausflugsvorschläge bereit, zu lockenden Zielen wie Mühlen, Schlössern, Aussichtstürmen und Seen oder einfach nur in die abwechslungsreiche Vielfalt der niedersächsischen Landschaft. Für kulturell Interessierte werden Hinweise auf Baudenkmäler, Museen und lohnende Sehenswürdigkeiten gegeben. Und auch gute Restaurants und Gasthäuser sind genannt, damit Sie Ihre Streifzüge nicht mit hungrigem Magen beenden müssen. Also: viele Ideen, um die liebgewordene Tour aufs Land mit einem Einkauf auf dem Bauernhof zu verbinden.

Zur leichteren Orientierung ist das Buch in sieben Regionen gegliedert, die abermals in Landkreise eingeteilt sind. So finden Sie rasch die Höfe in Ihrer Nähe, nach Ortsnamen alphabetisch aufgelistet (die einzelnen Gemeinden oder Ortsteile stehen im Register). Viele Bauernhöfe haben feste Öffnungszeiten (die hier aus Platzgründen nur als Ziffern angegeben sind: »Do 14-18.30« bedeutet also »Donnerstags von 14 Uhr bis 18.30 Uhr«). Wenn vermerkt ist: »nach Vereinbarung«, sollte man vorher kurz anrufen. Meist ist zwar jemand zu Hause, aber die Enttäuschung, festzustellen, daß justament an diesem Montagvormittag alle auf dem Feld sind, kann man sich ersparen. Zusätzlich zum Ortsregister steht am Ende des Buchs noch ein Spezialitätenregister – weiß man doch, daß immer mehr Verbraucher die guten Dinge gern selbst in Augenschein nehmen und auswählen.

An dieser Stelle heißt es noch Dank sagen an Peter Wachter von der Landwirtschaftskammer Hannover und an die Außenstellen-BeraterInnen in den einzelnen Landkreisen, die die Kontakte zu den einzelnen Höfen vermittelt und wichtige Informationen zur Verfügung gestellt haben.

Schließlich: Ohne Waldemar Thomas und Georg Simader wäre dieses Projekt nicht zustande gekommen. Und ohne die engagierte Mitarbeit von Anke Benstem, Silvia Hofmann, Thomas Kaiser und Pauline Pertoft wäre es nie in diesem Umfang beendet worden.

Bleibt mir, Ihnen viel Spaß beim Blättern und Entdecken zu wünschen. Auf daß das Buch im Rucksack, Fahrradkorb oder Autohandschuhfach zu Bauernhöfen führt, wo Sie das leckerste Brot, die delikateste Wurst und das aromatischste Obst finden.

Stefan Pertoft

Bewußt einkaufen

Obst und Gemüse kann man heute überall einkaufen. In jedem Supermarkt gibt es zu jeder Jahreszeit Tomaten, Äpfel und Erdbeeren. Diese Früchte unterscheiden sich zwar optisch nicht so sehr von den Waren, die auf einem Wochenmarkt oder auf einem Bauernmarkt angeboten werden, doch beim ersten Biß kann es dann doch eine unangenehme Überraschung geben:
Der Geschmack dieser Früchte, die häufig über lange Strecken aus anderen Ländern oder sogar von anderen Kontinenten importiert werden, hat oft nur noch sehr wenig mit dem echten Geschmack eines frischen Apfels oder einer in der Saison geernteten Erdbeere zu tun. Damit diese Früchte auch im Supermarkt nach Tausenden von Transportkilometern noch frisch aussehen, werden sie häufig unreif geerntet oder mit speziellen Verfahren haltbar gemacht. Es ist eine Binsenweisheit: Am besten schmecken Äpfel, Birnen oder Pflaumen, Rosenkohl oder Bohnen, wenn sie unmittelbar nach der Ernte direkt auf den Tisch kommen; und das geht eben nur, wenn diese Früchte auch bei uns Saison haben.

Der Einkauf auf dem Bauernhof vor den Toren der Stadt oder auf dem Bauernmarkt garantiert Frische und Geschmack. Denn dort werden ausschließlich frische, regionale Produkte angeboten. Aber nicht nur das Geschmackserlebnis macht den Einkauf auf dem Bauernhof so interessant. »Direkt vom Bauernhof« ist auch ein Tip für mehr Umweltfreundlichkeit beim Einkaufen. Wer auf dem Bauernhof, in der Gärtnerei oder in der Imkerei in seiner Nähe einkauft, handelt umweltbewußt. Denn es entsteht kein Verpackungsmüll, es werden nur minimale Transportwege gebraucht, es werden auch kleine Betriebe unterstützt und das Angebot ist saisonangepaßt. Und was nicht hoch genug einzuschätzen ist: Sie können die Landwirte jederzeit nach Anbaumethoden, Haltung und Fütterung von Tieren, Tips zur Lagerung von Produkten usw. fragen.

Nach dem 2. Weltkrieg bis hinein in die siebziger Jahre stand in der Landwirtschaft die Ertragssteigerung im Vordergrund. Pflanzenschutz und Düngung hatten jedoch negative Auswirkungen auf die Umwelt. In den achtziger Jahren wurden die Zusammenhänge zunehmend erkannt; heute spielt auch in der Landwirtschaft der Umweltschutz eine sehr große Rolle.

Neben der konventionellen Landwirtschaft gibt es eine steigende Zahl von landwirtschaftlichen Betrieben, die ökologische Landwirtschaft betreiben. Diese Bauern verzichten zum Teil völlig auf chemischen Pflanzenschutz und mineralische Düngung und stellen besondere Ansprüche an eine tiergerechte Haltung ihrer Rinder, Schweine oder Hühner. Die Nachfrage der Verbraucher nach diesen Bioprodukten steigt kontinuierlich an und ermutigt viele Landwirte, ihre Betriebe ebenfalls auf ökologischen Landbau umzustellen.

Was ist Bio?
Seit dem 1. Januar 1997 ist der Begriff *»Bio«* in Verbindung mit Lebensmitteln eindeutig definiert. Gemäß EU-Verordnung 2092/91 dürfen seitdem nur Produkte aus dem ökologischen Landbau mit diesem Zusatz verkauft werden. Sie müssen – das ist neu – auf allen Etiketten den Namen des Herkunftsbetriebes oder die zuständige Kontrollstelle angeben. Daneben gibt es Richtlinien und Werbezeichen zahlreicher »Anbauerverbände« des ökologischen Landbaus. In diesem Buch stößt der Leser immer wieder auf verschiedene Begriffe, die unterschiedliche Anbau- und Produktionsweisen charakterisieren. Die unterschiedlichen Verbände des ökologischen Landbaus in Deutschland haben sich in einem *Dachverband*, der AGÖL (Arbeitsgemeinschaft ökologischer Landbau e.V.), organisiert. Deren Hauptverbände seien im folgenden kurz erläutert.

BIOLAND: Organisch-biologischer Landbau
Dieser Anbauverband geht auf den schweizer Botaniker und Bauernführer Dr. Hans Müller und den deutschen Arzt Dr. Hans-Peter Rusch in den 30er bis 60er Jahren zurück. Hauptziel ist die Existenzsicherung des bäuerlichen Betriebs durch mehr Unabhängigkeit und unter strenger Beachtung der Einbindung in die ökologischen Bedingungen seines Standorts. Die Betriebe sollen unabhängig vom Zukauf von Futtermitteln, Dünger und Pflanzenschutzmittel werden, um die Betriebskosten zu senken und die Bodenfruchtbarkeit selbst aufzubauen. BIOLAND ist in Niedersachsen mit Abstand der bedeutendste Anbauverband: insgesamt ca. 10000 ha Land werden von 290 Betrieben nach dessen Richtlinien bewirtschaftet.

DEMETER: Biologisch-dynamische Wirtschaftsweise
Der Anthroposoph Rudolph Steiner ist der geistige Urvater dieses Verbandes. Bereits 1924 wurde in Anlehnung eines landwirtschaftlichen Kurses von Steiner aus natur- und geisteswissenschaftlichen Erkenntnissen heraus der Demeterverband gegründet. Der landwirtschaftliche Betrieb wird als ein lebendiger Organismus betrachtet, der auch immateriellen Einwirkungen unterliegt. So ist etwa der Mondkalender bei Aussaat und Ernte zu beachten. Die Landwirte benutzen spezifisch wirkende Präparate, die sie aus Natursubstanzen selbst

hergestellt haben; diese Präparate verstärken die Sensibilität der Pflanzen für kosmische Rhythmen und fördern das Zusammenwirken zwischen Boden und Pflanzen unter dem Einfluß der Gestirne. In Niedersachsen gehören ihm 86 Betriebe mit einer Fläche von 4372 ha an.

NATURLAND: Naturgemäßer Landbau
Dieser Verband wurde 1982 von Praktikern und Wissenschaftlern gegründet. Ziel ist, den naturgemäßen Landbau durch Umsetzung neuester naturwissenschaftlicher Erkenntnisse und regelmäßigen Erfahrungsaustausch sowie durch intensive Betreuung und Beratung der Landwirte und Gärtner zu fördern. Die Schwerpunkte der Arbeit liegen neben dem Aufbau einer dauerhaften Bodenfruchtbarkeit gleichermaßen im Pflanzenanbau und in der Viehwirtschaft. In Niedersachsen gibt es 19 Betriebe mit einer Fläche von ca. 1000 ha.

BIOPARK
Biopark wurde 1991 als zweiter ostdeutscher ökologischer Anbauverband in Mecklenburg/Vorpommern gegründet. Seit dem Frühjahr 1996 gehört er als neuntes Mitglied der AGÖL an und ist in dieser Gemeinschaft der flächenmäßig größte Anbauverband. In Niedersachsen ist er mit drei Schäfereien präsent.

ÖKOSIEGEL: Ökologischer Landbau
Ökosiegel wurde 1988 von erfahrenen ökologisch wirtschaftenden und neu umstellenden Landwirten in Norddeutschland gegründet. Der Verein hat Richtlinien insbesondere für den Anbau von Kartoffeln, Gemüse und Getreide sowie für die Milchhaltung entwickelt. 18 Landwirte mit gut 923 ha Fläche haben sich in Niedersachsen bisher angeschlossen.

ANOG: Umweltschonende Landwirtschaft
Die *Arbeitsgemeinschaft für naturnahen Obst-, Gemüse- und Feldfruchtanbau* ist der zweitälteste Anbauverband in Deutschland. Er wurde 1962 von dem Obstbauberater Leo Fürst mit spezieller Ausrichtung auf den Obst- und Gemüsebau gegründet. Seitdem traten auch Landwirte mit ackerbaulichen und tierhaltenden Betrieben bei. Die landwirtschaftlichen Nutzflächen werden umweltschonend bewirtschaftet, artgerecht gehaltene Tiere werden mit ökologisch erzeugten pflanzlichen Futtermitteln genährt, die biologischen Produkte unterliegen einer Kontrolle. Ziel der ANOG ist es, für immer größer werdende Bevölkerungsschichten Lebensmittel aus ökologischer Erzeugung bereitzustellen. Heute gehören der ANOG in Niedersachsen etwa 100 Betriebe mit einer Gesamtfläche von ca. 5000 ha an.

Die Verbände **BÖW** (Bundesverband Ökologischer Weinbau mit seinem eingetragenen Warenzeichen »ECO VIN«), **BIOKREIS** und **GÄA** (Vereinigung Ökologischer Landbau) sind in Niedersachsen nicht mit direktvermarktenden Höfen vertreten.

Jahreszeitenkalender

Die folgenden Übersichten sagen Ihnen, in welchen Monaten Sie frische Angebote heimischer Obst- und Gemüsesorten erwarten können.

Das Zeichen ● bedeutet: In diesen Monaten ist ein reichhaltiges Angebot auf dem Markt; das Zeichen ○ markiert Monate mit geringerem Angebot.

Obst	Frischobstangebote in den Monaten:											
	Jan.	Feb.	März	April	Mai	Juni	Juli	Aug.	Sept.	Okt.	Nov.	Dez.
Äpfel	●	●	●	○	○	○	○	○	●	●	●	●
Aprikosen					○	●	●	●	○			
Birnen	○	○	○	○	○	○	○	●	●	●	○	○
Brombeeren							○	●	●	○		
Erdbeeren					●	●	●	○				
Himbeeren						○	●	●	○			
Holunderbeeren									○	●	○	
Johannisbeeren						○	●	●				
Kirschen, süße					○	●	●	○				
Kirschen, saure						○	●	●	○			
Mirabellen						○	●	●	○			
Pfirsiche						●	●	●	○			
Pflaumen/Zwetschen						○	●	●	●	○		
Preiselbeeren								○	●	○		
Quitten									○	○	○	
Stachelbeeren						●	●	●				
Weintrauben							●	●	●	●		

Gemüse	Frischgemüseangebote in den Monaten:											
	Jan.	Feb.	März	April	Mai	Juni	Juli	Aug.	Sept.	Okt.	Nov.	Dez.
Artischocken		○	●	●	●	●						
Auberginen	○	○	○	○	●	●	●	●	○	○		
Bataviasalat	○	○	○	○	●	●	●	●	●	○	○	○
Bleichsellerie	○	○	○		○	○	○	○	○	○	○	○
Blumenkohl	○	○	●	●	○	○	●	●	●	●	○	○
Bohnen, grüne				○	○	○	●	●	●	○	○	○
Broccoli		○	○	○				●	●	●		
Champignons	●	●	●	●	●	●	●	●	●	●	●	●
Chicorée	○	○	○	○						○	○	○
Chinakohl	●	●	●	○	○				○	●	●	●
Eichblattsalat				○	●	●	●	●	●	○		
Eisbergsalat	○	○	○	○	●	●	●	●	●	●	○	○
Endiviensalat	○	○	○	○				○	○	○	○	○
Erbsen				○	●	●	●					
Feldsalat	○	○	○							●	●	●
Fenchel	○	○	○	○						○	○	○
Gartengurken						○	○	●	●	●	○	
Grünkohl	●	●	●	●						●	●	●
Kohlrabi		○	○	○	●	●	●	○	○			
Kopfsalat	○	○	●	●	●	●	●	●	●	○	○	○
Kürbis						○	○	●	●	●	○	○
Lollo Rosso	○	○	○	○	●	●	●	●	●	○	○	○
Meerrettich	●	●	○	○						○	●	●
Melonen	○	○	○	○	○	●	●	●	●	○	○	○
Möhren	●	●	●	○	○	○	○	●	●	●	●	●
Paprikaschoten	○	○	○	○	○	○	○	●	●	●	○	○
Petersilie	○	○	○	○	○	○	○	○	○	○	○	○
Porree/Lauch	○	○	○	○	○	○	○	●	●	●	●	●
Radieschen	○	○	○	○	●	●	●	○	○	○	○	○
Rettich	○	○	○	○	●	●	●	●	●	○	○	○
Rhabarber			○	●	●	○						
Rosenkohl	●	●	○	○						○	●	●
Rote Bete	●	●							○	●	●	●
Rotkohl	●	●	●	○	○	○	●	●	●	●	●	●
Salatgurken	○	○	○	○	○	○	○	○	○	○	○	○
Schwarzwurzeln	●	●	●							○	○	○
Sellerieknollen	●	●	●	○					○	●	●	●
Spargel			○	●	●	●						
Spinat	○	○	●	●	●	○	○	○	●	●	○	○
Steckrüben	●	●	○						○	●	●	●
Tomaten	○	○	○	○	○	○	●	●	●	○	○	○
Weißkohl	●	●	●	○	○	○	●	●	●	●	●	●
Wirsing	●	●	●	○	○	○	●	●	●	●	●	●
Zucchini	○	○	○	○	●	●	○	○	○	○	○	○
Zuckermais								●	●			
Zwiebeln	●	●	●	●	●	○	○	●	●	●	●	●

I. Von der Waterkant bis zur Wümme-Niederung

Landkreis Cuxhaven

Rittergut Valenbrook. Lambert Leisewitz
Gut Valenbrook
27624 Bad Bederkesa-Fickmühlen
✆ 04745 / 208, Fax 04745 / 931086
Geöffnet: Gutsladen Mo-Fr 9-12 u. 14-17, Sa 9-12, ansonsten Selbstbedienung

❑ Herrschaftlicher Gutshof

Rittergut Valenbrook: eine geschlossene Hofanlage mit stattlichem Herrenhaus und Hofgebäuden aus dem Jahre 1900. Dazu gehören 300 ha Land und 7,5 ha Obstplantage. Die Tiere des Hofes: 70 Milchkühe, 60 Mutterkühe der französischen Herdbuch-Fleischrinder der Rasse Salus sowie 50 Charolaisrinder samt Nachzucht. Im Gutsladen hat man die Auswahl zwischen Eiern, Obst, Kartoffeln, im Frühsommer Erdbeeren, Marmelade, Hausmacher Wurst, Fleisch, Wild und Käse. Nur 3 km entfernt liegt die Seenplatte Flögeln.

Hof Bösch. Hermann und Annette Bösch
Hörne-Ost 28
21730 Balje-Hörne
✆ 04753 / 841050, Fax 04753 / 841051
Geöffnet: Tägl. 9-18.30, Mi geschlossen

❑ Einkaufen am Wochenende

– das bieten Anette und Hermann Bösch ihren Kunden an. So läßt sich der Einkauf ideal mit einem Sonntagsausflug in die schöne Umgebung verbinden. Das Fachwerkhaus aus dem Jahre 1780 liegt direkt am Obstmarschenweg und hält ein großes Angebot bereit: Wurst und Schinken nach alten Hausmacher Rezepten, Brot und Kuchen – selbstgebacken, süß-sauer eingekochte Gurken und Kürbisse, naturreiner Apfelsaft aus eigener Herstellung, Konfitüren ohne Konservierungsstoffe, Frucht-Liköre, kleine Geschenkartikel von den Landfrauen der Umgebung und und und... In direkter Nachbarschaft kann man in den Restaurants *Zwei Linden* oder *Armer Ritter* gepflegt essen gehen. Und danach ein Ausflug ins Naturkundemuseum *Natureum* auf der Osteinsel, das seine Besucher mit der heimischen Flora und Fauna bekannt macht.

Hof Dünenfähr. Carsten Böhm
27612 Bexhövede
✆ 04703 / 929832, Fax 04703 / 929815
Geöffnet: Werktags 8-18, Sa 8-16, So 10-12

❑ Im Geest-Moor

mit Wald und in Meeresnähe liegt der Obst- und Gemüsehof von Carsten Böhm. Verkauft werden Äpfel, Zwetschen, Kirschen und allerlei Beerenobst. Vegetarier werden hier (p)fündig – die ganze Welt des heimischen Gemüses ist versammelt: Spargel, Erbsen, Bohnen, Möhren, Porree, diverse Kohlarten und vieles andere mehr. Außerdem gibt's Kartoffeln, Weizen und Roggen sowie, aus eigener Herstellung, Konfitüren, Obstsäfte, Sauergemüse, Brot und Brötchen. Ein breites Angebot aus Zukauf ergänzt die Waren-Palette. Für das leibliche Wohl sei die Gaststätte *Unter den Buchen* in Loxstedt empfohlen. Der Ausflugstip: In Bremerhaven das geschäftige Treiben der Fischerei und des Containerterminals beobachten.

Ada Fischer
27476 Cuxhaven/Arensch
✆ 04723 / 3201, Fax 04723 / 2118
Geöffnet: Fr 16-18

❑ Bio-Hof am Nordseedeich

Der Bioland-Hof von Bäuerin Ada Fischer liegt in einer abwechslungsreichen Landschaft: Die Mutterkuhherde weidet mit ihren Kälbern in den Sommermonaten auf den Salzwiesen des Nationalparks Wattenmeer, die Äcker liegen auf einem Küsten-Geestrücken zwischen Wald und Heide. Neben geräucherten Fleischwaren vom Rind und vom Schwein bietet Ada Fischer auch Frischfleisch und Geflügel aus artgerechter Tierhaltung an. Als Spezialität gilt hierbei das Ochsenfleisch, das – wie das Schweinefleisch auch – in achtel, viertel oder halben Anteilen auf Bestellung zu haben ist. Die Schinken und Wurstwaren werden ohne chemische Zusätze, nur unter Verwendung von Meersalz und Gewürzen hergestellt. Aus organisch-biologischem Anbau gibt es außerdem Kartoffeln sowie Getreide zum Brotbacken in 25 kg-Säcken. In Cuxhaven lohnt das Museums-Feuerschiff Elbe 1 an der Klappbrücke im Hafen einen Besuch.

Demeter-Hof Dorfhagen.
Elisabeth Quentin u. Jürgen Mehrtens
Lindenstr. 29
27628 Dorfhagen
✆ 04746 / 6743
Geöffnet: Freitag nachmittag und nach telefonischer Absprache

❑ Alte Haustierrassen

Der über 300 Jahre alte, ökologisch bewirtschaftete Gemischtbetrieb von Elisabeth Quentin und Jürgen Mehrtens liegt am Rande der Drepteniederung. Hier wird eine naturgemäße Waldbewirtschaftung betrieben. Neben Mutterkühen und Schweinen tummelt sich auch eine kleine Schafherde auf dem Hofland. Es handelt sich dabei um alte, robuste Haustierrassen, darunter etwa das Angler-Sattelschwein. Der anerkannte Demeter-Hof verkauft Brotgetreide (Roggen, Weizen, Dinkel) und Kartoffeln sowie Fleisch und Wurst von Rindern, Lämmern und Schweinen aus eigener Aufzucht. Hofbesichtigungen sind nach Vereinbarung möglich.

Obsthof Cordes. Ilse und Claus Cordes
Pingwörden 15
21784 Geversdorf
✆ 04752 / 479, Fax 04752 / 556
Geöffnet: Tägl. 9-19

❑ Altes Bauernhaus mit Reetdach

Direkt an der B 73 zwischen Stade und Cuxhaven, am Kilometerstein 42, liegt das alte reetgedeckte Bauernhaus von Ilse und Claus Cordes. Der integrierte Obstanbau-Betrieb wird seit 1925 von der Familie bewirtschaftet. Im Hofladen werden Äpfel, Birnen, Honig und Obstler feilgeboten. Aus Zukauf von Bauern der Umgebung sind Kartoffeln und Eier erhältlich. Im benachbarten Wingst laden der Baby-Zoo, eine Kamelienzucht, der Aussichtspunkt Olymp und das Waldmuseum zu einem Besuch ein.

Kreideseefischerei Pöpke.
Monika und Horst Pöpke
Dorfstr. 9
21745 Hemmoor
✆ 04771 / 7497, Fax 04771 / 8124
Geöffnet: Fr 9-12 u. 14-18 u. Sa 9-12 sowie nach tel. Vereinbarung

❑ Preisgekrönter Räucherfisch

Aus Netzgehegen im Hemmoorer Kreidesee und einer eigenen Quellwasser-Aufzuchtanlage mit Bruthaus stammen die Fische, die im Pöpkeschen Laden zum Verkauf ausliegen. Vom Ei bis zum fertigen Räucherfisch bekommt der Kunde bei Seesaibling, Forelle und Lachsforelle alles aus einer Hand. 1995 gewann Horst Pöpke mit Räucheraal, Räucherforelle und Wikinger-Räucherlachs die Großen Preise der DLG. Frisch oder geräuchert, aus eigener Zucht sowie ergänzend aus Zukauf, hier hat man eine große Auswahl: Seefische, Garnelen, Austern und Hummer, Seesaibling, Lachs, Forelle, Aal, Makrelen und vieles mehr. Übrigens, man kann sich die See- und Meerestiere auch schicken lassen. Außerdem bieten die Pöpkes einen Plattenservice an. Im Freilichtmuseum kann man einiges über die Geschichte der Zementproduktion erfahren.

Hof Lilienthal
Holsselerfeld 11
27607 Holßel
✆ 04742 / 1402
Geöffnet: nach Vereinbarung

❑ Fleisch, Wurst, Kartoffeln

Vom Autobahnzubringer Neuenwalde/Dorum gelangt man nach Holßel, wo sich der Hof Lilienthal in landschaftlich schöner Alleinlage befindet. Aus eigener Haltung kann Frischfleisch bestellt werden: je nach Wunsch die Menge eines halben, viertel oder achtel Rindes sowie eines ganzen oder halben Schweins. Zudem sind Wurst und Kartoffeln erhältlich.

Margarete und Hermann von Schnehen
Holter Allee 30
27612 Holte
✆ 04744 / 5603, Fax 04744 / 5603
Geöffnet: Fr 9-18, Sa 9-13

❑ Milch, Joghurt, Weichkäse und mehr

20 km südlich von Bremerhaven liegt in Holte das 250 Jahre alte Rittergut der Familie von Schnehen. Die Tiere des Bioland-Betriebs setzen sich aus 50 Milchkühen und deren Nachwuchs, Ochsen, Hühnern, Gänsen und Merino-Schafen zusammen. Ab Hof bekommt man frische Kuhmilch, aus der auch Joghurt und verschiedene Weichkäse hergestellt werden. Außerdem im Angebot: Eier, Geflügel, Lammfleisch und Lammfelle. Auf Bestellung ist Rindfleisch zu haben. Zu einem Ausflug bietet sich die südlich von Holte gelegene alte Burg Hagen in schöner Umgebung an.

Familie Klaus
Buchenweg 10
27628 Hoope
✆ 04795 / 605
Geöffnet: Mo-Fr 9-12 u. 14-18,
Sa 9-12 u. 14-17

❑ Hausmacher Wurst

Von Carlstedt auf der B 6 in Richtung Bremerhaven/Hagen fährt man in Hoope vor der Esso-Tankstelle rechts in den Buchenweg hinein und gelangt so zum Hof von Familie Klaus. Aus eigener Aufzucht und Haltung sind sämtliche Sorten Wurst vom Schwein nach Hausmacher Art erhältlich: Mett- und Leberwurst, Schinken und Teewurst, Rot- und Bratwurst und vieles andere mehr. Auf Bestellung kann man Rinderviertel, Lammfleisch, Schweinehälften, Hähnchen, Puten und Landeier von freilaufenden Hühnern mit nach Hause nehmen. Für Große und Kleine veranstaltet Familie Klaus auf der Diele einen »Weihnachtszauber« mit Tieren. Bei Interesse vorher anfragen!

Landfrauenmarkt
Mislag 37
21775 Ihlienworth
✆ 04755 / 506
Geöffnet: Von März bis Dezember jedes zweite Wochenende im Monat; Fr 13-18, Sa 9-16

❑ Engagierte Landfrauen

Der Landfrauenmarkt-Verein nutzt die alte Molkerei in Ihlienworth – ein altes traditionelles Gebäude. Dort sind ein Café und eine Verkaufshalle untergebracht. Der Verein hat es sich zur Aufgabe gemacht, heimische, saisonbezogene Produkte umweltfreundlich zu vermarkten. An verschiedenen Ständen werden Gemüse, Kartoffeln, Obst, Saft und Eingemachtes, Wurst, Fisch, Käse und Eier angeboten. Außerdem gibt's Frischblumen und Trockengestecke, sowie allerlei Kreatives, von den Frauen selbst hergestellt. Im Café kann man bei Kuchen und Getränken gemütlich beisammensitzen und klönen. Der Einkauf läßt sich aber auch ideal mit einer Schiffsfahrt auf der Medem verbinden.

Hof Barward. Frerk Osterndorff
27607 Imsum
✆ 0471 / 82915 oder 0171 / 8910317, Fax 0471 / 82915
Geöffnet: in der Erbeersaison (Ende Juni-Ende Juli) tägl.

❑ Frische Seeluft

weht rund um den 35 Jahre alten Aussiedlerhof Barward. Zum Grünlandbetrieb von Frerk Osterndorff gehören 60 Kühe. Verkauft werden in der Saison, vom 25. Juni bis Ende Juli, frische leuchtend rote Erdbeeren.

Agrarhof Opitz. Karl u. Bärbel Opitz
Hauptstr. 19
27616 Kirchwistedt
✆ 04747 / 8881, Fax 04747 / 8884
Geöffnet: tägl. 8-19

❑ Kartoffeln und Spargel

Wurst von eigenen Mastschweinen und Mastbullen, Eier von freilaufenden Hühnern, Spargel und Kartoffeln – das sind die Köstlichkeiten, die Karl und Bärbel Opitz ihren Kunden täglich anbieten. Für Kinder gibt es eine Spielmöglichkeit auf dem Hof. Im angeschlossenen *Meyer's Gasthof*, der ebenfalls von den Opitz' geführt wird, kann man vor oder nach dem Einkauf die gutbürgerliche Küche genießen.

Hof Gerdes
Kleiner Weg 5
27624 Kührstedt
✆ 04708 / 1063
Geöffnet: tägl. 9-18

❑ Pferde, Ponys und andere Tiere

Am Ortsrand von Kührstedt liegt der 60 ha große Hof von Peter Gerdes. Hier tummeln sich allerlei Tiere: Kühe, Rinder und Kälber, Pferde, Ponys, Katzen und ein Hund. Zu kaufen gibt's Spargel, Kartoffeln, Schinken und Eier, teilweise aus Zukauf von Nachbarbetrieben ergänzt. Ganz in der Nähe befindet sich ein Reiterhof. Die Geeste lädt zum Angeln und Bootsfahren ein.

Albert und Luise von der Lieth
Hauptstraße 45
27624 Kührstedt-Alfstedt
✆ 04745 / 7531, Fax 04745 / 7531
Geöffnet: werktags 9-17 Uhr

❑ Kartoffeln: Von Marabell bis Celina

Linda, Celina, Secura, Marabell und Regina – das sind die klangvollen Namen der Speisekartoffeln, die Luise und Albert von der Lieth auf ihrem Hof im Oberdorf von Alfstedt zum Verkauf anbieten. 4 km entfernt liegt der Touristenort Bederkesa mit herrlichem See.

Monika und Wilfried Hencken
Birkenhof
27607 Langen-Sievern
✆ 04743 / 911347 oder 911348,
Fax 04743 / 911349

❑ In freier Natur

120 Rinder und Milchkühe halten Monika und Wilfried Hencken auf ihrem 70 ha großen Aussiedler-Hof, der ganz in der freien Natur gelegen ist. Gleich in der Nähe sind die herrliche Moorlandschaft und ein Naturschutzgebiet zu bewundern. Zu kaufen gibt es auf dem Birkenhof Vorzugsmilch, Butter, Frischkäse und Eier.

Hof am Eckeberg. Carsten Schlepegrell
Wremerspecken
27607 Langen-Sievern
✆ 04743 / 911253 oder 911254,
Fax 04743 / 911255
Geöffnet: Haustürlieferung;
ab Hof Mo-Sa 8-18

❑ Gutes aus Milch

In idyllischer Landschaft mit Wällen und Hecken hat sich Familie Schlepegrell vor kurzem einen neuen Hof erbaut; die Bauweise des Gehöfts ist im alten Stil gehalten. 40 Schwarzbunte Kühe und deren Nachzucht weiden auf dem Grünland. Aus eigener Herstellung gibt's Vorzugsmilch sowie verschiedene Sorten Frischkäse und Joghurt, das man sich mit einer Früchtemischung aus ökologischem Anbau geschmacklich verfeinern kann.

Günther und Ursel Appel
Gackauer Str. 12
27628 Lohe
✆ 04748 / 1738, Fax 04748 / 1738
Geöffnet: Tägl. 7-20;
Markt: Mi u. Sa in Bremerhaven

❑ Lukullischer Spargel

Auf 4 ha Land bauen Günther und Ursel Appel die »Königin des Gemüses« – den guten Spargel – an, den man in der entsprechenden Saison von morgens früh bis in den späten Abend auf dem Hof erhält. Neben dem Spargelanbau haben die Appels noch eine Hähnchenmästerei.

Hans Stucke
Heinrich-Luden-Str. 28
27612 Loxstedt
✆ 04744 / 2300
Geöffnet: Nach tel. Vereinbarung

❑ Auf Geestland

liegt der 150 Jahre alte Hof von Hans Stukke. Er betreibt eine extensive Mutterkuhhaltung: Ungefähr 180 »Welsh Black« weiden auf dem Grünland. Zum Hof gehören außerdem noch einige Hühner und Schweine. Nach Absprache sind hier Fleisch- und Wurstwaren erhältlich.

Onno und Ute Hansmann
Meckelstedter Str. 22
27624 Meckelstedt
✆ Fax 04745 / 6601
Geöffnet: Selbstbedienungsstand tägl. 8-19

❑ Kartoffeln und Sommergemüse

Eine gut befahrbare Einfahrt führt zu dem alten, gut erhaltenen Bauernhaus von Familie Hansmann. Zu dem 63 ha großen Grünlandbetrieb gehören 70 Kühe mit Nachzucht. An einem Selbstbedienungsstand erhält man 3 verschiedene Sorten Kartoffeln (Früh- und Mittelsorten). Im Sommer gibt's Gemüse aus dem Garten. Aus Zukauf vom Hofladen Wisch in Otterndorf ist Kohl erhältlich – von Kohlrabi über Rotkohl bis hin zu Weißkohl.

Hof von Döhlen
Dorumer Str. 20
27607 Neuenwalde
✆ 04707 / 396, Fax 04707 / 637
Geöffnet: Tägl. 7-20. Wochenmarkt:
Mi u. Sa 7-13 in Bremerhaven, Bogenstraße

❑ Kartoffeln, Kohl, Kräuter und mehr

Am Autobahnzubringer Neuenwalde, zwischen Bremerhaven und Cuxhaven, liegt der Hof von Jens und Ursel von Döhlen. Kartoffelanbau und Milchviehwirtschaft ist ihr Metier. Aus eigener Erzeugung werden im Hofladen Kartoffeln, Eier, Zwiebeln, Kohl und Kräuter sowie Mettwurst nach Hausmacher Art angeboten.

Dreyer's Gemüsehof
Wurster Str. 44
27637 Nordholz
✆ 04741 / 1379 oder 0161 / 3411045
Geöffnet: Mo-Di u. Do-Fr 9-12 u. 13-18;
Mi u. Sa 17-18

❑ 100 verschiedene Kulturen

werden auf Dreyer's Gemüsehof angebaut: darunter 10 verschiedene Salate, 15 verschiedene Kohlgemüse und 20 Gurkengewächse, 25 Sorten Kräuter, diverse Wurzel- und Zwiebelgemüse sowie Kartoffeln. Auch Obst ist erhältlich. Ein Eldorado nicht allein für die vegetarische Küche. Eine Spezialität: vom Hof Dreyer veredeltes Gemüse wie Möhrenbrot oder schwarzer Johannisbeersaft, Senf- und Gewürzgurken. Auf dem Hof laufen Tiere frei herum, so daß die Kleinen bestimmt nicht ungeduldig werden, wenn die Großen sich ob der Riesen-Auswahl lange nicht entscheiden können.

Volker Brüns
Sieltrieft 47
27637 Nordholz-Cappel-Neufeld
✆ 04741 / 1594, Fax 04741 / 2590
Geöffnet: werktags 8-12 u. 13-18;
Mi u. Sa Märkte in Cuxhaven u. Geestemünde

❑ Gemüse aus biologischem Anbau

Direkt vor dem Ortseingang von Cappel-Neufeld ist der Hof von Volker Brüns zu finden. Knapp 12 ha Land und 5 Ochsen gehören zum Betrieb. Aus biologischem Anbau sind Gemüse aller Art zu haben. Angeboten werden außerdem Stauden und, aus zukauf, Südfrüchte und Zierpflanzen.

Reimer und Ulrike Esselborn
Norderende 27
21762 Osterbruch
✆ 04751 / 4866, Fax 04751 / 6721
Geöffnet: Mo-Sa 10-18

❑ Kinderkarussell unter altem Walnußbaum

Nur 4 km von Elbe und Nordsee entfernt liegt der 15 ha große Obstbaubetrieb von Reimer und Ulrike Esselborn. Kirschen, Pflaumen, Birnen und Äpfel werden hier von den Bäumen geerntet und zum Verkauf angeboten. Außerdem gibt's diverse Obstbrände und aus Zukauf vom bekannten Hofimker Honig. Lust auf Früchte aus dem eigenen Garten? Unter fachkundiger Beratung kann man in der angeschlossenen Baumschule Obstbäume kaufen. Eine Attraktion für die Kleinen: das Kinderkarussell unter einem alten Walnußbaum.

Bioland-Hof Nubhusen
Nubhusen 10
21762 Osterbruch-Nubhusen
✆ 04754 / 642
Geöffnet: tägl. 16-18

❑ Schafkäse und Lammfleisch

Auf dem Grünland von Hof Nubhusen tummeln sich 60 Milchschafe und deren Lämmer. Thomas Wilksen verkauft hier aus eigener Herstellung verschiedene Sorten Schafskäse. Auf Bestellung gibt es Lammfleisch. Eine Sehenswürdigkeit ganz in der Nähe ist die Mühle von Osterbruch.

Heidi und Werner Toenjes
Cuxhavener Landstr. 6
21762 Otterndorf
✆ 04751 / 4166, Fax 04751 / 4166
Geöffnet: Juli-Januar tägl. 8-20

❑ Gemüse und Rindfleisch

Zu dem konventionellen Gemischtbetrieb von Heidi und Werner Toenjes gehören gut 100 ha Land sowie 200 Ochsen und Bullen. In der zweiten Jahreshälfte wird täglich Gemüse und Rindfleisch verkauft. Erholungsbedürftige können hier Ferien auf dem Bauernhof unternehmen; der Badesee »See achtern Diek« lädt im Sommer zum Sonnenbaden, Schwimmen und rasanten Luftmatratzenfahrten ein.

Hofladen Otterndorf
Stader Landstr. 16
21762 Otterndorf
✆ 04751 / 5901, Fax 04751 / 5901
Geöffnet: Tägl. 9-18

❑ Fleisch und Wurst, Obst und Gemüse

Außerhalb von Otterndorf, an der B 73, liegt der Hofladen von Heike Wisch; nach einem Brand wurden 1990 neue Gebäude errichtet. Allerlei Tiere müssen hier versorgt werden: 20 Kühe, 40 Bullen und 60 Kälber sowie Schweine, Pferde und Hühner. Außerdem wird Acker- und Gemüseanbau betrieben. Im Laden kann man Hausmacherwurst, Rind- und Schweinefleisch erstehen. Sodann Obst und Gemüse der Saison, Geflügel, Eier, Eingemachtes und Konfitüren. Aus Zukauf gibt's Kartoffeln, Obst, Honig und Wein. Auf Wunsch kann der Hof besichtigt werden. In der Otterndorfer Altstadt veranschaulicht das Kranichhaus-Museum den bürgerlich wohlhabenden Lebensstil des 18. und frühen 19. Jahrhunderts. Im Gebäude der historischen Stadtscheune zeigt das Musuem moderner Kunst – Studio A- und die Sammlung konkreter Kunst nationale und internationale Kunstwerke nach 1945.

Putenhof von Karmeke.
Jan-Barnim u. Susanne v. Karmeke
Hainmühlen 3
27624 Ringstedt-Hainmühlen
✆ 04708 / 625
Geöffnet: nach Vereinbarung

❑ **10 000 Puten**
Lust auf Putenfleisch? Zwischen Wassermühle und Golfplatz liegt der 150 Jahre alte Hof von Susanne und Jan-Barnim von Karmeke. Neben 10.000 Puten werden hier 40 Schafe gehalten. Wenige Kilometer südlich von Ringstedt lädt das Freilichtmuseum Frelsdorf zu einem Besuch ein.

Hof Stinstedter Mühle
Mühlenweg 21
21772 Stinstedt
✆ 04756 / 8211, Fax 04756 / 8199
Geöffnet: nach Vereinbarung

❑ **Schnucken- und Rindfleisch**
Der 30 ha große Ökosiegel-Betrieb von Thomas und Ulla Müller liegt an einem alten Mühlenstandort. Die Tiere des Hofes: das sind 21 Mutterschafe und 8 Mutterkühe jeweils mit Nachzucht. Verkauft werden Erzeugnisse aus Schnucken- und Rindfleisch. Einen Besuch wert ist der Steingarten von Lamstedt mit seiner außergewöhnlichen Sammlung von Findlingen, den steinernen Zeugen der Eiszeit.

Familie Klaus
Am Deich 8
27628 Wurthfleth
✆ 04296 / 418
Geöffnet: tägl.;
Bauernmarkt: Fr 13-18 in Golzwarden

❑ **An der Weser**
liegt der Hof von Hans-Wilhelm Klaus. Aus eigenem Anbau verkauft werden Kartoffeln, zahlreiche Sorten Kohl, Porree, Gurken, Salat, Kürbis, Kräuter, Sellerie und einiges mehr aus der gesunden vegetarischen Abteilung. Ein spannendes Erlebnis für die Kleinen: Angeln für Kinder. Gemütlich einkehren kann man in den Gasthäusern von Sandstedt und Uthlede.

Landkreis Stade

H.-H. und I. Meinke
Rickstücken 2
21702 Ahlerstedt-Ottendorf
✆ 04166 / 287, Fax 04166 / 8336
Geöffnet: Tägl. 14.30-18 außer Fr

❑ **Hofladen mit Café**
Abseits der großen Straßen, in dem kleinen Ort Ottendorf, liegt der Hof von Familie Meinke. Im Hofladen stammen alle Produkte aus eigener Tierhaltung und eigener Erzeugung: Selbstgebackenes Brot, Wurst aus Hausschlachtung sowie Flugenten, Poularden und Puten aus Freilaufhaltung. Außerdem gibt's Konfitüren, Präsentkörbe, Torten und Kuchen. Die selbstgemachten Köstlichkeiten kann man auch im angeschlossenen Café probieren. Hier stehen den Gästen 130 Sitzplätzen und eine Terrasse für die kleine Erholung zur Verfügung.

Kartoffelhof Richters.
Karin u. Bernd Richters
Königsdamm 12
21698 Bargstedt-Frankenmoor
✆ 04164 / 2574, Fax 04164 / 1354
Geöffnet: Sommer: Selbstbedienungsstand bis in den späten Abend;
im Winter von 8-20

❑ Zwei Schottische Hochlandrinder und freilaufende Hühner

können die Kunden des Kartoffelhofs im alten Moor-Siedlungsdorf ganz aus der Nähe betrachten. Den Schwerpunkt beim Ackerbau haben Karin und Bernd Richter auf die Kartoffeln gesetzt, die mit dem CMA-Gütesiegel ausgezeichnet sind. Neben den Erdäpfeln gibt es Eier besagter Hühner zu kaufen. Für Kinderspaß ist gesorgt: eine große Sandkiste, eine Schaukel und ein Balance-Balken lassen bestimmt keine Langeweile aufkommen.

Spargelhof Werner
Hauptstr. 9
21717 Deinste
✆ 04149 / 308, Fax 04149 / 1388
Geöffnet: Mai-Juli tägl. 8-18,
Okt.-April Do 15-18, Fr 9-18, Sa 9-12

❑ Spargelkuchen

Mitten im Dorf liegt das Hofgebäude von Familie Werner, erbaut 1848 mit Fachwerk und Reetdach. Von Mai bis Juli bekommt man hier Erdbeeren und Gemüse, insbesondere Spargel, Spargelsalate und – man höre umd staune – sogar Spargelkuchen. Von Oktober bis April werden dagegen Geschenkartikel, Obst der Saison sowie aus Zukauf Eier und Kartoffeln angeboten. Brot aus eigener Erzeugung und Wurst aus Zukauf gibt es rund ums Jahr. Angelteiche laden in Deinste dazu ein, sich in Ruhe und mit viel Geduld den eigenen Fisch zu fangen. Wer's nicht abwarten mag, kann es auch einfacher haben und im Fischrestaurant des Orts Einkehr halten.

Obstbaubetrieb Michel
Theisbrügger Str. 10
21706 Drochtersen
✆ 04143 / 6602
Geöffnet: in der Saison 8-18

❑ Obst der Saison

Direkt am Obstmarschweg in Kehdingen, an dem viele denkmalgeschützte Hofanlagen stehen, liegt auch der Obstbaubetrieb von Hans Georg Michel. Je nach Saison kann man sich hier mit allerlei Obst versorgen: Erdbeeren, Süß- und Sauerkirschen, Pflaumen, Zwetschen und Birnen. Das ganze Jahr über sind Äpfel erhältlich. Die frühere Elbinsel Krautsand lädt zum Wandern ein.

Heinrich Schütt
Aschhorner Moor 3
21706 Drochtersen
✆ 04148 / 1506
Geöffnet: tägl. 8-18

❑ Blaubeeren

Neben seinem Milchviehbetrieb mit rund 100 Kühen und Rindern baut Heinrich Schütt auch Blaubeeren an, die er von August bis September verkauft. Der Ausflugstip für die Umgebung von Drochtersen: Deichwanderungen oder Barkassenfahrten auf der Elbe.

Heike und Ralf Dittmann
Alte Dorfstr. 1
21717 Fredenbeck
✆ 04149 / 920275, Fax 04149 / 920276
Geöffnet: nach Vereinbarung

❑ Freilandeier und Sonnenblumen
In der Ortsmitte von Fredenbeck, in der Nähe des Rathauses, liegt der Dittmannsche Hof. 160 ha Land, Kühe und Bullen samt Nachzucht und jede Menge Hühner gehören dazu. Hier bekommt man Freilandeier, hausgemachte Marmelade und Sonnenblumen. Aus Zukauf sind Kartoffeln und Honig erhältlich. Im Sommer verheißt hier der öffentliche Badesee mit Spielplatz erfrischende Abkühlung – der Eintritt ist übrigens frei. Hunger und Durst? Die Gasthäuser *Zur Dorfschänke* und *Niedersachsendorf* können da gewiß Abhilfe verschaffen.

Obstbaubetrieb Kristina und
Heinz Hauschildt
Lühedeich 72
21720 Grünendeich
✆ 04142 / 2746, Fax 04142 / 4843
Geöffnet: werktags. Markt: Mi 7-12
in Uetersen, Kleine Twiete 72

❑ Direkt am Lühedeich
liegt der Obstbaubetrieb Hauschildt. Seit über 100 Jahren befindet er sich in Familienbesitz. Heute sorgen moderne Obstanlagen und Obstlagerung sowie eine schonende Sortierung für größtmöglichen Genuß. Verkauft werden Äpfel und saisonbedingtes Obst wie Erdbeeren, Kirschen, Johannisbeeren, Pflaumen, Zwetschen und Birnen. Aus Zukauf sind außerdem Kartoffeln, Eier, Apfelsaft, Honig, Obstbrände und Likör erhältlich. Wie wäre es mit einer erholsamen Deichwanderung an der Lühe vor oder nach dem Einkauf? Wer Bequemeres vorzieht: In einer Viertelstunde ist man an der Elbe, von wo aus man z.B. einen Schiffsausflug nach Hamburg starten kann.

Obsthof Barghusen
Nincoper Str. 192
21129 Hamburg-Neuenfelde
✆ 040 / 7459198
Geöffnet: tägl. 9-18

❑ Obst der Saison
10 ha Land nutzt Familie Barghusen für den Obstanbau. Je nach Jahreszeit kann man hier die verschiedensten Früchte erstehen: Äpfel, Birnen, Pflaumen, Zwetschen, Himbeeren, Stachelbeeren, Kirschen und Johannisbeeren. Aus Zukauf gibt es außerdem Kartoffeln, Eier und flüssiges Obst in Form eines gebrannten Obstlers. Ein Besuch in der Neuenfelder Kirche lohnt allein wegen der berühmten Arp-Schnitger-Orgel, die noch heute im Gottesdienst zu hören ist.

Obsthof Beckmann.
Annegret und Gerd Beckmann
Hollernstr. 97 a
21723 Hollern-Twielenfleth
✆ 04141 / 7220, Fax 04141 / 76626
Geöffnet: tägl. 9-18.
Café-Restaurant tägl. ab 11

❑ Gartenterrasse unter alten Kirschbäumen
Mitten im Ort, an der Hauptdurchgangsstraße, liegt der große Altländer Hof. Aus eigener Produktion verkaufen die Beckmanns Äpfel, Kirschen, Pflaumen und Birnen. Außerdem gibt es selbstgekochte Marmelade und Altländer Obstschnäpse. Honig und Kartoffeln aus Zukauf vervollständigen

das Angebot. Der Dackel Elvis und das Hof-Pony lassen sich gerne von Jung und Alt streicheln. In einem wiederaufgebauten Fachwerkhaus von 1766 werden Antiquitäten ausgestellt und zum Verkauf angeboten. Im gemütlichen Café-Restaurant, das täglich ab 11 Uhr öffnet, kann man bei schönem Wetter auf der herrlichen Gartenterrasse unter alten Kirschbäumen ausruhen.

Obsthof Eckhoff
Hollernstr. 95
21723 Hollern-Twielenfleth
✆ 04141 / 70420, Fax 04141 / 76607
Geöffnet: Mo-Sa 8-18, So 10-18

❑ Streichelziegen

Im Zentrum von Twielenfleth liegt der Obsthof Eckhoff, der sich seit 400 Jahren im Besitz der Familie befindet. Hier bekommt man Erdbeeren, Kirschen, Äpfel, Birnen, Pflaumen und andere Früchte der Region. Des weiteren gibt's Apfelsaft aus eigener Herstellung, Fruchtweine und Obstbrände sowie selbstgemachte Gelees. Brot aus dem Holzofen, Honig, Kartoffeln und Hausmacher Wurst runden das Sortiment ab. Kinder werden sich wohl am meisten für die Streichelziegen interessieren. Für Gruppen von mindestens 15 Personen werden Führungen durch den Obsthof offeriert. Wem die Gegend gefällt, der kann auch den Urlaub hier verbringen: Familie Eckhoff vermietet moderne, komfortable Ferienwohnungen.

Obstbaubetrieb Hanna und Reinhold Feindt
Neuenschleuse 13
21635 Jork
✆ 04162 / 8630, Fax 04162 / 8630
Geöffnet: April-Nov. tägl. 10-19,
Nov.-April tägl. 10-18

❑ Bei schönem Wetter Picknick-Atmosphäre

Direkt am Elbe-Sandstrand liegt der Obsthof von Familie Feindt. Vor dem Bauernhaus befindet sich ein Yacht-Hafen und die Kreisstraße 39, die Hamburg mit Stade verbindet. Neben selbsterzeugtem Obst der Saison wird im Hofladen eine breite Palette hausgemachter Wurst- und Schinkenspezialitäten angeboten. Obstbrände aus der dortigen Brennerei, selbst hergestellter Apfelsaft, eigener Kirschblütenhonig sowie Gelees und Konfitüren nach ganz alten Rezepten gehören für Familie Feindt einfach dazu. Auch an Sonn- und Feiertagen gibt es frischen Kuchen und Brot. Bei schönem Wetter haben Besucher die Möglichkeit, auch draußen unter Obstbäumen Kaffee zu trinken oder die angebotenen Räucheraale und Forellen gleich vor Ort zu verzehren. Großer Beliebtheit erfreuen sich auch die herzhaften Wurst- und Schinkenbrote und die hausgemachten Obstweine.

Obsthof Heinrich
Osterjork 97
21635 Jork
✆ 04162 / 201
Geöffnet: Werktags durchgehend,
So nach tel. Absprache

❑ Jork – Mittelpunkt des Alten Landes

Das herrliche Altländer Fachwerkhaus von Familie Heinrich wurde nach einem Brand

1848 neu erbaut. Das Obst aus integriertem Anbau wird in Speziallagern aufbewahrt und verkauft. Je nach Jahreszeit gibt es Erdbeeren, Süß- und Sauerkirschen, Johannisbeeren, Pflaumen, Birnen oder Äpfel. Die Attraktion: Nur einige km weiter nordwestlich befindet sich der Lühe-Anleger mit wunderschönem Kinderspielplatz, Ausgangspunkt für Touren mit der Fähre.

Der Herzapfelhof. Hein u. Beate Lühs
Osterjork 102
21635 Jork
✆ 04162 / 8954, Fax 04162 / 8160
Geöffnet: tägl.

❑ Herzapfelführungen für Verliebte

bieten Hein und Beate Lühs ihren Besuchern an. Der Obsthof ist auch idealer Anlaufpunkt für Fahrradausflüge. Zu kaufen gibt es Obst der Saison, allerlei Obstprodukte sowie Dekoratives rund ums Obst. Spezialität sind die Äpfel mit Herz, die nicht nur bei Verliebten begehrt sind. Wanderungen durch den Obsthof sind möglich. Eine weitere Attraktion ist das Kirschen-Naschen; so ein Kirschzwillingspärchen überm Ohr schmückt nicht nur die Kinder. Die Früchte werden auch frei Haus versandt.

Obsthof Elisabeth und Gerd Lefers
Osterjork 140
21635 Jork
✆ 04162 / 375, Fax 04162 / 8075
Geöffnet: tägl.

❑ Feiern in der Strohdachscheune

Direkt am Obstmarschenweg liegt der Hof mit dem spitzen Giebeldach von Familie Lefers. Im Hofladen werden rund ums Jahr Obst der Saison, Obstler, Obstsäfte, Apfelbrand und Liköre angeboten. Aus Zukauf sind Kartoffeln und Honig zu haben. Im Dezember gibt's Weihnachtsbäume aus eigener Plantage. Auch für das Freizeitvergnügen halten Lefers allerhand bereit: Die rustikale, urgemütliche Strohdachscheune kann für Feste gemietet werden. Außerdem gibt's jede Menge Gruppenangebote: Boßeltouren durch den Obsthof, einen »Erntespaß«, Obstproben und Betriebsbesichtigungen mit fachkundiger Führung.

Obsthof Anke und Hinrich Olters
Osterladekop 19
21635 Jork
✆ 04162 / 364, Fax 04162 / 364
Geöffnet: nach tel. Vereinbarung

❑ Picknick im Apfelblüten-Meer

Der 13 ha große, reine Obstbaubetrieb von Anke und Hinrich Olters ist alter Familienbesitz. Je nach Saison sind hier Kirschen, Pflaumen, Zwetschen, Birnen und Äpfel zu haben. Wenn die Apfelbäume blühen, können Spaziergänge im Obsthof unternommen werden. Dann ist es auch möglich, in der Blütenpracht ein Picknick zu halten. An jedem zweiten Wochenende im September lädt Familie Olters zum Tag des offenen Hofes ein. Bis nach Buxtehude sind es 10 km.

Obstbaubetrieb Hans-Jacob Ueck
Osterjork 45
21635 Jork
✆ 04162 / 8163, Fax 04162 / 5758
Geöffnet: Tägl. 10-18

❑ Mit 18 Sorten Süßkirschen

kann Obstbauer Hans-Jacob Ueck aufwarten. Außerdem haben die Kunden die Wahl zwischen 5 verschiedenen Sorten Äpfeln sowie Pflaumen, Zwetschen, Mirabellen und Quitten. Weitere Köstlichkeiten aus der eigenen Herstellung: Apfelsaft (ohne Zuckerzusatz und Konservierungsstoffe), Konfitüren und Gelees, verschiedene Obstweine, Obstbrände und Liköre. Auf der Suche nach einem Geschenk? Hier gibt es dekorative mundgeblasene Flaschen und Bürgeler-Keramikprodukte zu kaufen. Kein Problem, in dieser herrlichen Gegend etwas länger zu verweilen: Familie Ueck betreibt eine Privatpension mit vier Doppelzimmern – dann bleibt auch mehr Zeit für das schöne Jork mit seinen jahrhundertealten Fachwerkhäusern, seinen beiden sehenswerten Kirchen und der Borstler Mühle.

Obsthof von Husen.
Kerstin und Henning von Husen
Osterjork 66
21635 Jork
✆ 04162 / 5629, Fax 04162 / 9711
Geöffnet: tägl. ab 10, außer Di

❑ **Zu jeder Jahreszeit reizvoll**
ist diese Landschaft im Herzen des Alten Landes – so schwärmen Kerstin und Henning von Husen: im Mai die Obstbaumblüte, im Juli hängen die Kirschbäume voll mit knackigen Kirschen und im Herbst leuchten die roten Äpfel an den Bäumen. Direkt am Obstmarschenweg liegt ihr Obsthof, seit 200 Jahren in Familienbesitz. Nach Richtlinien des integrierten Landbaus baut sie auf 13 ha Land Äpfel, Kirschen, Birnen und Pflaumen an. Zu kaufen gibt es außer Obst noch hausgemachte Konfitüre und Säfte, Apfelsaft aus eigenen Früchten, Obstbrände aus dem Alten Land sowie Wurstwaren, Kartoffeln und Eier aus Zukauf. Eine Schaukel und Spielzeug sorgen dafür, daß es Kindern während des Einkaufs nicht langweilig wird.

Obstbaubetrieb Annelie und
Hinrich Lindemann
Groß Hove 10
21635 Jork-Hove
✆ 04162 / 440, Fax 04162 / 440
Geöffnet: Nach tel. Vereinbarung

❑ **Obsthof mit Ferienwohnungen**
Dicht an der neugebauten Estebrücke befindet sich der Obstbaubetrieb von Familie Lindemann. Je nach Saison kann man Kirschen, Erdbeeren, Äpfel, Birnen, Pflaumen oder Zwetschen kaufen. Außerdem gibt's Apfelsaft, Obstler, Speziallikör, Zwetschen- und Kirschwasser sowie Apfelbrand. Auf der Suche nach einem Urlaubs-Domizil im Alten Land? Familie Lindemann vermietet vier Ferienwohnungen in ruhiger Lage, umgeben von Kirschbäumen. Ganz in der Nähe sind viele nette Lokale. Auf guten Rad- und Wanderwegen, die zur Elbe führen, läßt sich die Landschaft erkunden.

Obsthof Köpcke
Estebrüggerstr. 16
21635 Jork-Königreich
✆ 04162 / 7726, Fax 04162 / 7726
Geöffnet: tägl.

❑ **Fast alle Sorten Obst**
bieten Hans-Peter und Liesel Köpcke auf ihrem 23 ha großen Obsthof ihren Kunden rund ums Jahr an; ein ganzes Königreich an Obst in diesem idyllischen Königreich. Von hier aus ist es nicht mehr weit zur ehemaligen Hansestadt Buxtehude mit sehenswerter historischer Altstadt.

Hofladen Burfeind
Hofweg 3
27449 Kutenholz
✆ 04762 / 8133, Fax 04762 / 2509
Geöffnet: Werktags

❑ Eier, Brot, Naturkost

Mitten in Kutenholz, auf der Staader Geest, steht das alte Niedersächsische Fachwerkhaus von Ulrike und Johann Burfeind, die einen Futterbau- und Marktfruchtbetrieb haben und Rind- wie Milchvieh halten. Die Katzen, Kälber, Kaninchen und die zwei kleinen verspielten Dackel des Hofes werden vor allem die Kinder entzücken. Im Hof gibt es Eier von freilaufenden Hühnern aus dem Nachbarort, Brot vom Hofladen Meybohm sowie Reform- und Naturkostprodukte.

Anneliese und Alfred Wiegers
Großer Rübenkamp 3
21614 Neukloster
✆ 04161 / 87455
Geöffnet: nur im Sommer zur Erntezeit

❑ Obst und Grünkohl

Mitten im Landschaftsschutzgebiet »Neukloster Forst«, am Verbindungsweg Neukloster-Apensen, liegt der 50 ha große Hof von Familie Wiegers. Hier werden Schweine und Schafe gehalten, auf 10 ha Land wächst Beerenobst. Zur Erntezeit gibt es aus eigener Erzeugung: Erdbeeren, rote und schwarze Johannisbeeren, Stachelbeeren, Himbeeren, Süßkirschen, Pflaumen und Zwetschen sowie Grünkohl.

Hofladen und Scheunencafé.
Harald Tiedemann u. Ellen Bartsch
Kötnerende 3b
21726 Heinbockel
✆ 04144 / 3583 o. 8831
Geöffnet: tägl. 14-18

❑ Ponyreiten und Streicheltiere

Der 50 ha große Betrieb mit Milchvieh und Bullenmast vereint einen Hofladen mit einem Scheunencafé. Aus eigener Erzeugung bekommt man Rind- und Putenfleisch, Kartoffeln und Zuckermais. Die Attraktion für Kinder sind die Streicheltiere und das Pony-Reiten.

Landkreis Osterholz-Scharmbeck

Vorzugsmilchbetrieb Behrens
Wörpedorfer Str. 40
28879 Grasberg
✆ 04208 / 2417 oder 0161 / 3415769,
Fax 04208 / 2499
Geöffnet: nach Vereinbarung

❑ Frische Vorzugsmilch

Ungefähr 200 Jahre alt ist der 65 ha große Grünlandbetrieb von Günther Behrens, auf dem Kühe und Pferde gehalten werden. Hier bekommt man gute Vorzugsmilch, Molkereiprodukte sowie Eier aus Bodenhaltung.

Brigitte und Johann Behrens
Wörpedorfer Str. 8
28879 Grasberg
☽ 04208 / 1205
Geöffnet: Tägl.

❑ Kartoffeln und Hausmacher Wurst

Zum Hof von Familie Behrens, der in Grasberg direkt an der L 133 zu finden ist, gehören 150 Mastschweine und 110 Bullen. Zu fast jeder Tageszeit bekommt man hier herzhafte Hausmacher Wurst und Kartoffeln zum Einkellern. Aus Zukauf sind Eier zu haben.

Carsten und Johann Gerken
Seehauser Str. 19
28879 Grasberg
☽ 04208 / 3354 oder 1253
Geöffnet: tägl. 16-19. Markt: Di, Do u. Sa 6-13 in Bremen-Findorff

❑ Kartoffeln, Gemüse und Obst

Neben dem Ackerbau hält Familie Gerken 30 Kühe und 40 Kälber auf ihrem Hofland. Aus eigenem Anbau werden Kartoffeln, Bohnen, Erbsen und Möhren verkauft. Aus Zukauf direkt vom Erzeuger gibt es außerdem Obst, vom Großmarkt Südfrüchte. Nur 6 km von Grasberg entfernt liegt das Künstlerdorf Worpswede, das durch Fritz Overbeck, Paula Modersohn-Becker, Rainer Maria Rilke und Heinrich Vogeler zu Ruhm kam. Unbedingt ansehen!

Meyerdierks Hofladen
Moorhauser Landstr. 33
28865 Lilienthal
☽ 04298 / 2196, Fax 04298 / 5882
Geöffnet: Mi-Fr 9-13 u. 14.30-18, Sa 9-13; in der Spargel- und Erdbeerzeit täglich

❑ In weiter Moor- und Wiesenlandschaft

Seit 1567 wird der Hof von direkten Vorfahren der Familie Meyerdierks bewirtschaftet. Aufgrund des moorigen Bodens wird 80% des Besitzes als Grünland genutzt. Zum Betrieb gehören Kühe mit Nachzucht, Schweine und Pferde. Das Wohnhaus auf dem Hofplatz wurde 1895 im Niedersachsen-Stil auf einer Wurt erbaut – einem künstlich aufgeworfenem Siedlungshügel, der gegen Hochwasser schützen soll. Aus eigener Erzeugung sowie aus Zukauf von Landwirten der Region gibt es: Hausmacher Wurst, Knochenschinken und auf Bestellung Schweine- und Rindfleisch. Außerdem Kartoffeln und Eier von freilaufenden Hühnern, Obst und Gemüse der Saison sowie Marmelade nach eigenen Hausrezepten. Etwas Besonderes: Brot und Kuchen aus dem Steinbackofen. Präsentkörbe kann man sich nach eigenem Geschmack zusammenstellen und herrichten lassen.

Windlers Spieskommer.
Heiner u. Angela Windler
Bergstr. 69
28865 Lilienthal-Seebergen
☽ 04298 / 31130, Fax 04298 / 31673
Geöffnet: Mo-Sa 9-11.30 u. 17.30-18, Fr. 9 bis 11.30 u. 16-18

❑ Rinderschau auf Nutztierroute

40 Kühe mit Nachzucht und 20 Schweine zählt Angela Windler ihr eigen. Der Futter-

baubetrieb ist 70 ha groß, davon werden auf 5 ha Land Marktfrüchte angebaut. Das Angebot der »Spieskommer«: Gemüse und Kartoffeln, Fleisch und Wurstwaren, Konfitüren und Säfte, Brot, Kuchen, Eier und Milch. Fürs Auge gibt es Sommerblumen und Trockenkränze. Zur Verbesserung des Rindfleischabsatzes haben sich die Landwirte der Ortsteile Heidberg und Seebergen etwas ganz Besonderes einfallen lassen: Sie planen eine Nutztierroute, auf der verschiedene Rinderrassen präsentiert werden sollen.

Bioland-Hof Meyenburg.
Sabine Stoewenau u. Volker Ehlers
Uthleder Str. 9
28790 Schwanewede-Meyenburg
✆ 04209 / 4070, Fax 04209 / 4070
Geöffnet: Di u. Fr 9 -12 u. 14-18.
Wochenmarkt: Di, Do, Sa 7-13 in Vegesack, Sedanplatz

❏ **Hühner füttern**
zählt zu den Lieblingsbeschäftigungen der Kinder, die mit ihren Eltern zum Einkaufen auf Hof Meyenburg kommen. Das 1889 erbaute, denkmalgeschützte Fachwerkhaus mit Reetdach liegt im alten, sehr schönen Ortskern von Meyenburg. Der Hof wird nach den Richtlinien des Bioland-Verbandes bewirtschaftet. Auf den leichten Sandböden gedeihen Kartoffeln und Gemüse besonders gut. Auf dem Grünland tummeln sich Milchschafe, eine kleine Mutterkuhherde mit Kälbern und Weidegänse. Im Hofladen sind Geflügel, Lammfelle, Lamm- und Rindfleisch zu haben, sowie verschiedene Sorten Wurst. Die vegetarische Abteilung bietet Obst und alle Arten Gemüse, Eier und Kartoffeln, Molkereiprodukte, Honig, Getreide und Backwaren. Ein Spaziergang durch Meyenburg mit seiner reizvollen, ursprünglichen Bebauung ist sehr zu empfehlen; zwei Gasthäuser laden zur Einkehr.

Meyers Hofladen
Ortstr. 1
27711 Osterholz-Scharmbeck
✆ 04791 / 4283, Fax 04791 / 12601
Geöffnet: Do Sa 9-13, Fr 9-18.30. Bauernmarkt: letzter Samstag im Monat in Meyers Scheune

❏ **Zwei Ponys**
und 160 Rinder gehören zum Grünlandbetrieb von Irmgard Meyer. Der 400 Jahre alte Hof liegt im Einzugsbereich des ehemaligen Klosters Osterholz. Das aus Zukauf ergänzte Sortiment des Hofladens umfaßt Rindfleisch und Wurst, Eier und Käse, Brot, Kartoffeln, Spargel, Obst und Obstler, Honig sowie handwerkliche Arbeiten.

Hof Asendorf. Ilse-Marie u. Erich Asendorf
Ortsstr. 1
28790 Schwanewede-Eggestedt
✆ 04209 / 1663
Geöffnet: Mi-Fr 9-18, Sa 8-14; zwei Wagen fahren zu insgesamt 5 Wochenmärkten

❏ **Rindfleisch, Erdbeeren und mehr**
Direkt am Autobahnzubringer Bremen-Nord liegt Hof Asendorf, der nun schon in vierter Generation bewirtschaftet wird. Auf 7 ha Land wachsen hier Erdbeeren; 300 Schweine, 28 Rinder, 200 Puten und ebensoviele Hühner zählen zum »tierischen Inventar«. Der Hofladen bietet Rindfleisch, Wurst und Schinken, Eier, Äpfel, Erdbeeren, Brot und Kuchen sowie Fertiggerichte. Sodann aus Zukauf: Kartoffeln, Gemüse und allerlei Geflügel. Zur Adventszeit kann man hier auch einen Weihnachtsbaum erstehen.

Hof Morisse. Kirsten u. Klaus Morisse
Vorbrucher Str. 33
28790 Schwanewede-Neuenkirchen
✆ 0421/68798, Fax 0421/68798
Geöffnet: Nach tel. Vereinbarung

❑ Ein Leasingschwein mit Schleife

– wär' das nicht mal eine wirklich originelle Geschenkidee? Klaus Morisse macht's möglich, er »verleiht« die quiekenden Glücksbringer, die durchaus später einmal portioniert im Tiefkühlschrank landen können. Sein Hof, obwohl noch in Stadtnähe bei Bremen, liegt bereits in ländlicher Umgebung. Bis zu 80 Mastschweine, auf Stroh mit Getreide gemästet, sowie 15 Schlachtrinder werden jährlich gehalten. Nach telefonischer Bestellung kann man Schweinehälften und Rinderviertel erwerben. Saisonbedingt gibt es Puten und Masthähnchen. Einkehren kann man im *Neuenkirchener Landhaus*, 2 km entfernt fließt die Weser. In Bremen-Farge (3 km vom Hof) stellt der 500 m lange U-Boot-Bunker Valentin aus dem 2. Weltkrieg mit seinen 6 bis 8 m dicken Betonmauern eine touristische Attraktion dar.

Hof Lütjen. Friedrich Lütjen
Verlüßmoor 24
27729 Vollersode
✆ 04793 / 1654 oder 2975,
Fax 04793 / 3802
Geöffnet: Mi u. Fr 9-18, Sa 9-12

❑ Im Hochmoor

liegt der 1865 gegründete Hof Lütjen. Zum Demeter-Betrieb gehören Rinder, Schweine und Hühner. Im Hofladen gibt es aus eigener Haltung Rind- und Schweinefleisch. Gemüse ist aus eigener Erzeugung sowie aus Zukauf von benachbarten Demeter-Betrieben zu haben. Außerdem im Angebot: Geflügel, Eier, Kartoffeln, Getreide, Brot und Kuchen, Vorzugsmilch und Milchprodukte, Säfte und Naturkost aus dem Großhandel.

Hermann Tietjen
Hüttenbuscher Str. 36
27726 Worpswede-Hüttenbusch
✆ 04794 / 234, Fax 04794 / 1481
Geöffnet: tagsüber immer

❑ Am Rande des Teufelsmoors

Auf 400 Jahre Hofgeschichte am Rande des Teufelsmoors kann Familie Tietjen mit ihrem landwirtschaftlichen Betrieb zurückblicken. Heute werden hier auf 15 ha Land etwa 25 männliche Rinder gehalten, die von Mutterkuhbetrieben aus den Nachbarorten stammen. Verkauft werden Steckrüben und Zuckermais, nach Vorbestellung Rindfleisch. Lust, die malerische Worpsweder Landschaft wie in alten Zeiten auf dem Rükken der Pferde zu entdecken? Reitmöglichkeiten für Jung und Alt sind vorhanden.

Gerd Burfeind
Schulstr. 88
27726 Worpswede-Hüttenbusch
✆ 04794 / 843 oder 04794 / 1095
Geöffnet: nach tel. Vereinbarung

❑ Rindfleisch, Eier, Strohballen

Im Alter von 2 1/4 bis 3 Jahren werden die Weideochsen von Gerd Burfeind geschlachtet. Nach Absprache können die Kunden beim Hausschlachter dann Rinderviertel kaufen. Ab Hof gibt es Landeier von freilaufenden Hühnern. Vor allem für Pferdehalter interessant: Heu und Stroh wird in kleinen Ballen abgegeben. Ansonsten dürfte hier für Ausflügler keine Langeweile aufkommen: zahlreiche Galerien und Museen locken in und um Worpswede mit ihrer Kunst, auch Heinrich Vogelers berühmter *Barckenhoff* zeigt Wechselausstellungen.

Landkreis Rotenburg / Wümme

Hinrich und Silke Müller
Dorfstr. 20
27432 Alfstedt
✆ 04765 / 1730 oder 676, Fax 04765 / 1730
Geöffnet: nach Vereinbarung

❑ Milchkälber und Popcorn für Kinder

In seinem in der Ortsmitte von Alfstedt gelegenen neuen Hof mit ca. 60 ha Wirtschaftsfläche ziehen Hinrich Müller und seine Frau Silke nicht nur mit Vollmilch gefütterte Mastkälber im Laufstall auf, sie stellen auch Chips aus Kartoffeln und Mais sowie Popcorn her. Die Kinder wird's begeistern; für den Geburtstag der Kleinen gibt es Popcorn im Pfandbehälter zu kaufen, angenehmer Duft verbreitet sich schon vor Ort – so läßt sich die Vorfreude steigern. Zudem haben die Müllers noch 60 Milchkühe, sie verkaufen Kalb- und Rindfleisch sowie Hüllstoff-Flocken aus Getreide, die als Öl- und Geruchsbinder fungieren. Auch Strohplatten sind zu haben.

Margret Brandt
Heinrich-Behnken-Str. 1
27446 Anderlingen
✆ 04284 / 427
Geöffnet: Do-Sa 10-18 u. nach Vereinbarung

❑ Ackerbau und Schweinemast

Margret Brandts Hof, den ihre Vorfahren schon seit dem 30jährigen Krieg bewirtschafteten, ist günstig gelegen: direkt in der Ortsmitte an einer Durchgangsstraße, das Parken vor dem Haus ist kein Problem. Zu kaufen gibt's hier Mettwurst und Schinken, Hausmacherwurst – alles von Schweinen aus eigener Haltung –, Eier aus Bodenhaltung, Brot, Marmeladen und Gelees. Von einem Landwirt aus der Nähe bietet sie Gemüse und Kartoffeln an, von einem Geflügelhof Nudeln. Sehenswert in der Nähe ist das Heimathaus und die Windmühle in Selsingen, Kinder mögen den Spielplatz im Großen Holz bei Zeven. An guten Gasthäusern seien insbesondere der *Schützenhof* in Selsingen, sowie in Bevern die *Kutscherstube* und das *Mühlencafé* genannt.

Peets Hof. Heinrich und Ingeborg Ringe
Lange Str. 26
27383 Scheeßel-Bartelsdorf
✆ 04263 / 2390
Geöffnet: Tagsüber kann man immer vorbeikommen

❑ Kartoffeln und Milchkühe

Seit dem 16. Jahrhundert existiert der Hof, den die Ringes jetzt bewirtschaften. Auf 35 ha werden Kartoffeln angebaut und verkauft, Kälber und Hühner hört man muhen und gackern, von Imkern wird Honig angeboten. Wer hier spazieren gehen oder radfahren will, dem sei der Weg von Bartelsdorf zum Luftkurort Scheeßel über den alten Kirchsteg – eine 100 Meter lange Holzbrücke, die über eine Bachniederung führt – empfohlen.

Gartelmanns Hofladen
Oberblockland 7
28357 Bremen-Blockland
☽ 0421 / 274233, Fax 0421 / 2769710
Geöffnet: Mi u. Do 14-18, Fr u. Sa 10-12, So 13-18

❑ Pony Lena und Ziege Max

sind bei den Kindern die Stars auf dem Hof der Gartelmanns. 70 ha Grünland, 180 Rinder, Mastschweine zum Wursten und Hühner stellen das Kapital des Hofes dar. Alle Tiere werden artgerecht gehalten. Im Hofladen hat man die Wahl zwischen Hausmacher Wurst, selbstgemachter Marmelade, Aalen und Forellen aus dem eigenen Räucherofen, Eiern und Rindfleischpaketen. Außerdem gibt's dekorative Trockenkränze, Gestecke und Kunsthandwerk. Der Ausflugstip von Ilse Gartelmann: Der Blockländer Deich schlängelt sich ca. 15 km an der Wümme entlang und lädt zu einer wunderbaren Radtour in die einzigartige Landschaft der Wümmeniederung, am Stadtrand von Bremen, ein. Für das leibliche Wohl sorgt die Gaststätte *Dammsiel* und das Bauerncafé *Wummensiede.*

Bioland-Hof Blumenthal, Ullrich Vey
Bockhorner Weg 60
28779 Bremen-Blumenthal
☽ 0421 / 6098255, Fax 0421 / 6099280
Geöffnet: nach tel. Absprache

❑ Quarterhorses

Der Grünland-Betrieb mit 18 Mutterkühen, seit Generationen im Familienbesitz, wurde 1990 ökologisch umgestellt und ist seit 1993 Bioland-Mitglied. Die Flächen des Hofes liegen alle im Wasserschutzgebiet, zum Teil auch im Naturschutzgebiet. Die Jungtiere wachsen artgerecht mit den Mutterkühen im Herdenverband auf. Verkauft werden Rinderviertel – zartes Fleisch in küchenfertigen Portionen. Auf 6 ha Grünland züchtet Carola Vey Quarter-Horses, mit denen jedes Jahr, Ende September, im Rahmen eines Hoffestes ein Turnier veranstaltet wird. Der Ausflugstip: die Alststadt von Vegesack mit Weserpromenade und dem Schulschiff »Deutschland«.

Klaus und Margret Miesner
Dorfstr. 12
27404 Boitzen
☽ 04287 / 1058
Geöffnet: nach Vereinbarung

❑ Jede Menge Hennen und Schweine

Die Miesners verkaufen Kartoffeln, frische Eier von freilaufenden Hühnern, herzhafte Hausmacherwurst und legereife Junghennen aus Bodenhaltung von ihrem in der Ortsmitte liegenden Großbetrieb, der mit 8000 Junghennen, über 10000 Legehennen und 1000 Mastschweinen bevölkert ist.

Landschaftspflegehof Bavendamm.
Christiane Balzereit-Warnken u.
Thomas Warnken
Wummensiede 1
28719 Bremen
☽ 0421 / 641999, Fax 0421 / 641999
Geöffnet: im Sommer Mo-Fr 9-18.30, im Winter Fr 9-18.30 u. Sa 9-13 sowie nach tel. Vereinbarung

❑ Auftrag: Naturschutz

1374 wurde die Hofstelle erstmals erwähnt; 1989 erwarb sie die Stadtgemeinde Bremen, um Landwirtschaft mit Naturschutz zu vereinbaren. An diesem Auftrag arbeiten heute die Pächter des Hofes, Christiane und Thomas Warnken. Sie halten vom Aussterben bedrohte Haustierrassen wie das alte Schwarzbunte Niederungsrind, das Rauhwollige Pommersche Landschaf oder die Diepholzer Gans. In Kooperation mit der Volkshochschule, dem Verein Sozialökologie und anderen Veranstaltern werden Diskussionsrunden, Exkursionen und Seminare veranstaltet. Selbstverständlich verkauft der Grünlandbetrieb auch aus eigener Haltung und Verarbeitung Fleisch, Wurst und Felle vom Rind und vom Schaf. Außerdem Gänse, Hühner und Eier sowie Chutneys, Marmelade und Honig. Abgerundet wird das Angebot mit einem kleinen Naturkost-Sortiment.

Anke Tomforde
Im Ziegelfeld 6
27432 Bremervörde
✆ 04767 / 645
Geöffnet: nach Vereinbarung

❑ Schottisches Hochlandrind auf norddeutscher Heide

Bei Granstedt, dem Bundessieger beim Wettbewerb »Unser Dorf soll schöner werden«, liegen die in reizvolle Landschaft eingebetteten Weiden, auf denen die schottischen Hochlandrinder (auch Kreuzungen) grasen. Die robusten Tiere – etwa 40 bis 50 an der Zahl –, sind ganzjährig im Freien, ohne daß ihnen Kraftfutter zugefüttert werden müßte. Anke Tomforde bietet Rindfleisch an, den Wünschen der Kunden entsprechend zerlegt und portioniert; besonders schmackhaft sind die feinfaserigen und fettfreien Steaks der natürlich aufgewachsenen Rinder. Kälber und Färsen (Jungrinder) zum Züchten werden hier ebenfalls angeboten. Für Freizeitvergnügen ist gesorgt: Die *Kutscherstube* lädt ein zu einer Fahrt mit Pferd und Wagen durch Wald und Flur, die Kleinen tummeln sich am Abenteuerspielplatz oder können mit den Eltern am Vörder See spazierengehen.

Friedrich und Inge Martens
Rotenburger Str. 11
27404 Brüttendorf
✆ 04281 / 2290
Geöffnet: Selbstbedienungsstand 7-19

❑ Kartoffeln, Blumen und allerlei mehr

An der B 71 von Zeven Richtung Rotenburg a.d. Wümme liegt der alte Hof der Martens', auf dem 680 Schweine untergebracht sind. Auf 60 ha landwirtschaftlicher Nutzfläche werden Kartoffeln, Erdbeeren, Möhren, Zuckermais und Blumen angebaut bzw. angepflanzt und an einem Selbstbedienungsstand verkauft. Gleich nebenan gibt's eine Wirtschaft, *Führings Gasthof*, und in der Umgebung zahlreiche Spazierwege.

Cordes Hof
Dorfstr. 11
27412 Bülstedt
✆ 04283 / 5053, Fax 04283 / 6113
Geöffnet: Selbstbedienungsstand tagsüber

❑ Spargel, Wurst, Enten und Gänse

Die Familien von Vater Hermann und Sohn Andree Cordes haben 700 Schweinemastplätze, betreiben aber auch Ackerbau. Kräftige Hausmacher Wurstwaren gibt es bei den beiden, Kartoffeln, Eier von freilaufenden Hühnern, Enten, Gänse, Kulturheidelbeeren, Weihnachtsbäume und – nicht zu vergessen – Spargel. Ende Mai, in der Spargelernte, ist hier dann auch der Tag der offenen Tür. Gutbürgerlich essen kann man im

Dorf in *Kösters Gasthaus*, für einen Spaziergang bietet sich der Lindewedel, ein großer Forstwald in der Umgebung, an.

Hermann und Helga Martens
Leischstr. 14
27432 Ebersdorf
✆ 04765 / 600, Fax 04765 / 1613
Geöffnet: tägl. 8-12

❑ Eier und Kartoffeln

Kartoffeln, Gemüse der Saison, Spargel, Eier, Wurst vom Hausschlachter, selbstgebackenes Brot und Äpfel bietet Familie Martens an. Seit vier Generationen existiert der Hof, der mitten im Dorf liegt, und bei dem man auch – in einem Blockhaus mit zwei Wohnungen – seine Ferien verbringen kann; immer einen Ausflug wert ist der nahegelegene Natur- und Erlebnispark Bremervörde mit seiner Umweltpyramide.

Marlies und Bernhard Poppe
Dorfstr. 4
27404 Elsdorf-Ehestorf
✆ 04286 / 606, Fax 04286 / 606
Geöffnet: werktags 8-19

❑ Einkaufen im schönen Elsdorf

In Elsdorf – die Gemeinde errang die Silberplakette beim Wettbewerb »Unser Dorf soll schöner werden« – führen die Poppes ihren Bauernhof, in dem 50 Kühe, 60 Bullen, 100 Jungrinder und 50 Hühner zu Hause sind. An die Kunden werden Gemüse, Rindfleisch und Wurst im Glas abgegeben, Eier und Kartoffeln werden z.T. zugekauft. Im Dorf kann man im Landgasthaus *Budde* günstig und reichlich essen. 8 km entfernt – in Zeven – wartet im »Großen Holz« ein spannender Abenteuerspielplatz.

Hof Beelhörn
Eichenstr. 2
27446 Farven
✆ 04762 / 921180 oder 921181,
Fax 04762 / 921182
Geöffnet: nach Vereinbarung;
tel. ab 18 Uhr erreichbar

❑ Galloway-Rinder und Islandpferde

Der mitten im idyllischen Bauerndorf Farven gelegene Hof befindet sich seit 1782 im stolzen Besitz der Familie. Die 20 Galloway-Rinder werden auf etwa 14 ha Grünland extensiv gehalten. Zu kaufen gibt's nach vorheriger Bestellung Galloway-Qualitätsrindfleisch in Portionen ab 10 kg aufwärts. Darüber hinaus kann man auf dem Hof Beelhörn auch Pferde mieten: Hannoveraner und Islandpferde werden gehalten.

Wildtierland GmbH
Redderberg 8
27389 Fintel
✆ 04265 / 8414, Fax 04265 / 8565
Geöffnet: Mo-Fr 8-12

❑ Forschungsstation beim Naturschutzgebiet

Der Grünlandbetrieb mit Mutterkuhhaltung (58 Galloway-Rinder) ist als gemeinnützige GmbH angelegt: Die renovierte Hofstelle am Rande des geplanten Naturschutzgebietes »Fintautal« ist zugleich ökologische Forschungsstation. Studenten und freiwillige Helfer aus den Bereichen Biologie, Land- und Forstwirtschaft wohnen hier. Verkauft wird portioniertes Fleisch ab 1 kg aufwärts, je nach Schlachttermin frisch oder tiefgefroren, sowie auf Bestellung Rinderbrüh- und Rindermettwurst.

Hans und Annemarie Kück
Langenhausen 24
27442 Gnarrenburg
☎ 04763 / 7240, Fax 04763 / 8520
Geöffnet: tagsüber nach tel. Voranmeldung

❑ Ausschließlich Vorzugsmilch

Zwischen dem schönen Bremervörde und der Gemeinde Gnarrenburg liegt dieser 60 ha große Grünlandbetrieb. 60 Kühe samt weiblicher Nachzucht werden hier gehalten und großgezogen. Von dem im Hochmoor gelegenen Bauernhaus geht die Vorzugsmilch an Kindergärten der Umgebung – und natürlich an Privatpersonen, die hier bei vorheriger telefonischer Anmeldung vorbeischauen und den Hof besichtigen können. An Sehenswürdigkeiten seien der Historische Moorhof und das Glasmuseum in Augustendorf (2 km) erwähnt; spazierengehen und radfahren kann man rund um den ca. 4 km entfernt gelegenen Huvenhoopsee.

Familie Dammann
Augustendorf Nr. 6
27442 Gnarrenburg
☎ 04763 / 1338
Geöffnet: tagsüber nach tel. Vereinbarung

❑ Hof am Hochmoor

Über 140 Jahre alt ist der sehr ruhig gelegene alte Moorhof im idyllisch gelegenen Augustendorf bei Gnarrenburg. 25 Kühe samt Nachzucht grasen hier auf 41 ha Land; Mais, Getreide, Kartoffeln und Gemüse werde angebaut, 15 Zuchtsauen sind zuhause. Direkt ab Hof verkauft werden Kartoffeln, Möhren, Steckrüben, Kohl und andere Erzeugnisse vom Betrieb. Sehenswert sind das Glasmuseum im Ort, das Moorhofmuseum und das Moor mit dem Huvenhoopmoorsee, auf dessen Grund ein im Zweiten Weltkrieg abgestürztes Flugzeug liegen soll.

Hof Windler.
Marianne und Johann Windler
Sick 9
27404 Gyhum
☎ 04286 / 2268
Geöffnet: tagsüber durchgehend

❑ Sauerkirsch und Heidelbeer

An der B 71, in unmittelbarer Nähe des Hotels *Niedersachsenhof*, halten Marianne und Johann Windler auf 56 ha Grünland insgesamt etwa 80 Kühe und Rinder, betreiben Schweinemast (1100 Tiere) und bauen Getreide an. In Kooperation mit Johann Albers aus Apensen werden direkt ab Hof Sauerkirschen, Johannisbeeren, Heidelbeeren und Fruchtweine angeboten und verkauft.

Gärtnerhof
Espernfeldweg 7
27386 Hassel
☎ 04260 / 547 oder 0172 / 6565848,
Fax 04260 / 682
Geöffnet: Während der Saison tägl. 8-18

❑ Und danach ein Bad!

Erdbeeren, Himbeeren, Erbsen, grüne Bohnen und viele andere feldfrische Erzeugnisse können Sie bei Karl-Friedrich Schmidt, Eva-Maria Schmidt und Julia Schlotfeldt ernten. Ferner gibt es Spargel zu kaufen. Kinder sind gerngesehene Gäste: sie dürfen mitpflücken. Zudem sind im Hof und auf der Weide 35 Mutterkühe (Deutsche Angus) zu Hause. Und wer genug vom Pflükken, Kaufen und Schauen hat, den lockt vielleicht ein erfrischendes Bad im nur 3 km entfernten Bullensee oder ein erholsamer

Spaziergang in den ausgedehnten Wald- und Moorgebieten der Umgebung.

Schloh's Spargelhof.
Friederike und Thorsten Schloh
Viehweg 7
27367 Hellwege
✆ 04264 / 84222 Fax 04264 / 84223
Geöffnet: Mo, Do u. Fr 14-18, Sa 9-13 u. Selbstbedienung

❑ Tiere zum Streicheln und Schnaps aus Spargel

In dem idyllischen Walddorf Hellwege direkt an der Wümme führen die Schlohs ihren Marktfruchtbetrieb samt kleinerer Schweinemast (120 Tiere). Auch 80 Hühner gackern hier eifrig; Kinder freuen sich über Ziege, Pferd, Pony und die Hunde und Katzen. Zu kaufen gibt's Spargel, Spargelschnaps und -likör, Kartoffeln und Kartoffelschnaps, Konfitüren, Äpfel, Zuckermais, Honig und Hausmacherwurst. Zudem werden Geschenkartikel, wie z.B. Patchwork-Topflappen, Kochbücher und Tonfiguren offeriert. Vergeblich kommt keiner zum Spargelhof: Außerhalb der Hofladen-Öffnungszeiten gibt's im Selbstbedienungshäuschen Kartoffel, Eier und Äpfel. Rund um Hellwege kann man schön spazieren gehen, wer davon hungrig geworden ist, der kehre ein bei *Prüsers Gasthof*, einem Ausflugsziel vieler Bremer, oder beim Gasthof *Kaiser*, einer urigen Kneipe an der Wümme.

Hans-Peter und Marlis Jagels
Zum Buchenholz 2
27412 Hepstedt
✆ 04283 / 1210, Fax 04283 / 8453
Geöffnet: SB-Stand tagsüber immer geöffnet

❑ Spargel schälen und Steckrüben

Vor dem Spargelessen steht die lästige Pflicht des Spargelschälens an. Nicht für den, der beim Familienbetrieb der Jagels einkauft: Hier steht Kunden die eigene Spargelschälmaschine zur Verfügung. Am wohlsortierten Selbstbedienungsstand werden zudem verkauft: Kartoffeln, Rot-, Weiß- und Grünkohl, Wirsing, Gurken, Bohnen, Steckrüben, Eier, Obstwein, Marmelade und Saft. Darüber hinaus gibt es Hähnchen und Rindfleisch. Auf 48,5 ha Grünland grasen 35 Kühe, 40 Rinder, 80 Bullen, neun Hannoveraner und ein Pony.

Dora und Hinrich Knop
Sünderbeeksweg 9
27432 Oerel
✆ 04764 / 282
Geöffnet: Mo-Fr 8-18, Sa 8-16

❑ Aus eigener Jagd

Auf dem alleingelegenen Hof der Knops – inmitten eines Waldgebietes –, wird Wild aus eigener Jagd (Reh, Damhirsch, Wildschwein, Hase, Wildente und Fasan) verkauft, darüber hinaus selbstgeschlachtetes Rind- und Schweinefleisch, Wurst. Aus dem eigenen Teich kommen die munteren Forellen, der eigenen Garten liefert Gemüse und Früchte, aus denen aromatische Marmeladen gekocht werden. Sogar das selbstgebakkene Brot fehlt hier nicht. Schlemmerplatten und Geschenkkörbe werden auf Wunsch zusammengestellt.

Giselas Agrarshop
Ebersdorfer Str. 8
27432 Oerel-Glinde
✆ 04761 / 3257 und 0172 / 4513257,
Fax 04761 / 3257
Geöffnet: Selbstbedienungsstand tägl. 8-20

❑ Kartoffeln, Eier und Fleisch

Gisela und Friedrich Norden bewirtschaften den etwas außerhalb gelegenen Nebenerwerbshof nahe Bremervörde und bieten an: Kartoffeln, Eier, Konfitüren, Gemüse, Honig, Wurst nach Hausmacherart sowie – auf Bestellung – Fleisch vom Schwein und Rind.

Jürgen Heins
Eichenstr. 6
27404 Oldendorf
✆ 04281 / 3136
Geöffnet: Selbstbedienungsstand 8-19

❑ Kartoffeln & Äpfel

Mitten in Oldendorf, gegenüber des Landgasthauses *Adebar*, in dem man gutbürgerlich essen kann, befindet sich der Selbstbedienungsstand der Familie Heins. Angeboten werden Kartoffeln und Äpfel aus dem Alten Land. Nur 2 km sind es zum Abenteuerspielplatz im Großen Holz bei Zeven.

Mühlencafé Oldendorf
Eichenstr. 22
27404 Oldendorf
✆ 04281 / 3141, Fax 04281 / 2679
Geöffnet: Mi-So 14.30-19 (Winter) bzw. 24 (Sommer)

❑ Kuchen in der alten Mühle

Nahe des Bauernhofs der Familie Kücks (Schweinezucht, Getreide- und Maisanbau), liegt das mit Antiquitäten eingerichtete Café in der 1913 erbauten Mühle. Hier stellen Künstler aus der Region ihre Werke aus; Meta Kücks, die Inhaberin, reicht selbstgebackenen Kuchen, Bratkartoffeln, belegte Brote und vielerlei Kleinigkeiten mehr. Im Sommer lieben die Kinder insbesondere den schönen großen Kaffeegarten und tollen herum. Auf Anfrage organisiert Meta Kücks Stadtführungen in Zeven oder zeigt den Besuchern bäuerliche Betriebe aus der Umgebung.

Ingrid Bartel-Brünjes und Roland Brünjes
Ostendorfer Str. 51
27432 Ostendorf
✆ 04769 / 461
Geöffnet: Sa 10-12 u. nach Absprache

❑ Schafmilch und Lammfleisch

Der Bioland-Betrieb der Familie Brünjes liegt in der reizvollen Ostelandschaft; rund um das ca. 140 Jahre alte Fachwerkgebäude grasen die 150 ostfriesischen Milchschafe. Etwa 70 bis 80 werden gemolken; es gibt hier Schafjoghurt und Schafmilch (Mitte Januar-Ende Oktober), Schafkäse in Öl, Lammfleisch und Lammsalami. Gelegentlich werden (aus kontrolliertem Anbau) Kartoffeln, Getreide, Gemüse und Naturkostwaren zugekauft. Die Kinder erfreut das Pony und der Hund; in der Nähe wartet Bremervörde mit seinem Natur- und Erlebnispark, dem Haus des Waldes und dem Naturschutzzentrum Umweltpyramide.

Michael Schröder
Landesstr. 10
29404 Rhade-Rhadereistedt
✆ 04285 / 303
Geöffnet: nach Vorbestellung

❑ **Deutsch-Angus-Rindfleisch**
Auf ihrem 50 ha großen Hof halten die Schröders 40 Deutsch-Angus-Mutterkühe; die jungen »Absetzer« werden im Alter von zehn Monaten geschlachtet. Bis zur optimalen Reife des Fleisches hängt es im hofeigenen Kühlraum ab. Das Fleisch wird auf Vorbestellung in viertel oder achtel Anteile fertig zerlegt und verkauft. Die Mutterkühe und ihre Kälber sind im Sommer auf der Weide, im Winter im Laufstall mit Stroh. Sie bekommen ausschließlich Futter, das auf dem Hof selbst erzeugt wurde. Lust auf Wildfleisch? Gleich nebenan befindet sich das Wildspezialitäten-Restaurant *Mohrmann.*

Friedrich und Mechthild Kettenburg
Alte Dorfstraße 18
27356 Rotenburg-Unterstedt
✆ 04269 / 5181, Fax 04269 / 6181
Geöffnet: Selbstbedienungsstand tägl. 8-20; Hofladen Mi-Fr 9-12.30 u. 14.30-18, Sa 9-12.30; in der Spargelzeit durchgehend

❑ **Ferkel, Schweine und Hühner**
halten die Kettenburgs in ihrem Veredlungsbetrieb im ländlichen Unterstedt. Am Selbstbedienungsstand und im Hofladen haben die Kunden die Qual der Wahl, aus eigener Erzeugung sowie aus Zukauf von anderen Direktvermarktern stehen im Angebot: Spargel, verschiedene Saisongemüse, Kartoffeln und Eier, Wurst, Schinken, Käse und Brot sowie Äpfel und Früchte der Jahreszeit. Außerdem gibt's verschiedene Säfte, Weine und Spirituosen, Honig, diverse Marmeladen und Korbwaren. Nur wenige Kilometer von Unterstedt entfernt laden die in malerischer Landschaft gelegenen Bullenseen zum Baden ein.

Rudi Weseloh
Wenkeloh 2
27383 Scheeßel
✆ 04263 / 4949
Geöffnet: Mo-Sa 8-19

❑ **Großes Gegacker**
herrscht auf dem Hof von Rudi Weseloh. Geflügel gibt es hier so zahlreich wie nirgendwo sonst in der Region: 7000 Legehennen sorgen für tierisch viel Eiweiß. Täglich im Angebot sind Eier und Speisekartoffeln. Wegen der ländlich ruhigen Verkehrslage eignet sich die unmittelbare Umgebung ausgezeichnet für Fahrradtouren durch die Feldmark und die kleinen Dörfer.

Ina, Johann und Rolf Behrens
Hesedorfer Str. 2
27383 Scheeßel-Abbendorf
✆ 04286 / 540, Fax 04286 / 2149
Geöffnet: In der Spargelsaison tägl. durchgehend

❑ **Spargel und Schinken**
Direkt an der L 131 zwischen Scheeßel und Zeven, in der Ortsmitte von Abbendorf, liegt der Hof von Familie Behrens. Hier blickt man auf eine lange Tradition zurück: Der Betrieb existiert seit 1584 (!). 90 Kühe und deren Nachzucht weiden auf dem Grünland, zum Verkauf angeboten werden Spargel, Schinken, Eier und Marmelade. Auf dem Hof können sich die kleinen Besucher auf einem Kinderspielplatz die Zeit vertreiben.

Ilse und Klaus-Hinrich Poppe
Eichenweg 2
27446 Selsingen
✆ 04284 / 1473
Geöffnet: nach Vereinbarung

❏ Streicheltiere
tummeln sich auf dem Hof der Poppes, so daß bei Kindern von vornherein keine Langeweile aufzukommen braucht. Verkauft wird – auf Bestellung – Rindfleisch aus Mutterkuhhaltung. Die Tiere, die auch »besichtigt« werden können, stehen das ganze Jahr über auf der Weide; im Winter gewährt ihnen ein Unterstand Schutz vor Kälte. Aus eigener Herstellung gibt es außerdem Konfitüren, Gelees und Säfte. Sehenswert: die vollständig renovierte Holländer-Kornwindmühle aus dem Jahr 1873 – ein Wahrzeichen Selsingens.

Martin Allermann
Rothensteiner Str. 10
27412 Tarmstedt
✆ 04283 / 8395
Geöffnet: nach Vereinbarung

❏ Glückliche Rinder
In Tarmstedt, direkt am wunderschönen Teufelsmoor, liegt der Hof von Martin Allermann. Hier verbringen 45 Galloway-Rinder auf saftigen Wiesen und Weiden das ganze Jahr im Freien. Dort werden auch die Kälber geboren, die in einer richtigen »Rinderfamilie« mit ihren Eltern zusammen aufwachsen. Ganz verzichtet wird auf Marktfuttermittel mit Komponenten, die aus der »Dritten Welt« importiert werden; Tierkörpermehle sind hier genauso verpönt wie Hormone. Lange Transportwege entstehen nicht: Der Dorfschlachter ist um die Ecke. Das Fleisch »reift« mindestens 12 Tage im Kühlhaus heran: Es entwickelt dann einen außerordentlichen Geschmack, ist zart und saftig. Der Verkauf erfolgt ausschließlich auf Vorbestellung, in Teilen vom ganzen Tier.

Birgit Kropp-Behrens
Hauptstr. 20
27419 Tiste
✆ 04282 / 1629
Geöffnet: nach Vereinbarung

❏ Fleisch & Wurst
Zum Grünlandbetrieb gehören vier Sauen sowie 35 Mutterkühe samt Nachzucht. Hier gibt es Rindfleisch und Rinderwurst, Schweinefleisch und Schweinewurst – alles aus Freilandhaltung. In Sittensen lädt das Heimathausgelände zum Besuch ein – dort ist ein stattliches Fachwerkhaus mit Speicher und Backhaus zu bewundern. Wem der Sinn mehr nach Bewegung steht, der kann sich auf Wanderwegen entlang Wassergräben im idyllischen Park von Klostergut Burg Sittensen erholen.

Ostermanns' Hof
Lehrden 3
27374 Visselhövede
✆ 05168 / 321, Fax 05168 / 327
Geöffnet: Mo-Fr 9-12 u. 14-18, Sa 8-12

❏ Idyllisch im Wald gelegen
Der Gemischtbetrieb in Einzelhoflage weist einen alten Eichenbestand auf. Familie Voigt bewirtschaftet knapp 100 ha Ackerland und hält 60 Mutterkühe sowie 300 Mastschweine. Verkauft werden Hausmacher Wurst und Schinken, Fleisch von Galloway- und Charolais-Rindern, Wildfleisch und Konfitüre. Aus Zukauf gibt's Honig. Für Gaumenfreuden sorgen exklusive und gutbürgerliche Restaurants ganz in der Nähe.

Hof Rießel
Zur Braake 1
27374 Visselhövede-Nindorf
✆ 04262 / 4831, Fax 04262 / 4475
Geöffnet: Selbstbedienungsstand

❑ Selbstbedienung in der Fachwerk-Remise

Verkehrsgünstig an der B 440 liegt Hof Rießel, ein auf Kartoffelanbau spezialisierter Betrieb mit Schweinemast. Im renovierten Fachwerk-Bauernhaus können sich die Kunden in der ausgebauten Diele selbst bedienen. Aus eigener Erzeugung gibt's Kartoffeln in unterschiedlichen Sortierungen und Mengen-Abpackungen. Außerdem im Angebot: täglich frisch geerntetes Gemüse von umliegenden Feldern, die Erzeuger sind dabei stets namentlich genannt. Für Kinder steht eine Spielecke zur Verfügung.

Heino und Thomas Müller
Lange Str. 11
27412 Vorwerk
✆ 04288 / 461, Fax 04288 / 1502
Geöffnet: Selbstbedienungsstand an der Straße

❑ Kartoffeln, Salat und Gemüse

200 m von der L 121 entfernt liegt der Hof von Familie Müller. Hier wird Ackerbau und artgerechte Schweinemasthaltung betrieben. Kartoffeln gibt es am Straßenstand das ganze Jahr über. Außerdem im Angebot: Salate, Petersilie, Porree, Möhren mit und ohne »Laub«, Rote Bete, Kohl und Steckrüben. Wie wär's mit einer Radtour dorthin? Vorwerk liegt am Radwanderweg Hamburg-Bremen.

Familie Haase
Am Bullenberg
27356 Waffensen
✆ 04268 / 251, Fax 04268 / 251
Geöffnet: Blumenfelder zum Selberpflükken

❑ Blumenparadiese

Auf den Feldern von Familie Haase kann sich jeder nach eigenem Geschmack, in aller Ruhe und in frischer Luft, seinen Blumenstrauß zusammenstellen. Gute Parkmöglichkeiten ermöglichen eine streßfreie Anfahrt mit dem Auto. Die Blumenfelder liegen an der B 75 / Ecke nach Jeerhof sowie an der B 215 am Stadtrand von Rotenburg neben der Lungenklinik. Hier gedeihen Gladiolen, Astern, Lilien, Rittersporn und Sonnenblumen. Selbst aussuchen, abschneiden – und schon holt man sich die Blütenpracht von den Feldern in die eigene Wohnung.

Helga und Henning Poppe
Am Lerchenkrug 62
27356 Waffensen
✆ 04268 / 385, Fax 04268 / 1460
Geöffnet: 8-13 u. 14-18

❑ Kartoffeln, Eier und Hausmacher Wurst

An der B 75 zwischen Bremen und Hamburg, 6 km von Rotenburg/Wümme entfernt, liegt Waffensen. Dort bauen Helga und Henning Poppe auf 120 ha Sandboden Kartoffeln, Roggen und Gerste an. Außerdem halten sie 220 »glückliche« Sauen mit Ferkeln. Verkauft werden Waren aus eigener Erzeugung sowie von Landwirten der Umgebung: Die Kunden haben die Auswahl zwischen Kartoffeln, Eiern, Hausmacher Wurst und Schinken, Obst und Gemüse. Ferner gibt's Konfitüren und Gelees, Säfte, Weine, Liköre und Nudeln, Trockensträuße und Gestecke.

Spargelhof Holsten.
Hans-Jürgen und Annelore Holsten
Immentun Nr. 17
27356 Waffensen
✆ 04268 / 505, Fax 04268 / 420
Geöffnet: 8-20

❑ Himmelstortenböden

Der Mischbetrieb mit Spargelanbau, Milchvieh- und Hähnchenhaltung ist seit über 300 Jahren in Familienbesitz. Verkauft werden Spargel, Fleischhähnchen, Milch und – Himmelstortenböden, die…, nein, lassen Sie sich doch einfach überraschen. Aus Zukauf gibt's Kartoffeln und frische Landeier aus Bodenhaltung. Nach dem Einkauf essen gehen? Für gehobene Ansprüche sei das Restaurant *Lerchenkrug* empfohlen, für Liebhaber der gutbürgerlichen Küche die Dorfgaststätte *Zum Eichenhof.*

Hanschen Harm. Harm Grobrügge
Mitteldorf 12
27383 Westervesede
✆ 04263 / 1362, Fax 04263 / 3562
Geöffnet: Werktags außer Do ab 17,
So Frühschoppen 10-12

❑ Aus echtem Schrot wird Korn

Das Brennereigut von Harm Grobrügge befindet sich seit über 200 Jahren in Familienbesitz. Hier gibt es Korn und Liköre aus Destillaten von selbstangebautem Weizen. Im angeschlossenenen Dorfgasthof läßt es sich gemütlich einkehren. Eine Ferienwohnung kann ebenfalls gemietet werden. Interesse, mehr über die hohe Kunst des Kornbrennens zu erfahren? Für kleine Gruppen werden Brennereibesichtigungen angeboten, in Verbindung mit Kursen zur »Schnapsherstellung«.

Sührens Hof.
Emil u. Johanna Ruth Delventhal
Hohe Eichen 2
27383 Wohlsdorf
✆ 04263 / 644
Geöffnet: Mo-Fr 14-18, Sa 8-12

❑ Kartoffeln, Eier und Hausmacher Wurst

Den vierhundert Jahre alten Familienbetrieb der Delventhals ziert eine Hofweide mit altem Eichenbestand. Die Mastschweine, drei Zuchtstuten samt Nachwuchs, Legehennen und vier Hunde sorgen hier für tierisch viel Leben. Verkauft werden Kartoffeln, Eier, Hausmacher Wurst und Konfitüre. Aus Zukauf: Äpfel und Honig. Das nahe Scheeßel lädt zur Besichtigung der beiden geschlossenen Hofanlagen mit Heimathaus ein. Zu sehen sind alte Handwerkstechniken wie Weben, Spinnen und der berühmte Blaudruck.

Hof an der Aue. Ingolf Lienau
Bickboon 10
27404 Zeven
✆ 04281 / 2701, Fax 04281 / 3010
Geöffnet: Mo-Sa 9-12.30,
Di u. Fr zusätzlich 14.30-18

❑ Ponyreiten und Öko-Seminare

Kühe, Rinder, Ponys, Hühner, Enten – der Hof von Familie Lienau bietet vieles, was zum typischen Bauernhof-Ambiente gehört. Seit 1967 wird ökologischer Anbau betrieben. Im Hofladen kann man Erdbeeren,

Kartoffeln, Getreide, Gemüse, Eier und Brot einkaufen. Außerdem im Angebot: Herzhaftes aus der Hausschlachtung. Und im Naturkostladen gibt's Getränke aus biologischen Erzeugnissen. Eine Ferienpension bietet Unterkünfte für den Urlaub auf dem Bauernhof. Nach Vereinbarung können die Kinder auf Ponys reiten. Außerdem werden spezielle Öko-Seminare als Bildungsurlaub veranstaltet.

Resthof. Annegrete u. Gustav Behrens
Zum Badetal 8
27404 Zeven-Bademühlen
✆ 04281 / 6984
Geöffnet: nach Absprache

❑ **Idylle am Badetal**

Der Behrenssche Hof mit Bauerngarten, Hühnern, Puten und Kaninchen liegt ruhig und idyllisch am Badetal. Die schöne Natur können auch Urlauber in der angeschlossenen Ferienwohnung genießen. Aus eigener Haltung und Erzeugung werden Spargel und anderes Gemüse der Saison, Puter, Hähnchen und Eier angeboten. Sodann aus Zukauf: Milch, Wurst vom Hausschlachter, Kartoffeln und Äpfel. Ganz in der Nähe befindet sich eine Wassermühle mit Teich, ein Abenteuerspielplatz und ein Forstlehrpfad; die Oste lädt zu erlebnisreichen Kanu- und Floßfahrten ein.

II. Von der Nordheide bis ins Wendland

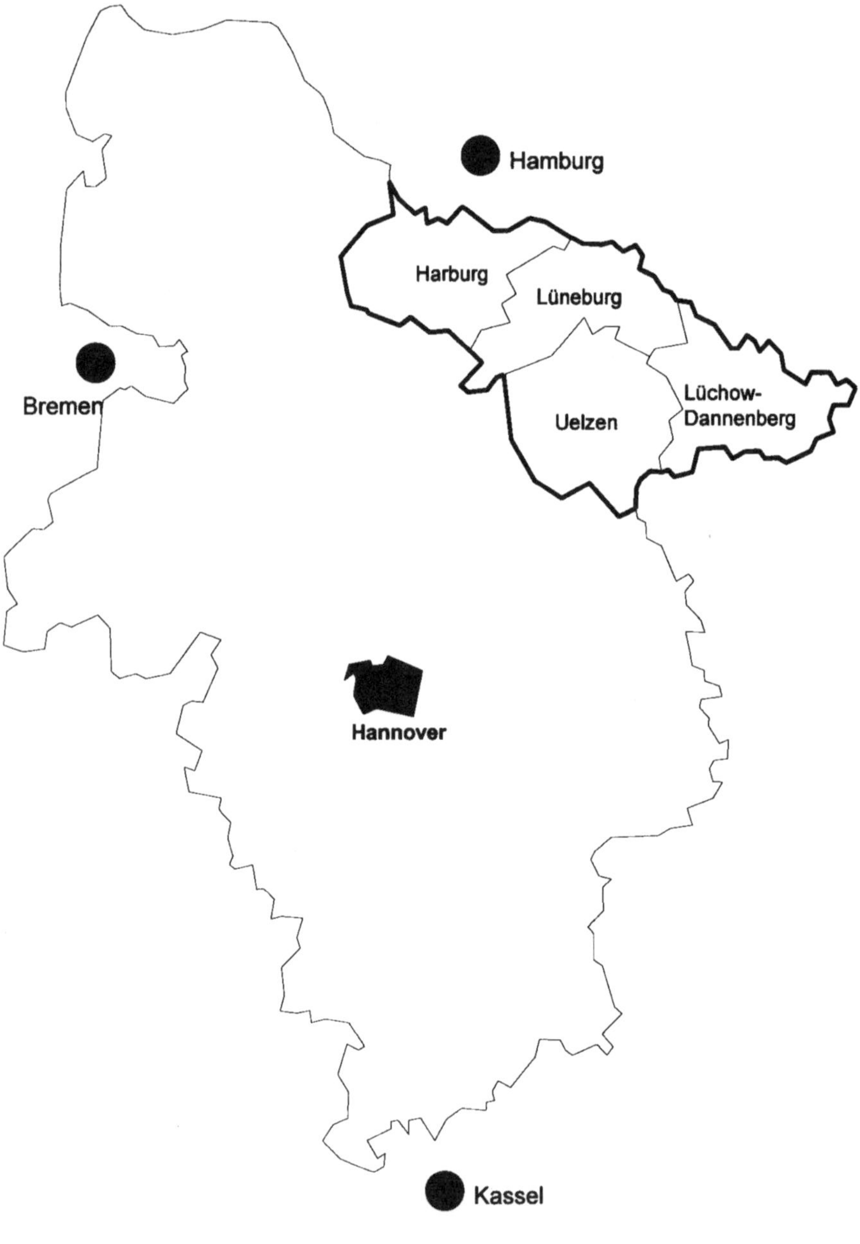

Landkreis Harburg

Eickhoffs Hofladen.
Gerhard und Angela Eickhoff
Niedersachsenstr. 11
21244 Buchholz-Sprötze
✆ 04186 / 7443
Geöffnet: täglich (außer Di) 7-18

❑ Mitten in Sprötze

Der Hofladen der Eickhoffs ist kaum zu verfehlen: Er liegt 30 km südlich von Hamburg direkt im Ortskern von Sprötze an der Durchgangsstraße nach Buchholz. Dort werden Eier, Kartoffeln, Wurst aus eigener Schlachtung (die Schweine werden mit eigenem Getreide gefüttert), Honig (vom Imker aus dem Dorf), Obst aus dem »Alten Land« sowie Gemüse angeboten. Der Hof ist Mitglied der Initiative »Einkaufen auf dem Bauernhof«. Sprötze am Fuße des heidebewachsenen Brunsberges lädt zu einem idyllischen Spaziergängen ein. Die weitere Umgebung ist ideal für Radwanderungen. Zahlreiche gute Hotels und Gaststätten sorgen für das leibliche Wohl, und besonders das *Heu-Hotel* im 4 km entfernten Langeloh ist für Klein und Groß ein besonderes Erlebnis.

Hof Wentzien. Ingrid Wentzien
Hollenstedter Str. 2
21255 Dohren
✆ 04182 / 1404, Fax 04182 / 22495
Geöffnet: tägl. 8-12 u. 14-18

❑ Weihnachtsbäume und Punsch

Unter schönen alten Eichen liegt der Hof Wentzien in der Mitte der Ortschaft Dohren, bereits seit 1587 in Familienbesitz. Kartoffeln, Obst und Gemüse, Hausmacherwurst und Schinken von den 600 Schweinen des Hofes, Eier und Geflügel, Konfitüren, Säfte, Honig, Rohmilchkäse und Brot (teilweise zugekauft) – ein wahrhaft riesiges Angebot hält der Hofladen bereit, der jeden Tag seine Türen öffnet. In der Adventszeit lockt eine besondere Attraktion: Am 3. und 4. Advent kann hier jeder seinen Weihnachtsbaum selbst schlagen und sich danach mit Punsch und Bratwurst stärken. An bratwurstlosen Tagen hält das Hotel-Restaurant *Zum alten Dorfkrug* leckere Stärkungen bereit – nur wenige Schritte vom Hof entfernt.

Landkäserei Ulrike Fehling
Schulweg 1
21423 Fahrenholz
✆ 04179 / 498 oder 7477, Fax 04179 / 7477
Geöffnet: Mo-Fr 14-17, Sa 9-13

❑ Im Herzen der Elbmarsch

Auf den 60 ha des alten Hofes mitten in der Elbmarsch (seit 1664 in Familienbesitz) werden ausschließlich Rinder und Kühe vorwiegend auf Grünland gehalten. Sie liefern die Milch für Rohmilch-Schnittkäse, Butter, Magerquark, Molke und Buttermilch, die Ulrike Fehling im eigenen Hofladen verkauft, die aber auch in zahlreichen anderen Hofläden in der Umgebung zu bekommen sind. Im sehr kleinen, ländlich geprägten Ort Fahrenholz, an der Neetze und dem Ilmenaukanal gelegen, können Kanus geliehen werden, um die Landschaft ringsum vom Wasser aus zu erkunden. Schön ist auch ein Spaziergang zum 4 km entfernten, idyllischen Fischrestaurant *Aalkrug*. Etwa 20 Autominuten entfernt befindet sich das sehenswerte Schiffshebewerk Scharnebeck.

Cassenshof. Carsten und Maria Voß
Im Seevegrund 2
21256 Handeloh-Inzmühlen
✆ 04187 / 656, Fax 04187 / 656
Geöffnet: tägl. 8- mindestens 18

❑ Rast unter alten Eichen

Direkt am Naturschutzgebiet Lüneburger Heide gelegen, beginnt direkt vor dem Cassenshof das große Rad- und Wanderwegenetz des Naturschutzgebiets. Wanderer wie Radfahrer sind herzlich eingeladen, die Bänke unter den alten Hofeichen für eine Rast und Stärkung mit Waren aus dem Hofladen zu nutzen (Kinder bevorzugen sicher den kleinen Spielplatz). Im Hofladen werden Heide-Kartoffeln, Spargel, Schinken, Mettwurst und Wurst in Gläsern (alles aus eigener Schlachtung), Rindfleisch und Schweinefleisch aus eigener Aufzucht, Gemüse und Obst nach Saison, Käse und Butter (aus Ulrikes Landkäserei), Eier, Honig- und Heidespezialitäten, Säfte u.v.m. angeboten. Wer sich lieber bedienen lassen oder länger rasten möchte, findet in den Nachbarorten gute Restaurants und Hotels.

Geidenhof.
Günter Rühe und Kathrin Menke-Rühe
Ohe Weg 2
21271 Hanstedt
✆ 04184 / 7116 oder 892261,
Fax 04184 / 892262
Geöffnet: Mo-Fr 8.30-12.30 u. 14-18,
Sa 8-13

❑ Vor allem: freilaufende Hühner

Der 55 ha große Geidenhof erstreckt sich über Wald, Acker, Grünland, Obst- und Gemüseflächen. Seit 300 Jahren in Familienbesitz, gibt es seit 5 Jahren eine Aussiedlung am Dorfrand, wo die 4000 Hühner reichlich Auslauf haben und ein schöner großer Verkaufsraum zur Verfügung steht. Hier werden die Eier der freilaufenden Hühner, Geflügel, Obst (z.B. Erdbeeren, auch Selberpflücken möglich) und Gemüse, Kartoffeln, Wurst, Rohmilchkäse und Kaminholz angeboten. Kinder können auf dem Spielplatz toben, dürfen die Hühner füttern oder bei der Erdbeer- und Gemüseernte helfen. Rund um Hanstedt verlaufen viele hübsche Wanderwege, auch direkt vom Hof aus kann man gut in die Heide laufen. Für das leibliche Wohl sorgen mehrere Gasthäuser im Ort, besonders zu empfehlen sind die *Heideforelle* und das Hotel *Sellhorn.*

Antje und Jörg Prigge
Hollinde 2
21258 Heidenau
✆ 04182 / 4135
Geöffnet: In der Spargelzeit tagsüber immer, ansonsten So geschlossen

❑ 11 500 Hühner unter alten Eichen

Vor allem Hühner (11.500 an der Zahl) und Weihnachtsgänse (800 Stück) beherbergt der Priggesche Betrieb, der sich malerisch unter altem Eichenbestand hinter einer Hofmauer versteckt. Das Fachwerkhaus mit dem schönen Reetdach stammt aus dem letzten Jahrhundert, der Hof selbst wird bereits 1460 erwähnt. Das Angebot auf dem Hof besteht aus Eiern, Weihnachtsgänsen auf Bestellung und Spargel zur Saison (dann kann man auch gleich den Schinken zum Spargel bekommen). In der Umgebung lädt ein großes Waldgebiet, die Stellheide, zu längeren Spaziergängen ein.

Buchholz' Kartoffelladen
Bahnhofstr. 10
21435 Stelle-Ashausen
☎ 04171 / 5187
Geöffnet: täglich 8.30-12.30 u. 15-18.30 (außer So nachm.)

❑ Von Kartoffeln bis Rindfleisch

Als »Nebens Hoff« fand der Hof von Peter Buchholz im Jahre 1588 erstmals Erwähnung; seitdem befindet er sich über 15 Generationen hinweg in Familienbesitz. Auf dem Hof im alten Ortskern von Ashausen werden Kartoffeln, Eier, Rindfleisch (in Vierteln und in Achteln), heimisches Obst und Gemüse, Schinken und Honig sowie in der Saison Spargel angeboten. Zu haben sind auch schmackhafte Pfälzer Weine und Kaminholz.

Familie Rabeler
Lüneburger Str. 158
21423 Winsen a.d. Luhe-Borstel
☎ 04171 / 71813
Geöffnet: tagsüber immer geöffnet

❑ Heu, Stroh und Getreide

Nicht in Massentierhaltung, sondern hauptsächlich auf Stroh hält Familie Rabeler ihre Nutztiere: 30 Zuchtsauen, 20 Mutterkühe und zwei Zuchtstuten. Außerdem gibt es eine Ziege sowie Hunde und Katzen auf dem Hof, die von Kindern gern gestreichelt werden dürfen. Verkauft werden Heu, Stroh und Getreide an Kleintierhalter. Der Hof, der sich seit 1771 in Familienbestz befindet, ist leicht zu finden: er liegt direkt an der B4 in Winsens Ortsteil Borstel.

Lehmbecks Obstdiele
Hoopter Elbdeich 41
21423 Winsen-Hoopte
☎ 04171 / 2519, Fax 04171 / 64900
Geöffnet: Di-Fr 8-18, Sa 8-13

❑ Obst an der Elbe

Bei Lehbecks Obstdiele ist der Name Programm: Erzeugt nach den Richtlinien des Obstbauversuchsrings des Alten Landes (Integrierter Obstanbau) gibt es hier 20 Äpfel- und Birnensorten, vier Sorten Erdbeeren, zehn Sorten Süßkirschen, Schattenmorellen und 15 Sorten Pflaumen und Zwetschen, außerdem Saft aus eigenen Äpfeln. Zugekauft von anderen Direktvermarktern der Elbe-Obst-Erzeugerorganisation werden Kartoffeln, Honig, Käse und Gemüse. Der Obsthof, der bereits in fünfter Generation existiert, liegt direkt am Elbdeich bei der Elbfähre Hoopte-Zollenspieker. Wie wäre es also mit einem Spaziergang überm Elbufer?

Obsthof Zeyn
Drager Str. 60
21423 Winsen a.d. Luhe-Laßronne
☎ 04179 / 364
Geöffnet: Mo u. Sa 8.30-13 , Di-Fr 8.30-18, im Juli geschlossen

❑ Obst und Obstler

Äpfel, Birnen und Kirschen (aus eigenem integrierten Anbau), Eier und Kartoffeln, Wein und Obstler sowie Wurst nach Hausmacherart – das Anbebot des Obsthofs Zeyn wird von einem Nachbarhof um die Nicht-Obstbestandteile ergänzt. Alle Obstfreunde wird besonders erfreuen, daß es das Obst hier nicht nur in frischer Qualität, sondern auch zu Obstler gebrannt zu kaufen gibt.

Amelie und Gustav Peters
Radbrucherstr. 12
21423 Winsen-Luhdorf
✆ 04171 / 71294
Geöffnet: täglich (außer So) 8-18

❑ Einkauf mit gutem Anschluß

Der Hof von Amelie und Gustav Peters hat eine besonders gute Verkehrsanbindung: er liegt, umgeben von alten Eichen, direkt am Autobahnzubringer A 250. Autofahrer nehmen hier die Abfahrt Winsen-Ost. Auf dem Hof gibt es Gemüse, Obst, Getreide, Kartoffeln, Eier, Rinder- und Schweinehälften sowie Wurst zu kaufen. Alle Tiere werden mit Futter aus eigenem Anbau gefüttert. Besonders Kindern machen die angebotenen Kutschwagenfahrten großen Spaß.

Hof Quellen. Heinz-Dietrich Rothschild
Hof Quellen
21255 Wistedt
✆ 04182 / 1277, Fax 04182 / 23189
Geöffnet: nach Absprache.
Wochenmärkte: Mi 8-13 in Buxtehude,
Fr 11-18 in Tostedt Uhr, Sa 7-13 in Buchholz

❑ Historischer Schafstall

Alter Baumbestand umgibt den 300jährigen Heidehof, auf dem 130 Mutterkühe und 50 Weißkopf-Mutterschafe gehalten werden. Das Fleisch und die Wurst der Tiere kann auf verschiedenen Wochenmärkten in der Umgebung, aber auch auf dem Hof nach telefonischer Absprache gekauft werden. Zusätzlich gibt es hier verschiedene Sorten Holz aus dem eigenen Wald, zur Winterszeit auch Weihnachtsbäume. In der Umgebung von Wistedt finden sich eine Reihe schöner Wanderwege, und im Nachbarort Otterberg ist der historische Schafstall besonders sehenswert.

Sonnenhof. Hans und Gudrun Lembke
Wümme 5
21255 Wistedt
✆ 04180 / 405, Fax 04180 / 405
Geöffnet: Fr nachm. Markt: Fr 11-18 in Tostedt, Sa 7-12 in Tothenburg; Ökomarkt: Mi 9-13 in Hamburg-Blankenese

❑ »Sonniges« Obst und Gemüse

Der demeter-Betrieb mit dem wohlklingenden Namen »Sonnenhof« liegt direkt an der B 75 in Wistedt. Auf den Ackerflächen wird Gemüse, vor allem Kartoffeln und Möhren, angebaut; auf den 22 ha Grünland weidet eine Mutterkuhherde mit Nachzucht (insgesamt 50 Tiere). Außerdem läuft auf dem Hof der Hahn den 30 Hühnern hinterher. Freitag nachmittags werden auf dem Hof Obst, Gemüse, Fleisch, Wurstwaren vom Rind, Getreide, Kartoffeln und Möhren verkauft (Obst, Gemüse und Getreide aus Zukauf).

Landkreis Lüneburg

Naturhof Luzie und Heinrich Gerstenkorn
Im Felde 1a
21380 Artlenburg
✆ 04139 / 7081
Geöffnet: tägl.

❑ Kaminholz, Ochs und Eier

1966 ausgesiedelt, befindet sich der Naturhof in hübscher Alleinlage. Auch wenn der Name der Gerstenkorns zunächst an Feldfrüchte denken läßt, so bestimmen doch vorwiegend Ochsen, Schweine und Hühner das Hofleben. Neben halben Schweinen und Ochsen in Vierteln auf Vorbestellung werden Eier und Gemüse der Saison verkauft; zudem sind Kaminholz sowie Heu und Stroh zu haben.

Meyer's Hof
Zur Horburg 50
21357 Barum
✆ 04133 / 8641
Geöffnet: nach Vereinbarung

❑ Deutsche Galloways auf der Weide

Auf Bestellung sind auf dem Hof von Peter Meyer Eier, Spargel und Rindfleisch zu haben. Der Hof, bereits 1648 erbaut und 1945 neu aufgebaut, beherbergt Galloway-Rinder, die das ganze Jahr über auf der Weide Auslauf haben. Auf Meyer's Hof gibt es seit zehn Jahren nur noch in Deutschland gezüchtete Tiere, die ohne Kraftfutter aufwachsen. Eine besondere Attraktion bietet der direkt am Flüßchen Neetze gelegene Hof den Kindern: Sie können hier eine Runde auf den Ponys reiten.

Hof Steinberg.
Heinrich und Birgit Burmester
Große Straße 5
21354 Bleckede-Garze
✆ 05852 / 1488, Fax 05852 / 1488
Geöffnet: nach tel. Absprache

❑ Erholung an der Elbe

Fleisch und Wurst bekommt man auf dem Hof Steinberg, der im Familienbetrieb neben Milchvieh Schwarzbunte und Galloway-Rinder beherbergt. Direkt auf dem Hof gibt es die Möglichkeit, im Gästezimmer (2 Betten) zu übernachten, um die vielfäligen Freizeit- und Erholungsmöglichkeiten der Elbtalaue auszukosten: In Bleckede informiert das Elbtalhaus Naturinteressierte über die Tier- und Pflanzenwelt der Elbe, das Schloß lädt zur Besichtigung ein, und eine Fahrt mit der Elbfähre ist sicher nicht nur für die Jüngeren ein Erlebnis.

Karl-Heinz und Christa Brammer
Kleine Str. 13
21382 Brietlingen
✆ 04133 / 3641
Geöffnet: täglich

❑ Eier und ein Schiffsfahrstuhl

Eier und Kartoffeln kann man bei Karl-Heinz und Christa Brammer kaufen; 400 Hühner leben in Bodenhaltung auf dem Hof. Im Ort finden sich gute Gastronomie und ein Reitverein; im Nachbarort Scharnebeck sollte die Besichtigung des Schiffshebewerks nicht versäumt werden: Wo sonst kann man Schiffen beim Fahrstuhlfahren zugucken?

Bioland-Hof Harwege.
Heiner und Birgitt Harwege
Ort Ahndorf 6
21368 Dahlenburg
✆ 05851 / 1862, Fax 05851 / 7382
Geöffnet: nach Vereinbarung. Wochenmarkt: Fr 13-18 in Adendorf. ABO-Kisten Vertrieb im Großraum Lüneburg

❑ Naturkost vom Bio-Hof

Der Bioland-Hof Harwege bietet Hofprodukte nach Saison: Gemüse, Kartoffeln und Getreide, außerdem Naturkost wie Brot, Eier, Milchprodukte, Fleisch- und Wurstprodukte, Kräuter, Honig und Marmeladen aus eigener Herstellung. Vereinzelt werden zusätzlich auch Produkte von regionalen Bäckern, vom Naturkosthandel und anerkannten AGÖL-Erzeugern angeboten. Aufenthalte auf dem über 250 Jahre alten Hof, der sehr schön in einer waldreichen Hügellandschaft und in der Nähe eines großen Moores gelegen ist, sind ganzjährig möglich. Unter dem Motto »Leben und arbeiten auf einem Bio-Hof« erwartet die Gäste eine spannende Einführung ins vielseitige Landleben.

Lehr- und Versuchsanstalt für Viehhaltung
Zur Blecke 6
21379 Echem
✆ 04139 / 6980, Fax 04139 / 698100
Geöffnet: Mo-Sa 9-12

❑ Lehranstalt besichtigen

Auf ihrem Hof in Echem bietet die Lehr- und Versuchsanstalt für Viehhaltung der Landwirtschaftskammer Hannover Eier von 600 Hühnern mit qualifiziertem Auslauf, Vorzugsmilch und Bio-Dung zum Verkauf an. Nach Absprache sind Betriebsbesichtigungen möglich: U.a. werden dabei die neu erbauten Stallungen gezeigt, die den Anforderungen tier- und verhaltensgerechter Unterbringung von Milchkühen und Bullen in konventioneller Zucht entsprechen.

Tangsehl e.V.
Tangsehl 2
21369 Nahrendorf
✆ 05855 / 1278 oder 372, Fax 05855 / 379
Geöffnet: Di 15-18, Fr 14-18, Sa 9-12

❑ Gemüse aus dem Mühlbachtal

Inmitten von Feldern und Wald befindet sich im Rateniner Mühlbachtal der Demeter-Betrieb, der Mitglied im Höfekreis Ostherde ist. Der Hof bietet Gemüse, Kartoffeln, Brot & Backwaren, Milch- und Milchprodukte, Getreide- und Mühlenerzeugnisse, Wurst und Fleischwaren sowie Eier an. Gute Möglichkeiten zum Radwandern und Wandern hat man in der Göhrde; der Kovahler Aussichtsturm und und das Landhaus *Breese* lohnen einen Besuch. Bis zur Elbfähre Neu-Dachau sind es 7, zum historischen Stadtkern von Hitzacker 10 km.

Neuland-Hof Hagemann.
Heinz und Regina Hagemann
Am Kamp 15
21398 Neetze
✆ 05850 / 423
Geöffnet: Mo-Sa 8-12 u. 13.30-18.30

❑ Schweinefleisch aus artgerechter Haltung

Spargel, der ohne Einsatz von Herbiziden angebaut wird, Kartoffeln und Schweinehälften können auf den Neuland-Hof erworben werden. Die Schweine werden hier ohne Tiermehle, Medikamente oder Leistungsförderer aufgezogen, sondern nur mit selbsterzeugtem Getreide und Erbsen gefüttert. Jedes Tier hat durch die artgerechte Neuland-Haltung die Möglichkeit, sich im Auslauf frei zu bewegen oder sich aufs Stroh zu legen.

Spargelhof Strampe.
Bodo und Hildegard Strampe
Lüneburger Str. 1a
21398 Neetze
✆ 05850 / 1331, Fax 05850 / 280
Geöffnet: April-Sept. tägl. 8-18;
Wochenmärkte: u.a. in Lüneburg, Bergedorf, Wandsbek Quarree von Ende April bis Anfang Sept.

❑ Lüneburger Spargel und mehr

Nicht nur köstlichen Spargel, auch Erdbeeren, Heidelbeeren, Kartoffeln, Wurst, Weine, Säfte, Marmelade, Eier und Honig verkaufen die Strampes auf ihrem Spargelhof. Erdbeeren und Heidelbeeren können von eifrigen Kunden sogar selbst gepflückt werden. Anschließend lädt die nahegelegene alte Salzstadt Lüneburg dazu ein, ihre vielen Sehenswürdigkeiten zu bestaunen. Immer eine Besichtigung wert sind auch die alte

Elbuferstraße und das Schiffshebewerk Scharnebeck. Und die Kleinen freuen sich bestimmt über einen Besuch bei der Ponyfarm im Nachbarort Bleckede.

Landkreis Uelzen

Obsthof Barum.
Helmut und Claudia Reinhart
Hinterm Johannishof 2
29576 Barum
✆ 05806 / 550, Fax 05806 / 1318
Geöffnet: 15.6.-15.8.: Mo-Fr 8-18;
Sa-So 9-12 / 15.8.-15.6.: Mo-Fr 9-12 u.
14-18, Sa 9-12. Selbstpflück-Plantage
Mo-Sa 8-12 u. 14-18, So 9-12. Andere
Öffnungszeiten (Verkaufsstand in Bad
Bevensen und Scheune in Tätendorf) tel.
erfragen

❑ Festes und flüssiges Obst

Aroma-Äpfel aus umweltbewußtem Anbau (alte und neue hocharomatische Sorten wie Elstar, Jonagold, Rubinette, Roter Boskop, Roter Berlepsch, Cox Orange u.a.), Spargel ohne Verwendung von Herbiziden, Erdbeeren, Himbeeren, rote und schwarze Johannisbeeren, Kulturheidelbeeren sowie Süß- und Sauerkirschen, Pflaumen und Zwetschen – den ganzen Sommer über bietet der Obsthof Barum Köstlichkeiten. Hinzu kommen Weine, Brände und Liköre aus verschiedenen Obstsorten, die u.a. in hübschen Designerflaschen abgefüllt sind. In direkter Nähe lädt die gemütliche *Schäferkate zu Barum* zu Speis und Trank.

Biolandhof Ellenberg. Karsten Ellenberg
Ebstorfer Str. 1
29576 Barum
✆ 05806 / 304, Fax 05806 / 1250
Geöffnet: tagsüber immer geöffnet

❑ Bauernhof aus dem Mittelalter

Bioland-Kartoffeln und Getreide verkauft Karsten Ellenberg auf seinem Biolandhof. Der alte, in herrlicher Landschaft gelegene Hof befindet sich bereits seit dem 14. Jahrhundert in Familienbesitz und wird seit 1990 nach den Bioland-Richtlinien bewirtschaftet. In der Nähe befindet sich der Kurort Bad Bevensen, der ein umfangreiches Angebot an Erholungsmöglichkeiten bietet. An den verträumten Kurpark schließt sich die schöne Naturlandschaft des Ilmenautals an und lädt zu einem ausgedehnten Spaziergang ein.

Rieke und Arnold Kröger
Barnser Ring 1
29581 Gerdau-Barnsen
✆ 05808 / 220, Fax 05808 / 1856
Geöffnet: Mi 17-18 u. Sa 10-12

❑ Öko-Anbau an der Gerdau

12 Kühe, 2 Ziegen, 3 Pferde und 20 Hühner tummeln sich bei den Krögers. Seit 1981 bewirtschaften sie ihren Hof ökologisch und bieten im Hofladen die selbstgezogenen Kartoffeln, Obst, Gemüse, Getränke und diverse andere Naturkost- und Molkereiprodukte an. Eine Ferienwohnung steht zur Verfügung; der Hof liegt nahe des landschaftlich reizvollen Gerdautals, das zum Spazieren in der Natur einlädt. Das Heideflüßchen Gerdau ist ein beliebtes Ziel für Paddler und Kanuten – wer es eher luftig mag, kann den nahegelegenen Segelflugplatz nutzen, um eine Runde zu drehen.

Forellenzucht Benecke. Hermann Benecke
An den Fischteichen 1
29585 Bruchtorf
✆ 05823 / 1811, Fax 05823 / 1817
Geöffnet: Mo-Fr 8.30-12.30 u. 14-18, Sa 8.30-13.30, So 10-12.30 u. nach Vereinbarung. Wochenmärkte: in Hamburg u. Münster

Frische Fische fischt …
Frische und geräucherte Forellen (auch filettiert), Lachsforellen (auch als »Gravad Laks« und »Räucherlachsart«), Besatzforellen und Aale bietet die Forellenzucht Benecke zum Verkauf. Am idyllisch gelegenen Angelteich können eifrige Petrijünger auch selbst ihr Glück versuchen, zudem ist die gesamte Fischteichanlage nach Absprache zu besichtigen.

Jürgen Drewes
Helmsstr. 5
29574 Ebstorf
✆ 05822 / 2390, Fax 05822 / 2390
Geöffnet: Selbstbedienungsstand durchgehend geöffnet

❑ Natur & Kultur
Je nach Jahreszeit können Kartoffeln, Spargel, Eier, Marmelade, Honig, Bauernkörbe und Weihnachtsbäume bei Jürgen Drewes am Selbstbedienungsstand gekauft werden. Auch Rindfleisch (Highland) ist zu haben. Der Hof liegt in Ebstorf, das vor allem durch seine alte Weltkarte bekannt ist: Sie wird bei einer kundigen Führung durch das hiesige Kloster erläutert. Und neben Kultur gibt es jede Menge Natur in Ebstorf: Schon am Ortsrand beginnen ausgedehnte Wälder, die zu langen Wanderungen einladen.

Antje und Willi Niebuhr
Alte Dorfstr. 5
29579 Emmendorf
✆ 05875 / 231
Geöffnet: Mo-Fr 9-12 u. 18-20, Sa 9-12

❑ Rinder, Federvieh, Kaninchen
Mitten im Dorf liegt der Hof von Antje und Willi Niebuhr. Als Mitglieder der Fördergemeinschaft »Einkaufen auf dem Bauernhof« bieten sie hier Wurst, Fleisch, Eier, Kartoffeln, Geflügel und Kaninchen an. Auf ihrem 50 ha großen Betrieb leben 50 Rinder, 200 Stück Federvieh und 30 Kaninchen, außerdem Hunde, Katzen und Tauben – mit anderen Worten: hier ist was los!

Aalfarm Marx. Jürgen Marx
An der Hardan 11
29525 Holdenstedt
✆ 0581 / 5030
Geöffnet: täglich geöffnet

❑ Fischvariationen
Fisch, vor allem Aal, bietet Jürgen Marx in zahlreichen Varianten: Aus eigener Räucherei Aal, Forelle und Lachsforelle, in Gelee Aal, Räucheraal und Forelle; lebende Aale, frisch geschlachtete und abgezogene Aale, auch Räucherlachs und Gravedlachs sowie Heringssalat aus eigener Herstellung ist zu bekommen. Außerdem im Angebot: Fischplatten, Fischbrötchen, Eier und Kartoffeln. Die besondere Attraktion ist das Räucheraalessen für 2-20 Personen im rustikalen Stil, das von Mai bis Oktober auf Voranmeldung stattfindet. Nach dem Schmaus bietet sich ein Besuch im Schloß Holdenstedt an: Der ehemalige »Adeliche Sitz« beherbergt heute ein Museum; Schloßcafé, Kaffeegarten und Park laden zum Verweilen ein.

Petershof
Bruchtorfer Str. 1
29585 Jelmstorf
✆ 05821 / 2301 oder 2340,
Fax 05821 / 2370
Geöffnet: täglich tagsüber geöffnet

❑ Von Wurst bis Stiefmütterchen

Hohe Eichen umgeben den Petershof, der gut erreichbar direkt an der B4 liegt. Das Angebot des Hofladens reicht von Fleisch und Hausmacherwurst über Obst, Gemüse, Heide-Kartoffeln, Eier bis hin zu Blumen wie etwa Stiefmütterchen und Astern. Die Nähe zu Bad Bevensen ergänzt einen Besuch im Hofladen zu einem interessanten Ausflug: Hier können Schwimmbad, Kurpark, Bootfahrten auf der Ilmenau oder Wandern und Radfahren auf dem Programm stehen. In der näheren Umgebung sind außerdem die Klöster Medingen (3 km) und Ebstorf (15 km) sowie das Landwirtschaftsmuseum Hösseringen sehenswert.

Gesine Haram
Oldendorf Nr. 2
29587 Natendorf
✆ 05822 / 1384, Fax 05822 / 1384
Geöffnet: Di u. Do 14-18

❑ Trockenblumen im Pferdestall

In Natendorf bei Ebstorf liegt der Betrieb von Gesine Haram. Hier können Trockenblumen und Getreidegebinde, bäuerliche Stoffe, Geschenkartikel, Honig und Kerzen erworben werden. Der Laden befindet sich ganz rustikal im alten Pferdestall, und nach ausfühlichem Schauen kommt so mancher gern auf das Angebot zurück, auf dem Hof Kaffee zu trinken und Kuchen zu essen. Wer dann noch unternehmungslustig ist, kann auf einem Ausflug im nahen Ebstorf die berühmte Landkarte und das alte Kloster besichtigen.

Bauckhof Stütensen. Reiner von Kamen
Stütensen 2
29571 Rosche
✆ 05803 / 9640, Fax 05803 / 96411
Geöffnet: Di 16-18, Fr 15-18

❑ Ruhe und Erholung

In reizvoller Lage nahe des Wendlands liegt der Bauckhof Stütensen in Rosche. Der Gemischtbetrieb arbeitet seit 1966 biologisch-dynamisch; heute leben und arbeiten auf dem Hof außerdem 26 Menschen, die Betreuung benötigen. Im Hofladen werden Obst, Gemüse, Fleisch, Wurst, Milch, Milchprodukte, Brot, Gries, Flocken, Mehle, außerdem Brotaufstriche, Säfte (zum Teil zugekauft von umliegenden demeter-Höfen), Kosmetik und Bücher angeboten. Der staatlich anerkannte Erholungsort Rosche liegt 15 km östlich von Uelzen, und wer Stille und Beschaulichkeit sucht, findet sie hier allemal. Zahlreiche Radwege laden zu gesunder Bewegung, die pilzreichen Misch- und Kiefernwälder der Umgebung zu ausgedehnten Spaziergängen und natürlich zum Pilzefinden ein.

Hof Warnecke.
Monika und Wilhelm Warnecke
Hauptstr. 12
29596 Stadensen
✆ 05802 / 508
Geöffnet: Fr 14.30-18 oder nach Absprache. Bauernmarkt: Do 14-18 an der Marktkirche in Hannover

❑ Frischgeflügel, nicht nur für Radfahrer

Der Hof Warnecke liegt im Bornbachtal, etwa 10 km südlich von Uelzen; seit 1600 befindet er sich in Familienbesitz. Neben Schweinen tummelt sich hier vor allem Federvieh wie Gänse, Enten, Puten oder Perlhühner. Folgerichtig bietet der Hofladen hauptsächlich Frischgeflügel und Geflügelspezialitäten, daneben aber auch Kartoffeln, Nudeln und bäuerliches Emailgeschirr an. Mit einem gut ausgebauten Radwegenetz lockt die Umgebung von Stadensen zu Fahrradausflügen. Sehr gut mit dem Drahtesel erreichbar sind beispielsweise das Landwirtschaftsmuseum in Hösseringen, der Badesee »Hardausee« mit Campingplatz, das Schweimker Moor oder die Bokler Heide.

Hermann Schulze
Kallenbrock Nr. 7
29596 Stadensen
✆ 05802 / 366
Geöffnet: tagsüber jederzeit geöffnet

❑ Spargel, Kartoffeln und Streichelzoo

Hermann Schulzes Familienbetrieb liegt auf leicht hügeligem Gelände; Geographiebewanderte werden das Gelände sofort als Grundmoräne der letzten Eiszeit erkennen. Auf dem Sandboden gedeihen besonders gut Spargel und Kartoffeln, die täglich auf dem Hof verkauft werden. Nach der Spargelsaison gibt es auch Pflaumen. Für Kinder ist der Hof eine besondere Attraktion, denn die Kühe und Kälbchen, Katzen, Hunde und sogar die kleinen Ferkel dürfen angefaßt und gestreichelt werden. Ein Besuch im etwas entfernten Otterzentrum Hankensbüttel ist für Jung und Alt ein Erlebnis, was auch für das Mühlenmuseum in Suhlendorf gilt.

Fam. Bräsicke
Granlinger Str. 12
29556 Suderburg
✆ 05826 / 296, Fax 05826 / 7167
Geöffnet: tägl. 8-12 u. 14-18. Märkte: in Hermannsburg, Celle, Munster, Suderburg, Wathlingen

❑ Spargel und Waldfrüchte

Zur Spargelsaison im Mai/Juni bietet der Bräsickesche Betrieb vorrangig Spargel, Schinken und neue Kartoffeln an, im Juli/August Beerenfrüchte, besonders Wald- und Kulturheidelbeeren. Im Spätsommer schließlich werden Waldpilze, Tomaten, Erbsen, Kohl, Paprika, Schinken, Äpfel, Birnen, Bohnen und Gurken verkauft. Der in der Nähe gelegene Hardausee lockt zu einem Bad, und auch das Landwirtschaftsmuseum Hösseringen ist einen Besuch wert.

Gallowayhof Räber
Altes Forsthaus
29556 Suderburg
✆ 05826 / 7067 oder 05825 / 8005,
Fax 05826 / 8327 oder 05825 / 8005
Geöffnet: Nach tel. Absprache

❑ Artgerechte Neuland-Galloways

Etwa 100 Gallowayrinder leben auf dem Galloway-Hof Räber nahe Suderburg, der sich z.T. auch über das Naturschutzgebiet Lüder-Moor erstreckt. Die Tiere werden in Kooperation mit dem Verband Neuland artgerecht gehalten, lange, qualvolle Transporte sind von vornherein ausgeschlossen. Das Rindfleisch aus eigener Schlachtung sowie Wurst kann vor Ort gekauft oder auch geliefert werden. Einmal jährlich findet auf dem Galloway-Hof ein Hoffest statt.

Bauckhof. Lisa Bauck
Eichenring 18
29525 Uelzen-Klein-Süstedt
✆ 0581 / 90160, Fax 0581 / 901616
Geöffnet: Di 16.30-18, Fr 14-18, Sa 8-12

❑ Biologisch-dynamisch schon seit 1924

400 Jahre hat der in einem alten germanischen Rundlingsdorf liegende Bauckhof auf dem Buckel; bereits seit 1924 wird hier biologisch-dynamisch Landbau betrieben (demeter). Der Hofverkauf bietet je nach Jahreszeit Kartoffeln und Gemüse aus eigenem Anbau, Brot, Brötchen und Kuchen aus eigener Hofbäckerei, Fleisch- und Wurstwaren (ohne Pökelsalz und Zusatzstoffe und nur von eigenen Tieren), Käse und Milchprodukte vom Hof, Getreideerzeugnisse und ein Naturkostsortiment. Neben der Attraktion »Rundling« lädt in der Umgebung Uelzen ein, seine Altstadt, das Kloster Oldenstadt oder das prachtvolle Schloß und Museum Holdenstedt mit den schönen Parkanlagen zu besuchen.

Henning Wünnecke
29582 Velgen
✆ 05822 / 1238
Geöffnet: tagsüber immer geöffnet

❑ Lebensmittel und Ferienwohnungen

Zwischen Lüneburg und Uelzen liegt der Hof Wünnecke. Zu dem Betrieb gehört auch eine Gaststätte mit Zimmervermietung; zusätzlich können zwei Ferienwohnungen angemietet werden. Auf dem Hof verkauft Henning Wünnecke nur Lebensmittel aus eigener Produktion: Kartoffeln, Dosenwurst aus eigener Schlachtung, Enten und Gänse, Eier von freilaufenden Hühnern, Rind- und Schweinefleisch – nach Absprache sogar Wild aus eigener Jagd. Äpfel können selbstgepflückt werden. Sehenswert in der Nähe sind das Kloster Ebstorf mit seiner historischen Landkarte und die Städte Uelzen und Lüneburg mit altem Rathaus, Kloster Lüne und Johanniskirche. Und zur Zeit der Heideblüte verwandelt sich die Ellerndorfer Wacholderheide, die größte Heidefläche des Landkreises Uelzen, in ein wundervoll violettes Blütenmeer.

Hof Schmedt
29587 Vinstedt
✆ 05806 / 393, Fax 05806 / 1393
Geöffnet: tägl. 8-18

❑ Sonntagsausflug mit Gemüse

Neben frischen Enten und Suppenhühnern, Kartoffeln, Obst, Gemüse, Honig und Eiern sind selbstgemachte Marmeladen, Dosenwurst und süßes oder saures Kompott in Gläsern im Angebot. Die Köstlichkeiten stehen täglich zum Verkauf – äußerst praktisch für Großstadtbewohner, denn so kann beispielsweise ein sonntäglicher Ausflug ins nahe Ebstorfer Kloster gleichzeitig zu einer genußvollen Einkaufsfahrt werden.

Hinrich Niemann
Hauptstr. 7
29578 Wichtenbeck
✆ 05873 / 253 oder 1247, Fax 05873 / 1253
Geöffnet: nur zur Spargelzeit (Mai/Juni)

❑ Veronika, der Spargel wächst

»Veronika, der Lenz ist da... die ganze Welt ist wie verhext, Veronika, der Spargel wächst« – wer kennt nicht den berühmten Schlager der Comedian Harmonists? Zur Spargelzeit öffnet der Niemannsche Hof seine Pforten der Direktvermarktung und offeriert alles, was zu einem ordentlichen Spargelessen dazugehört: Spargel, Schinken, Kartoffeln und Wein. Seit neuestem wird auf dem Hof und in der Heidelandschaft das jährliche Spargelfest gefeiert. In einiger Entfernung befindet sich das Tal der Gerdau, ein sauberer kleiner Heidefluß und beliebtes Ziel für Paddler und Kanuten. Aber auch zu Fuß kann man hier schöne Wanderungen unternehmen.

Walter's Hof
Im Felde 1
29565 Wriedel-Brockhöfe
✆ 05829 / 1339, Fax 05829 / 1482
Geöffnet: Mo-Fr 8-12 u. 15-18, Sa 8-12

❑ Schweine, Damwild, Hühner

Vor allem Fleischliebhaber sollte das Angebot auf Walter's Hof erfreuen: Hier gibt es Mettwurst, Schinken, Dosenwurst und sogar Damwildfleisch zu kaufen. Aber auch Kartoffeln, Eier, Honig, Marmelade, Säfte und sogar Geschenkartikel sind auf dem Hof zu haben, der sich seit 1911 in dritter Generation befindet. Das Dam- und Rotwild kann auch in seinem Gehege beobachtet werden – sicher nicht nur für Kinder spannend.

Hans-Ludwig von Meltzing
Melzingen Nr. 1
29593 Schwienau
✆ 05822 / 2656, Fax 05822 / 2656
Geöffnet: August-Sept. tägl. 8-18

❑ Prähistorische Sehenswürdigkeiten plus Erdbeeren

Nahe Ebstorf an der L 250 liegt der 110 Jahre alte Hof von Hans-Ludwig von Meltzing. Auf den 220 ha Land werden Kartoffeln, Zuckermais und Erdbeeren angebaut, die nur im Spätsommer direkt auf dem Hof zum Kauf angeboten werden. Nicht versäumen sollte man, im nahegelegenen Ebstorf (4 km) das alte Kloster anzuschauen. In der Nähe gibt es außerdem prähistorische Sehenswürdigkeiten (fragen Sie auf dem Hof nach dem genauen Weg) und den Reitbetrieb Immenhof, der sicher besonders für Kinder ein Spaß ist.

Landkreis Lüchow-Dannenberg

H.-H. und Marlies Niemann
Wöhningen 23
29468 Bergen-Wöhningen
✆ 05845 / 476
Geöffnet: tägl. 9-18

❑ Wurst und Kuchen

Direkt an der B 71 und nur 100 m vom Mühlenbach entfernt, liegt der Hof der Niemanns, wo man 120 Schweine munter grunzen hört. Dosenwurst und Räucherwurst nach Hausmacherart werden angeboten, selbstgebackenes Brot und Kuchen; auf den 60 ha bewirtschafteter Fläche werden auch Kartoffeln angebaut. Die zahmen Haustiere, als da wären Katzen, Kaninchen und ein Hund, lassen sich gerne streicheln.

Heidi und Heinrich Schulz
Belau Nr. 5
29468 Bergen-Belau
✆ 05845 / 301
Geöffnet: nach Vereinbarung

❑ Babybeef und Färsen

Der NEULAND angehörende Vollerwerbsbetrieb hat sich als Schwerpunkte die extensive Grünlandbewirtschaftung und die Mutterkuhhaltung gesetzt. Zur Zeit leben auf dem Schulzschen Hof 60 Kühe samt Nachzucht, dazu noch 20 Mastschweine. Geschlachtet wird nach Vereinbarung; es gibt Babybeef (ab 10 Monaten), Jungbullen- und Färsenfleisch ab 1/4 bzw. 10 kg oder 20 kg Mischpakete. Die Schweine werden bislang von Mai bis November gehalten, im November/Dezember geschlachtet und in Hälften verkauft. Nach vorheriger Anmeldung ist Frau Schulz gern bereit, den Hof und die Tiere vorzustellen.

terra est vita. Maren Kalau, C. Misselhorn
Belau Nr. 6
29468 Bergen-Belau
✆ 05845 / 218, Fax 05845 / 711
Geöffnet: Mo-Fr 8.30-16.30; ansonsten nach Absprache. Bauernmarkt in Jameln

❑ Schinken und Eier

Der in einem Rundlingsdorf gelegene BIOLAND-Hof ist eine landwirtschaftliche Wohn- und Beschäftigungsstätte für geistig behinderte Erwachsene. Neben Gemüsen und Kartoffeln wird auch das Futter für die 25 Mutterschafe, 3 Sauen, 40 Hühner und Mastschweine angebaut. Wurst und Fleisch, Eier, Schinken und Schaffelle, frische Gartenprodukte und Kräuter sind hier zu haben. Die Gegend rund um Bergen eignet sich gut zum Wandern und Reiten.

Maren und Peter Timme
Rundling Nr. 5
29473 Göhrde-Metzingen
✆ 05862 / 7316, Fax 05862 / 7316
Geöffnet: ganztägig

❑ Sauen und Ferkel im Rundlingshof

Da ist Leben im Haus: Die Timmes leben mit 3 Kindern und deren Großeltern in einem Rundling in Metzingen. Auf dem hübsch angelegten Hof, der seit 1831 in Familienbesitz ist und besichtigt werden kann, gibt es Sauen mit ihren Ferkeln, Hühner, einen kinderlieben Hund und Katzen. Neben Kartoffeln und Zuckerrüben wird Getreide angebaut, das als Futter für die selbstgezüchteten Schweine dient. Aus eigener Hausschlachtung wird geräucherte Mettwurst und Schinken, Landwurst in Dosen oder Gläsern angeboten, weiterhin Kartoffeln, Marmelade, Gelee und Honig. Gleich in der Nähe befindet sich der Reiterhof Sarenseck.

Christian und Gisela Köthke
Hauptstr. 50
29475 Gorleben
✆ 05882 / 244 oder 227, Fax 05882 / 788
Geöffnet: tägl. 8-18

❑ Angeln bei den Elbefischern

Es gibt sie noch, die Elbefischer; der Betrieb der Köthkes existiert sogar schon seit 1822. 20 km lang wird der Fluß von Schnackenburg bis Grippel befischt, desgleichen der Laascher See. Räucheraale und Räucherforellen sind hier zu haben (auf Bestellung auch filettiert), an Frischfischen gibt es immer Forellen (auf Wunsch auch küchenfertig), je nach Saison Aale, Hechte, Zander und Karpfen. Für die Petrijünger interessant: Angelscheine werden hier auch kurzfristig ausgegeben.

Annegret und August-Wilhelm Barge
An den Eichen 7
29476 Groß Gusborn
✆ 05865 / 817
Geöffnet: tägl.

❑ Zum Wochenende

Bei den Barges wird besonderer Wert darauf gelegt, die Pflanzen gesund zu nähren, die Produkte schonend zu ernten und zu lagern, um wichtige Vitamine und Nährstoffe zu erhalten. Neben Kartoffeln gibt es hier Saisongemüse, z. B. Brokkoli, Zucchini, Porree, Kohl etc. Am Wochenende lohnt es sich doppelt herzukommen, denn dann wird Kaffee und Kuchen angeboten!

Heidschnuckenschäferei Siemen.
Hilbert Prieß
Schulstr. 14
29476 Groß Gusborn
✆ 05865 / 673
Geöffnet: nach telefonischer Anfrage

❑ Heidschnucken

Siemen ist ein guter Ausgangspunkt für eine Radtour durch das Naturschutzgebiet Lucie und die Landwehr; wer den höchsten Berg der Umgegend erklettert, den Wentorfer Berg mit stolzen 41 m, der sieht vielleicht sogar die 200 Heidschnuckentiere mit ihrem Nachwuchs grasen. So sind hier lebende wie geschlachtete Heidschnucken erhältlich und deren gegerbte Felle, kurzgeschoren oder naturlang.

Gartenhof Tilia. H. Wedler
Försterkamp 8
29456 Hitzacker-Harlingen
✆ 05862 / 203
Geöffnet: Fr ab 15 u. nach tel. Vereinbarung; Markt in Hitzacker: Sa 8-12

Gemüse und mehr

Circa 5 km von Hitzacker entfernt, befindet sich in schöner Lage am Ortsrand von Harlingen der Gartenhof Tilia, seit 1986 ein BIOLAND-Betrieb und der Wendland Kooperative zugehörig. Obst, Gemüse, Kartoffeln und Getreide werden zum Verkauf angeboten, selbstgebackenes Brot, Wurst sowie Honig und Marmeladen, teils von anderen biologisch wirtschaftenden Betrieben aus der Region und darüber hinaus. 30 Hühner, 15 Schafe und 2 Ponys sorgen für das Bauernhof-Ambiente.

Bauernmarkt
29479 Jameln

❑ Zweimal Bauernmarkt

Jeweils am letzten Samstag im Juni und September findet auf dem Grundstück Kablitz in Jameln der Bauernmarkt statt. 15 – 20 landwirtschaftliche Betriebe bieten Kartoffeln, Gemüse, Fleisch, Wurst, Fisch, Honig, Konfitüren, Säfte, Brot, Eier, Käse und anderes aus eigener Herstellung an. Gleichzeitig startet das Flachsfest mit Kunsthandwerk, einer Flachsausstellung, der Vorführung »Vom Flachs zum Leinen«; auf dem Kablitz-Hof ist die Kraul'sche Diele mit alten Geräten zur Flachsverarbeitung zu sehen. Im Nachbarort Breese übrigens befindet sich hinsichtlich des Renaissance-Sakralbaus ein Kleinod: Wer die schöne Gutskapelle besichtigen möchte, kann mit J. Hinkelmann (Tel. 05864 / 1219) einen Termin vereinbaren.

Martin Kuhnle
Breustian Nr. 5
29479 Jameln-Breustian
✆ 05864 / 255 oder 05841 / 3679,
Fax 05864 / 255
Geöffnet: Spargelsaison Mo-Do 9-13, Fr-So 9-18; Heidelbeervor- und nachsaison (Juli, Mitte Sept.-Mitte Okt.) Mo-Fr 14-18, Sa-So 9-18, Hauptsaison tägl. 9-18

❑ Grüne Spargel & blaue Beeren

Damit ist bereits umfassend darüber informiert, was in der Verkaufsstelle Lübeln angeboten wird: Weiße Spargel, grüne Spargel und Heidelbeeren, letztere in verschiedenen Sorten, auch zum Selberpflücken. Zudem gibt es für Kinder die Möglichkeit zu reiten, und wer ganz viele Heidelbeeren pflücken möchte, kann hier auch gleich Urlaub auf dem Bauernhof machen.

Forellenteich Erika Schulz
Breustian Nr. 15
29479 Jameln-Breustian
✆ 05864 / 637
Geöffnet: Mo-Fr 9-18, Sa 8-12 u. 17-18 sowie nach Vereinbarung

❑ Muntere Forelle und Schwedenhappen

In den beiden Forellenteichen des elterlichen Hofs von Erika Schulz tummeln sich gut 2000 muntere Fische pro Jahr. Neben den frischen Forellen sind aber auch noch geräucherte zu haben, gebeizte und kaltgeräucherte Lachsforellen, Forellen in Aspik und Schwedenhappen (süß-sauer eingelegte Lachsforelle). Nach Vereinbarung wird auch eine Lachsforellenpastete zubereitet. Zum Essen lädt das Gasthaus Luhr in Breselenz ein, und danach sollte man einen Besuch des Feuerwehrmuseums in Tramm nicht versäumen.

Schulzen-Hof. Hartmut Schulz
Platenlaase Nr. 7
29479 Jameln-Platenlaase
✆ 05864 / 527 oder 1485,
Fax 05864 / 1496
Geöffnet: Mo-Fr 8-18, Sa 8-13

❑ Uralter Rundlingshof

Ein typisch wendländischer Rundlingshof ist der Schulzenhof, der seit Jahrhunderten im Familienbesitz ist. Heute kooperiert der Gemischtbetrieb mit BIOLAND und der Wendland Koop. Zu kaufen gibt es Milch und Milchprodukte, Fleisch & Wurst vom Rind wie vom Schwein, Getreide, Gemüse und Eier; Ferienwohnungen sind geplant. Das Café »Grenzbereiche« im Ort bietet Film- und Theatervorführungen, Musikalisches und ein ausgiebiges Sonntagsfrühstück. Im Nachbarort Jameln kann man in einem alten, reetgedeckten Drei-Ständer-Haus gepflegt essen und in Ruhe zuschauen, wie die Steaks auf der offenen Feuerstelle bruzzeln.

Kröter Voll-Wert-Hofladen.
Gerhard und Sabine Odinga
Kröte Nr. 1
29496 Kröte
✆ 05849 / 546, Fax 05849 / 546
Geöffnet: Mi u. Fr 14-18, Sa 9-13.
So ab 14 Kaffeegarten (Mai-Sept.)

❑ **Frischgemahlenes Mehl**
Umgeben von Wald und Radwegen liegt inmitten des Naturparks Elbufer-Drawehn das Bergdorf Kröte, einer der Wanderpunkte bei der kulturellen Landpartie zwischen Pfingsten und Himmelfahrt: Künstler und Kunsthandwerker öffnen ihre Werkstätten und Ateliers, laden zu Lesungen, Konzerten, Bühnenvorstellungen und anderen Aktionen ein. Die im Aufbau befindliche komplementäre Landwirtschaft der Odingas bietet bislang Gemüse, Kräuter, Erdbeeren, Kartoffeln und Getreide (auch frischgemahlenes Mehl). Gänse, Hühner, Puten und Rinder liefern Fleisch und Wurst, Honig stammt vom Bienenhof am Deister. Aus dem Holzbackofen kommen Brot, Brötchen (selbst sonntags) und Kuchen. Für Einzelpersonen oder Gruppen, insbesondere Allergiker und Kinder, werden Ernährungsberatung und Kurse angeboten. Spielplatz, Kaffeegarten und Streichelwiese runden das Angebot auf dem Hof ab.

Marlitt Hahlbohm
Bockleben Nr. 29
29485 Lemgow-Bockleben
✆ 05883 / 741
Geöffnet: nach Vereinbarung

❑ **Kartoffeln, Gelee und gute Luft**
100 Jahre alt ist der Hof von Frau Hahlbohm, der direkt an der Straße zwischen Lüchow und Arendsee liegt. Auf 60 ha werden Acker- und Futterbau betrieben, 30 Kühe mit Nachzucht und Hühner leben hier. Verkauft werden Kartoffeln, Eier, Konfitüre, Gelee und Honig, letzterer ist von der Imkerei Preuß aus Lüchow. Besucher dürfen sich den Hof jederzeit ansehen; wer etwas Zeit hat, sollte die gute Luft um den Arendsee genießen, immerhin ist die gleichnamige Gemeinde am Südostufer anerkannter Luftkurort.

Familie Rieban
Bockleben Nr. 6
29485 Lemgow-Bockleben
✆ 05883 / 704
Geöffnet: nach Vereinbarung

❑ **Brot und Storchennest**
Südöstlich von Lüchow liegen Bockleben und der über hundertjährige Hof der Riebans, in dem sich 43 Kühe, 90 Rinder, Hühner, Enten, ein Hund und ein Puter wohlfühlen. Eier, Brot und Marmelade werden feilgeboten. Außer dem hübsch anzuschauenden Storchennest gibt es einen Reitplatz im Ort; nach Arendsee, wo man auch baden kann, sind's 10 km, nach Salzwedel nur 15 km, und so nimmt es nicht wunder, daß es in Bockleben 4 Ferienwohnungen gibt, um die herrliche Natur zu genießen.

Neumanns Hofladen. Renate Neumann
Im Rundling 6
29485 Lemgow-Großwitzeetze
✆ 05883 / 335
Geöffnet: tägl.

❑ Wurst und Schinken

Der Neumannsche Veredelungsbetrieb hat seinen Sitz in einem alten Rundlingshof. 200 Schweine werden hier gemästet und geben saftigen Schinken, Wurst und Fleischwaren. Im Frühjahr gibt es zudem Spargel zu kaufen.

Ziegenhof 13 Steine. Wolfgang Bechtel
Steine 13
29487 Luckau
✆ 05844 / 1746
Geöffnet: nach Vereinbarung

❑ Tierisch viel

32 Ziegen, 2 Schweine, 3 Rinder, Hühner, Gänse, Enten, Hunde und Katzen tummeln sich einträchtig im Ziegenhof, der neben dem alten Drei-Ständer-Haus einen großen Innenhof vorzuweisen hat. Wie der Name bereits verrät, wird hier vornehmlich Ziegenkäse verkauft, aber auch Wurst von der Ziege, Schweine- und Rindfleisch sowie Eier. Luckau bietet einen guten Ausgangspunkt für Wanderungen, Radtouren, Reitausflüge in die Dummeniederungen (Naturschutzgebiet), in die Clenzer Schweiz oder zu den Rundlingsdörfern.

Annette und Ulrich Quis
Mammoißel 16
29487 Luckau-Mammoißel
✆ 05844 / 1411
Geöffnet: Mi-Fr 16-18. Markt: in Dannenberg und Lüchow

Käseküche und Hofbackstube

Seit 1983 wird der mit Wendland-Koop und BIOLAND kooperierende Hof ökologisch bewirtschaftet, er hat eine eigene Käseküche und eine Hofbackstube. Im Hofladen werden Gemüse, frisches Brot, Schafkäse, Schafwurst und -felle verkauft, Äpfel, Apfelsaft, Getreide aus eigener Erzeugung. Zugekauft sind Milch und Molkereiprodukte, Fleisch, Wurst, Kartoffeln sowie ein Trocken- und Naturkostsortiment. Luckau bietet sich als ein guter Ausgangspunkt für Radtouren durch den mittleren Drawehn an.

Eichenhof. Henriette u. Jochen Kulow
Zargleben Nr. 5
29487 Luckau-Zargleben
✆ 05844 / 1694, Fax 05844 / 414
Geöffnet: tägl. 9-13

❑ Wurst, Gelee, Gemüse

Ein alter Familienbetrieb ist der Kulowsche BIOLAND-Hof, der auch Mitglied in der Wendland-Kooperative ist. Kartoffeln und Gemüse werden angeboten, die 40 Sauen, 150 Mastschweine und 20 Mutterkühe »liefern« Wurst und Fleisch. Weiterhin sind Naturkostwaren und Konfitüren zu erstehen.

Wendland-Kooperative GmbH
Wiesengrund 15
29439 Lüchow
✆ 05841 / 70575 oder 70375,
Fax 05841 / 70676
Geöffnet: frei Haus Lieferung

❑ Pioniere des ökologischen Landbaus

Ausschließlich nach den Richtlinien der ökologischen Anbauverbände BIOLAND und DEMETER betreiben 14 Bauern und Gärtner ihren Acker- und Gemüsebau sowie ihre Viehhaltung. Neben Getreide, Kartoffeln, Obst und und einer Vielzahl heimischer Gemüsesorten werden Fleisch, Wurst, Milch, Joghurt und Käse von artgerecht aufgezogenen Schweinen, Hühnern, Schafen, Ziegen und Kühen angeboten. Im Stall und auf der Weide haben die Tiere viel Auslauf, bekommen keine Importfuttermittel, kein Fischmehl oder Tierkörperfuttermittel, weder synthetische Futterzusätze noch Antibiotika. Bedingt durch die marktferne Lage und die dünne Besiedlung des Wendlandes, wird den Einwohnern von Hamburg, Hannover, Lüneburg, Celle, Uelzen und Wolfsburg samt deren Umland ein Lieferservice offeriert. Ohne Aufpreis werden schwere Kartoffelsäcke, sperrige Bierkisten, süße Müslischnitten oder was auch sonst immer direkt in die Küche geliefert.

Obstanbau Schmidt. Peter Schmidt
Am Rott 8
29439 Lüchow-Grabow
✆ 05864 / 1354 (nach 12 Uhr)
Geöffnet: nachm. nach Vereinbarung

❑ Hausgemachte Konfitüren

3 km von Lüchow entfernt liegt der ökologische Gartenbaubetrieb, der seit 45 Jahren Erdbeeren frisch und zu Konfitüre verarbeitet bietet; die übrigen Obst- und Beerensorten gibt's als zehn verschiedene hausgemachte Konfitüren, zuckerreduziert mit außerordentlich hohem Fruchtgehalt. Zusätzlich kann man Apfelmus und Öko-Zukker der Kölner Firma Pfeifer & Langen kaufen. Interessant ist sicher auch das 1997 eröffnete Ökologische Gewerbegebiet Grabow und das Büro für Landschaftsplanung.

Schäferei Manfred Bolte
Jeetzel 23
29439 Lüchow-Jeetzel
✆ 05841 / 3241, Fax 05841 / 3241
Geöffnet: tägl. ab 13, ansonsten nach tel. Absprache

❑ »Mäh-Bähs« und Windkraftrad

800 Mutterschafe halten den Neuland-Betrieb der Wanderschäferei auf Trab und lassen ihr munteres »Mäh« erschallen. Die gute Luft garantiert Qualität bei dem frischen und gefrorenen Lammfleisch, der Lammwurst (geräuchert oder im Glas), dem Lammschinken sowie dem Schafskäse. Daneben gibt es im im 150jährigen Bauernhof im Dorfkern naturnah gegerbte Schaf- und Lammfelle und Rohwolle. Kinder können sich auf dem Dorfspielplatz tummeln; wer Hunger bekommen hat, kann in sich in den zahlreichen gastronomischen Betrieben in Lüchow umschauen. Auf dem Jeetzeler Berg steht übrigens das erste Windkraftrad in der Region.

Kartoffelhof Saaße. Ernst Eckard Kunitz
Im Ring 8
29439 Lüchow-Saaße
✆ 05841 / 2557, Fax 05841 / 3666
Geöffnet: 7-12 u. 14-20

❑ Hofladen seit 1997

Über 100 Jahre in Familienbesitz, liegt der Kunitzsche Hof im Rundlingsdorf Saaße, an der Straße von Lüchow nach Salzwedel. 5 Mutterkühe (Fleckvieh) und 90 Sauen (eigene Mast) sorgen für herzhafte Wurstprodukte, zudem gibt es Eier, Zwiebeln und nitratarme Speisekartoffeln, die auf 70 ha Land angebaut wurden.

Freitags-Bäckerei
Weitsche Nr. 1
29439 Lüchow-Weitsche
✆ 05864 / 334
Geöffnet: nach Vereinbarung; Fr ab 15 auf dem Bauernmarkt in Jameln

❑ Natursauerteigbrot und was drauf

Auf den Feldern des Meyerschen Hofes wird Getreide sowie Futter für die 50 Milchkühe und 10 Stuten mit ihrer Nachzucht angebaut. Die Freitags-Bäckerei backt herzhaftes Brot mit Natursauerteig und Milchbrötchen; im Fachwerkhaus gegenüber des herrlichen Bauerngartens wird aber auch gleich der Brotaufstrich dazu in Form selbstgekochter, fruchtiger Konfitüre offeriert. Weiterhin gibt es Gemüse der Saison. Vom Ort mit mehreren denkmalgeschützten Fachwerkhäusern führen ausgeschilderte Radwanderwege in die Region; im Nachbardorf Rehbeck wartet ein Reiterhof.

Marlene und Gerhard Bohm
Bundesstr. 2
29451 Riskau
✆ 05861 / 7332 oder 4310,
Fax 05861 / 7332
Geöffnet: täglich

❑ Duroc-Schinken

Der bäuerliche Familienbetrieb mit Schweinezucht ist von Freilandhühnern, Pferden, Katzen und einem Hund bevölkert; seit 1750 liegt er allein am Waldrand – heute direkt an der B 216. Frische Eier, Kartoffeln, Landwurst und Duroc-Schinken werden hier verkauft, je nach Saison auch Produkte aus dem Bauerngarten. Ganz in der Nähe ist ein Reiterferiendorf.

Biolandhof Schmarsau
Arendseerstr. 7
29485 Schmarsau
✆ 05883 / 221, Fax 05883 / 221
Geöffnet: Mo u. Do 16-18, Di, Fr u. Sa 9-12; ansonsten einfach vorbeischauen oder anrufen

❑ Charolais beim Arendsee

Etwa 20 km von Lüchow liegt der Biolandhof Schmarsau, auf dem man eine Charolais-Mutterkuhherde lustig muhen hört. Ein großes Angebot von Kartoffeln und Gemüse, Obst und Getreide über Wurst und Fleisch von Rind und Schwein, Lammhälften, Hähnchen bis zu Milchprodukten, Käse, Butter, Eier, Saft und Honig wartet auf die Einkäufer – teilweise ergänzt durch Produkte aus anderen Bioland- und Demeter-Betrieben der Wendland-Kooperative. 50 m vom Hof entfernt können bis zu 6 Personen in einem Ferienhaus Urlaub machen; ein 5 km langer Radweg führt direkt zum Arendsee.

Wolfgang Rettberg
Billerbeck Nr. 1
29465 Schnega-Billerbeck
✆ 05842 / 840, Fax 05842 / 1372
Geöffnet: Di u. Do 16-18.30. Wochenmarkt: Sa in Clenze vor der Kreissparkasse, Mi in Uelzen 7-12.30, Fr in Lüneburg-Kaltenmoor

❑ Ein buntes Tierkonzert

Je nach Jahreszeit dürfen sich nicht nur die jüngeren Besucher des Rettbergschen Familienbetriebs auf die flaumigen Küken freuen, aus denen später Hühner, Enten und Gänse werden. Daneben sind auf dem Demeter-Hof aber auch Ziegen, Schafe und Mutterkühe zu finden; angeboten werden so Eier, Fleisch, Brot, Gemüse und Kartoffeln aus eigenem Anbau.

Imkerei im Wendland
Im Rundling 4
29465 Schnega-Proitze
✆ 05842 / 637, Fax 05842 / 637
Geöffnet: Mo-Fr 16-18

❑ Met in richtigen Trinkhörnern

Etwa 50 Bienenvölker besitzt der Restbauernhof in der Ostheide, ein alterwürdiges Vierständerfachwerkhaus mit großer Tenne von 1871. An guten Bienenprodukten werden Honig, Pollen, Propolis und Honigkosmetik geboten; es gibt hübsche Bienenwachskerzen und zum Met sogar die passenden Trinkhörner. Für den hochprozentigen Bärenfang-Likör wären die Gefäße allerdings eine Nummer zu groß.

Bioland Betrieb Tiethe
Groß Breese Nr. 3
29494 Trebel-Groß Breese
✆ 05848 / 833, Fax 05848 / 1269
Geöffnet: Mo-Fr 9-11 u. 13-18, Sa 9-14

❑ Alles frisch

Im idyllischen Straßendorf Groß Breese mit alter Eichenallee steht der Tietkesche Hof, der nach Voranmeldung gern Gruppen ab 10 Personen in einer Führung gezeigt wird. Nicht nur Kartoffeln, Gemüse, Obst und Saft sind hier zu haben, sondern auch Fleisch & Wurst, Nudeln und Molkereiprodukte – der zusammenschluß alternativ wirtschaftender Betriebe in der Wendland Kooperative macht das breite Angebot möglich.

Bäuerinnenprojekt
Klein Breese
29497 Woltersdorf-Klein Breese
✆ 05841 / 3676
Geöffnet: Ladencafé i.d. Sommermonaten Sa u. So 14-18, für Busgesellschaften nach Vereinbarung

❑ Picknick und Butterkuchen

14 Bäuerinnen aus Familienbetrieben in der Nemitzer Heide (letztes Wochenende im August findet übrigens das Heideblütenfest statt) haben sich zusammengetan und einen mobilen Picknick- und Partyservice auf die Beine gestellt. Auf Bestellung bereiten die Landfrauen eine Brotzeit, eine warme Mahlzeit oder deftigen Bauernbraten für größere Gruppen zu und liefern das Gewünschte an jeden Ort im Wendland. Ebenso können Besuchergruppen nach Absprache im Ladencafé Torten, Butter- und Obstkuchen und Kaffee genießen; die Heidelandschaft lädt zum Wandern oder zu Kutschfahrten ein.

Gertraude Schmidt
Dorfstr. 15
29497 Woltersdorf
✆ 05841 / 2414
Geöffnet: in der Spargelsaison ganztägig

❑ Spargel & Schinken

An der hübschen Dorfstraße mit altem Baumbestand liegt der Schmidtsche Hof, der Spargel, Wurst, Schinken, Eier und Kartoffeln zum Verkauf feilhält. Die Enten und Hühner sorgen für die typische Bauernhofgeräuschkulisse. Bis Lüchow sind es 4 km. Zum Hof gehört noch ein weiterer Betrieb mit Pferden und 150 Kühen in Sachsen-Anhalt.

Wilfried Greve
Teplingen Nr. 9
29462 Wustrow-Teplingen
✆ 05843 / 428
Geöffnet: nach Vereinbarung

❑ Rote Bete, Eier, Zwiebeln

Früher einmal lag Teplingen am Ende der Welt: Nur noch 1 km, und man stand an der innerdeutschen Grenze, am Eisernen Vorhang. Von dem Zustand des Niemandslandes hat die Natur profitiert: Die Landgrabenniederung hat heute Feuchtgebiete mit einer vielfältigen Tier- und Pflanzenwelt zu bieten. Auf dem Hof von Landwirt Greve werden Kartoffeln, Rote Bete, Zwiebeln, Spargel und Eier von freilaufenden Hühnern verkauft. Die auf extensivem Grünland weidenden Kühe (Charolais-Kreuzungen) geben saftiges Rindfleisch – auf Bestellung.

Selliener Dielencafé
Sellien 1
29499 Zernien-Sellien
✆ 05863 / 283, Fax 05863 / 837
Geöffnet: Hofladen tägl. 8-18; Dielencafé tägl. 14 -18, Mi Ruhetag. Wochenmarkt: jeden 1. Do im Monat in Dannenberg

❑ Café und Landwurst

Seit 1844 steht der Hof an der jetzigen B 191 zwischen Uelzen und Dannenberg, und seitdem ist er auch in Familienbesitz. 13 Rinder und an die 30 Schweine sind hier beheimatet; 1994 eröffneten die Gräfkes das Selliener Dielencafé, in dem man gemütlich vom Alltag abschalten. Im Hofladen werden Landwurst, Kartoffeln, Spargel und Marmelade verkauft, Rind- und Schweinefleisch sind auf Bestellung zu haben.

Göhrde Hof
Glieneitz Nr. 3
29499 Zernien-Glieneitz
✆ 05863 / 366
Geöffnet: nach Vereinbarung

❑ Kräuter-Seminare

Landschaftlich schön gelegen (zwischen Hohenmechtin und Göhrde) wird der Hof seit 10 Jahren biologisch bewirtschaftet. Neben Gemüse, Spargel und Kartoffeln werden auch Kräuter gezogen, zu denen spezielle Kräuterseminare angeboten werden. Weiterhin sind Marmeladen und Kompott zu haben sowie Rindfleisch – die 5 Deutsch-Angus-Rinder bleiben das ganze Jahr über auf der Weide. Gleich in der Nachbarschaft befindet sich ein Reiterhof, in der Göhrde läßt es sich gut wandern – und die Gastronomie in der Umgebung ist auch nicht ohne.

III. Das Land der großen Moore

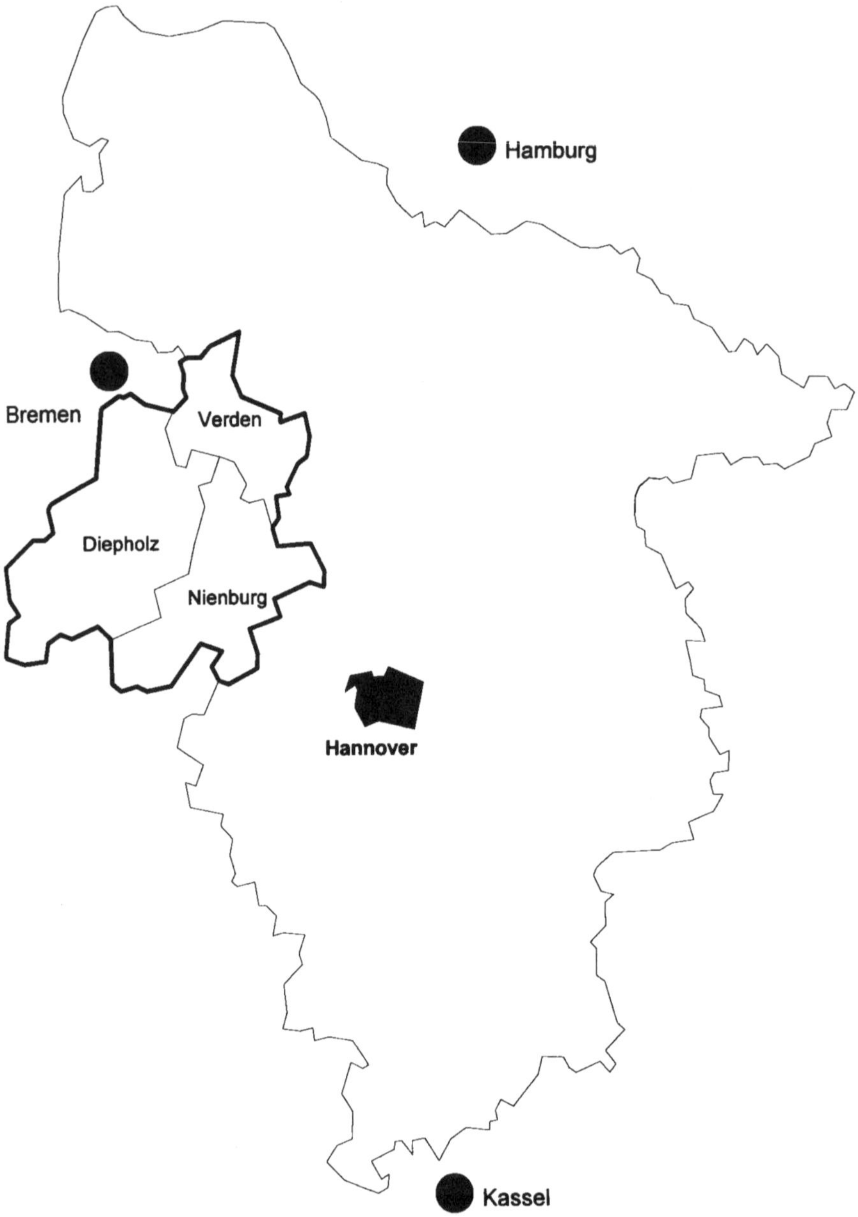

Landkreis Verden

Hof Alhusen
Barmer Kirchweg 4
27313 Barme
✆ 04234 / 429, Fax 04234 / 2024
Geöffnet: tägl.

❑ An der Norddeutschen Spargelstraße

Die B 215 heißt bezeichnenderweise auch Norddeutsche Spargelstraße, und zwischen Verden und Nienburg befindet sich Hof Alhusen, der selbstverständlich Spargel, aber auch Frühkartoffeln, Heidelbeeren, Eier, Honig, Wein und Winterkartoffeln verkauft. Im Ort Barme ist der Betrieb, der ein wenig abseits der Bundesstraße liegt, ausgeschildert. Auf dem Familienbetrieb, der viehlos wirtschaftet, erfolgt die Humusversorgung durch verrotteten Stallmist aus einem Rinderbetrieb. Während der Spargel- und Heidesaison kann man sich auf einer Führung über Anbaumethoden und vieles andere mehr informieren.

Gerhard Winter
Holtumer Hauptstr. 38
27337 Blender
✆ 04233 / 704, Fax 04233 / 754
Geöffnet: nach Absprache

❑ Darf es auch ein Fahrrad sein?

Auf einem Niedersachsenhof aus dem Jahr 1908, der auf einer Hofstelle aus dem 16. Jahrhundert steht, verkauft Gerhard Winter nicht nur Spargel, Schlachtgeflügel, Eier und Weihnachtsbäume, nein, sogar Fahrräder kann man hier erwerben! Dabei handelt es sich um Modelle der Firma Framework. Aus dem Zukauf gibt es außerdem Wurstwaren und Weine aus der Pfalz und aus Italien. In der Nähe von Verden gelegen, bietet sich nach dem Einkauf – vielleicht per Rad? – ein Abstecher in den Ort mit einem der besterhaltenen mittelalterlichen Stadtkerne an. Umfangreiche kulturgeschichtliche und volkskundliche Einblicke bekommt man hier auch im Heimatmuseum. Obgleich recht klein, beherbergt es doch einen reichen Fundus an Raritäten.

Hanna und Wilhelm Mügge
Postberg 1
27313 Dörverden
✆ 04234 / 1321, Fax 04234 / 3595
Geöffnet: in der Spargelsaison tägl.

❑ Reiten und Rudern

An der B 215 gelegen, kann man vom Betrieb der Mügges fast im Vorbeifahren Spargel und Erdbeeren, Frühkartoffeln, Gemüse der Saison, Hausmacherwurst und Schinken sowie Konfitüren mitnehmen. Nur einige km weiter bietet die 1000jährige Reiterstadt Verden vor allem etwas für die Freunde des Reitsports. Der Ort gilt als Mekka für Pferdezüchter und die Reitelite. Im Deutschen Pferdemuseum kann der Besucher in einer umfassenden Ausstellung viel über das Pferd, seine Geschichte und seine Beziehung zum Menschen erfahren. Auf der nahen Weser kommen aber auch Freunde des Wassersports nicht zu kurz.

Hella und Heinrich Schünemann
Barmer Kirchweg 3
27313 Dörverden
✆ 04234 / 1359
Geöffnet: Während der Saison tägl.;
Wochenmarkt: Do vorm. in Hoya,
Sa vorm. in Dörverden

❑ Radfahren und Spazieren an der Weser

Direkt an der Weser liegt der Hof der Schünemanns, der sich bereits seit dem 17. Jahrhundert in Familienbesitz befindet. Am Hof stehen zahlreiche Parkplätze sogar für Busse zur Verfügung. Verkauft werden Spargel und Kartoffeln (letztere ganzjährig und güllefrei angebaut), Gemüse, Obst und Beerenfrüchte (teilweise aus biologischem Anbau), Eier aus Freilandhaltung, Schinken und Wurst, Geflügel auf Anfrage, Rindfleisch, Konfitüren und vieles mehr. Ebenso vielfältig wie das Angebot sind die Freizeitmöglichkeiten in der Region. In 10 km Entfernung liegt der Freizeitpark Verden, und die ländlich geprägte Landschaft ist wie geschaffen für Spaziergänge und gemütliche Radtouren.

Hans und Ilse-Marie Bosse
Barmer Kirchweg Nr. 1
27313 Dörverden-Barme
✆ 04234 / 1389 o. 04234 / 1402
Geöffnet: während der Spargelsaison täglich

❑ Alter Fachwerkhof

Unmittelbar an der Weser auf einem Geestrücken liegt der Betrieb von Hans und Ilse-Marie Bosse, der sich bereits seit etwa 400 Jahren in Familienbesitz befindet. Dem Besucher fallen sogleich die schönen alten Fachwerkgebäude ins Auge. Verkauft werden Frühkartoffeln und Spargel, Schinken, Brombeeren und Schnittblumen. Die ländlich geprägte Gemeinde Dörverden erstreckt sich südlich von Verden bis zur Weser. Das Niederungsland ist für Radtouren und Spaziergänge wie geschaffen, ob in Flußnähe oder im südlich gelegenen Diensthoper Holz. In der Region kommen vor allem Spargelfreunde auf ihre Kosten, denn die weißen Stengel gedeihen hier ganz hervorragend.

Thrais Hof. Heinrich Schünemann
Klosterstr. 6
29313 Dörverden-Hülsen
✆ 04239 / 625
Geöffnet: tägl.

❑ Schafe, Lämmer, alte Ställe

Die Dorfchronik erwähnt den »Thrais Hof« erstmalig im 14. Jahrhundert. Als Teil eines alten Gutshofes liegt er am Ortsrand in der Nähe der Aller. Zu bekommen sind hier Spargel und Rhabarber, Früh- und Einkellerungskartoffeln, Eier, Nudeln sowie Schinken und Wurst nach alten Rezepten (teilweise im Darm oder Bauch). Die Tiere werden ohne Medikamente oder Leistungsförderer gefüttert. Vor allem im Frühling, wenn die kleinen Lämmer mit auf die Weide kommen, löst die Schafherde direkt am Hof bei Kindern freudestrahlende Gesichter aus. Im Ort stehen alte Schafställe, die wie der Thrais Hof besichtigt werden können und die gleichzeitig Wahrzeichen der Ortschaft sind. In 3 km Entfernung findet sich eine alte Mühle, die für Besucher freigegeben ist.

Gerold Bremer
Dorfstr. 5
27321 Emtinghausen
✆ 04295 / 216
Geöffnet: in der Saison tägl. 8-18

❑ Familienbetrieb mit Spielwiese

Am Dorfrand an der Kreisstraße zwischen Schwarme und Thedinghausen liegt der Familienbetrieb Bremer, wo Spargel und Kartoffeln aus eigenem Anbau verkauft werden. Auf dem Hof werden 16 Kühe, 50 Rinder und 80 Schweine gehalten, die alle von Kindern gestreichelt werden dürfen. Hinter dem Haus liegt außerdem eine Spielwiese, auf der die Kinder toben können. Im nahen Ort Syke gibt es das Kreismuseum zu besichtigen, wo in verschiedenen historischen Originalbauten die Lebens-, Arbeits- und Wohnverhältnisse vergangener Epochen dargestellt werden, und direkt in der Innenstadt liegt der historische Amtshof mit Ringwall.

Rita und Heinrich Schumacher
Deichstr. 1
27321 Emtinghausen
✆ 04295 / 719013
Geöffnet: Mo-Fr 9.30-12.30 u. 14.30-18.30, Sa u. So 9.30-12.30 sowie nach Absprache

❑ Vom Apfelwein bis zur Zwiebel

Ökologisch erzeugtes Gemüse, Blumensträuße aus dem Bauerngarten, Honig und Marmeladen, Säfte und Weine, Kartoffeln, Eier, Hausmacherwurst von eigenen Schweinen, Schweinefleisch und Rindfleisch (Galloway) aus extensiver Tierhaltung, Holzhackschnitzel, Eingemachtes, frische Kräuter, selbstgemachte Nudeln und sogar Blumenerde – an der Deichstraße 1 in Emtinghausen ist all das zu bekommen. Zu finden ist der Hof, wenn man von Thedinghausen nach Schwarme fährt und etwa in der Mitte der Strecke links in die Deichstraße einbiegt. Auf dem Hof gibt es neben 500 Schweinen und 7 Mutterkühen mit ihrer Nachzucht einen Hund und einige Katzen, die sich streicheln lassen.

Rolf und Marlene Dreyer
Hohener Dorfstr. 37
27308 Kirchlinteln
✆ 04238 / 1778 oder 611, Fax 04238 / 8176
Geöffnet: Selbstbedienungsstand

❑ Spazieren zwischen Eichen

Bei der Fahrt durch Kirchlinteln liegt es nahe, sich einige Kartoffeln mitzunehmen: Der Selbstbedienungsstand von den Dreyers an der Straße macht es besonders einfach. Doch auch ein Halt in der Gemeinde Kirchlinteln lohnt sich. Auf zahlreichen Feld- und Waldwegen kann man auf Entdeckungsreise gehen. Besonders lohnenswert ist die alte, als Naturdenkmal geschützte Eichenallee

Kükenmoor. Im Spätsommer blüht überall die Heide und läßt die Geestlandschaft wie einen rosa Teppich erscheinen, in dem als Farbtupfer die Dörfer mit ihren Bauernhöfen liegen.

Spargelhof Jäger
Horst 3
27308 Kirchlinteln
✆ 04236 / 527
Geöffnet: Mai-Juni in der Spargelsaison tägl. 9-19

❑ Mit der Bahn durchs Spargelreich

26 Kühe und 600 Mastschweine werden auf dem Spargelhof Jäger gehalten, in der Direktvermarktung gibt es während der Saison allerdings nur Spargel. Der Landkreis Verden ist reich an Spargelfeldern, wovon man sich bei einer Fahrt mit der Museums-Eisenbahn von Verden nach Stemmen überzeugen kann. Einst wurde auf dieser Strecke, die bis nach Walsrode verlief, Kalisalz transportiert. Heute ist sie eine touristische Attraktion, die vor allem Vergnügen und Entspannung in der weiten Landschaft bietet.

Familie Luttmann
Schafwinkler Dorfstr. 8
27308 Kirchlinteln
✆ 04237 / 711
Geöffnet: 9-12 u. 15-18

❑ Spargel, Eier, Schinken

Spargel, Eier von freilaufenden Hühnern und Landschinken sowie Dielenrauchmettwurst (von einem Heideschlachter) bekommt man bei Familie Luttmann. Ihr Hof in der Verdener Geest befindet sich seit über hundert Jahren im Familienbesitz. Neben einem Reitpferd, einem Hund und 30 Hühnern gibt es 12 Gänse auf dem Gelände. Wer den Luttmannschen Spargel nicht nur kaufen, sondern gleich frisch zubereitet probieren möchte, kann das im Hotel *Jeddinger Hof* und im Gasthaus *Leifers* tun.

Salers-Reinzuchtbetrieb Fam. Müller
Linnenbär 30
27308 Kirchlinteln
✆ 04237 / 863
Geöffnet: Bitte anrufen und bestellen

❑ Salers-Rinder immer im Grünen

Ganzjährig werden im Salers-Reinzuchtbetrieb die 6 Kühe mit ihrer Nachzucht und ein Bulle auf der Weide gehalten. Die Tiere ernähren sich ausschließlich vom Grünland, eine Zufütterung von Kraftfutter erfolgt nicht, und die Kälber werden 10 Monate lang gesäugt. Auf Bestellung, und wenn der Nachwuchs schlachtreif ist, wird das Fleisch ab 1/8 Tier verkauft. Der Schlachter teilt das fettarme und zarte Fleisch auch in küchenfertige Portionen. Während des Sommers werden zusätzlich zum Fleisch im Juli Kirschen, im September Zwetschen angeboten, die ungespritzt sind.

Klaus Dittmer
Heisterweg 8
27308 Kirchlinteln-Hohenaverbergen
✆ 04238 / 649
Geöffnet: nach Absprache

❑ Von den spanischen Torerostieren

Artgerecht und ganzjährig im Freien gehalten werden die Kälber, die in der 20köpfigen Mutterkuhherde aufwachsen. Es gibt sowohl Piemonteser mit ihrem kurzfaserigen, fett- und cholesterinarmen Fleisch als auch die weißen Texas-Longhorn mit schwarzen Punkten, deren Fleisch marmoriert und ohne dicke Fettablagerung ist. Spanische Siedler brachten Torerostiere einst nach Texas mit, wo die Rinder dann 300 Jahre sich selbst überlassen wurden. Außerdem leben auf dem Hof weitere 18 Milchkühe und bis zu 100 Schweine. Verkauft wird ausschließlich Rindfleisch. Wer Kinder hat, dem sei ein Ausflug in den nahen Freizeitpark in Verden ans Herz gelegt. Ein Tag im Märchenwald mit seinen lebensgroßen, naturgetreuen Figuren verzaubert nicht nur die Kleinen.

Heinrich Luttmann
Große Str. 59
27299 Langwedel
✆ 04232 / 1580 oder 1420
Geöffnet: nach Absprache

❑ **Verwunschenes Renaissanceschloß**

Heidschnucken (auch in Teilstücken) und Rindfleisch ab 1/8 Tier bietet Heinrich Luttmann an. Die Tiere leben in extensiver Offenstallhaltung und werden ohne Kraftfutter genährt. Zur Schlachtung sind es nur kurze Wege, und das verkaufte Fleisch ist bereits gut abgelagert. In der Nähe gibt es eine Badeanstalt, Radwanderwege locken zu einer Tour in die Wesermarsch. Ziel eines Ausflugs könnte Schloß Etelsen aus dem 19. Jahrhundert sein. Mit seinen Wallanlagen und dem verwunschenen Mausoleum sucht das im Stil der Neurenaissance errichtete Bauwerk in Norddeutschland seinesgleichen.

Edeltraut Dopmann
Zum Fleet 13
27321 Morsum
✆ 04204 / 5136, Fax 04204 / 5136
Geöffnet: tägl. 8-18. Wochenmarkt:
Fr 8.30-13 in Thedinghausen

❑ **Gut zu Fuß**

Auf Enten, Gänse, Hühner und Zuchtsauen trifft man, wenn man den Betrieb von Edeltraut Dopmann betritt. Entsprechend ist das Angebot: Eier von den freilaufenden Hühnern, frisch geschlachtete Hähnchen, Enten und Gänse, Saisongemüse und Kartoffeln, Hausmacherwurst aus eigener Schlachtung, Marmeladen und vieles mehr sind zu bekommen. Zur Erholung bietet sich die vielseitige Landschaft in der Samtgemeinde Thedinghausen an. Wie wäre es mit einer Tour durch die reizvolle Marsch- und Heckenlandschaft im Süden oder einen Gang durch den Habeloher Busch oder das Spanger Holz im Norden?

Familie Bruns
Wümmingen 8
28870 Ottersberg
✆ 04297 / 1549
Geöffnet: nach tel. Vereinbarung

❑ **Alte Grenzburg von Bremen**

Nur biologisch erzeugte Fleischprodukte von in Deutschland geborenen Galloways verkauft Familie Bruns. Sie führt ihren Hof bereits in 9. Generation in Familienbesitz. In Ottersberg liegt der malerische Pastorensee, der im Sommer viele Freizeitgäste und Camper anzieht. Sehenswert ist das um 1600 erbaute Schloß, der »Historische Amtshof«, der heute eine Waldorfschule beherbergt. Es ist ein Überrest von den ehemals 20 Grenzburgen des Erzstifts Bremen.

Gisela und Dr. Walther Heller
Am Moorhof 28 a
28870 Ottersberg
✆ 04205 / 8287 oder 0171 / 4103942,
Fax 04205 / 8287
Geöffnet: nach Absprache;
eigenes Ladengeschäft in Hamburg: Alter Zollweg 192

❑ Rinderzucht im alten Moorgebiet

Welsh Black-Rinder, 160 an der Zahl, werden auf dem Moorhof gezüchtet. Die Fleisch- und Wurstwaren gibt es im Hamburger Ladengeschäft zu kaufen oder auf dem Hof, in dessen Umgebung eine einzigartige Landschaft lockt. Im Binnendelta der Wümme liegen abgetorfte Moorgebiete, ein Hochmoorausläufer, bewachsene Dünenstreifen und sogar einzelne Flugsandinseln. Für den Wanderer ein sehr abwechslungsreiches Gebiet, das es auf langen oder kurzen Touren zu entdecken gilt.

Hof Walletal
Kambrucher Weg 5
28870 Ottersberg-Quelkhorn
✆ 04293 / 322
Geöffnet: Do 17-19

❑ Immer donnerstags

Jeden Donnerstag öffnet der Demeter-Hof Walletal seine Türen für die Direktvermarktung. Dann werden Weizen, Roggen und Dinkel, Kartoffeln sowie Fleisch, Salami und Rinderschinken angeboten. Neben einer Wanderung in der alten Moorlandschaft ist vor allem ein Ausflug ins benachbarte Dorf Fischerhude zu empfehlen, seit Generationen Heimat und Wirkungsstätte für Maler, Bildhauer und Musiker. Im über 400 Jahre alten Fachwerkhaus Irmintraut verbirgt sich ein Museum bäuerlicher Tradition mit Spieker, Backhaus, Bootsschuppen und altem Heideschafstall.

Hof Winbarg. Familie Tietjen
Große Str. 59
28876 Oyten-Bassen
✆ 04207 / 4277 oder 0161 / 3417542,
Fax 04207 / 4277
Geöffnet: Mo-Fr 15-19, Sa 9-13.
Markt: Sa in Bremen-Brinkum

❑ Kuh und Kalb in der Wümmeniederung

70 Mütterkühe mit Nachzucht werden auf dem reinen Grünlandbetrieb Hof Winbarg gehalten. Familie Tietjen arbeitet nach den Richtlinien des niedersächsischen Extensivierungsprogramms, dessen Ziel es ist, die landwirtschaftliche Produktion in den natürlichen Lebensraum zu integrieren. Ihre Weideflächen befinden sich in der Bassener Wümmeniederung und im Naturschutzgebiet Fischerhuder Wümmewiesen. Verkauft wird ausschließlich Rindfleisch, darunter die Spezialitäten Rinderschinken und Rindermettwurst. Vom Hof aus kann man Radwanderungen oder Ausritte in die nahe Umgebung unternehmen.

Ralf Köster
Eschenweg 1a
28876 Oyten-Sagehorn
✆ 04207 / 2729 oder 3121
Geöffnet: nach Absprache

❑ Charolais und Erholung am See

Rindfleisch (Charolaiskreuzungen) ab 1/8 Tier bietet Ralf Köster zum Verkauf an. Auf seinen Hof werden außerdem 15 Milchkühe mit Nachzucht gehalten. Oyten liegt etwa 15 km von der Stadtmitte Bremens entfernt inmitten einer typischen Geestlandschaft mit Wiesen, Äckern, Wald- und Heideresten. Rund um den Oyter See, der durch die Sandentnahme für den Autobahnbau als künstlicher Baggersee entstanden ist, gibt es Wanderwege, Liegewiesen, Campingplatz und eine Minigolfanlage.

Hermann Gerken
Giersdorf Nr. 5
28870 Posthausen
Fax 04231 / 5059
Geöffnet: nach Absprache

❑ Bullenmast und Milchvieh

100 Tiere hält Hermann Gerken in der Bullenmast, außerdem gibt es Milchvieh auf seinem Hof. Verkauft wird ausschließlich Rindfleisch. Posthausen liegt nahe Ottersberg in einem größeren Moorgebiet, das zu Spaziergängen und Erholung einlädt.

Baumschulen Haase-Böschen
Stellenfelde 19
28870 Posthausen
✆ 04297 / 231, Fax 04297 / 1475
Geöffnet: nach Vereinbarung

❑ Baumschule im Moor

Seit 200 Jahren liegt der Hof, der heute eine Baumschule beherbergt, im Moor. Neben der Baumschule, die Baumschulpflanzen, Weihnachtsbäume und Schnittgrün anbietet, gibt es eine Heidelbeerkultur für Selbstpflücker und eine Welsh-Black-Rinderherde, die 20 Tiere umfaßt. Zur Schlachtzeit ist das Fleisch auf Bestellung vom Schlachter zu bekommen. Für die Freizeit bietet sich vor allem ein langer Aufenthalt in der idyllischen Landschaft an – sei es zu Fuß, per Drahtesel oder auf dem Pferd.

Hilmer Harmling
Im Sack 24
27321 Thedinghausen
✆ 04204 / 5250
Geöffnet: täglich

❑ Vielfalt vom Rind

Bereits seit dem Dreißigjährigen Krieg existiert der Betrieb von Hilmer Harmlin in Thedinghausen unter dem gleichen Namen. Auf dem Grünlandbetrieb werden heute 25 Mutterkühe mit Nachzucht gehalten und Kälber gemästet. Zum Verkauf stehen truhen- und küchenfertiges Rindfleisch in 20-kg- und in Einzelportionen, Wurst vom Rind ohne Zusätze von Nitrit und Phosphaten, eine spezielle Rindersalami, Corned Beef, Jagdwurst, Mortadella, Streichwurst und Bockwürstchen sowie Milch und Eier von freilaufenden Hühnern.

Heiko Schröder
Donnerstedter Dorfstr. 2
27321 Thedinghausen
✆ 04204 / 456, Fax 04204 / 5425
Geöffnet: nach Absprache

❑ Kartoffeln, Konfitüre, Brombeeren

An der Straße Thedinghausen-Riede liegt der landwirtschaftliche Betrieb von Heiko Schröder, seit über 200 Jahren in Familienbesitz. Er bietet ganzjährig Kartoffeln, Konfitüren aus eigener Herstellung und Gemüse der Region an. Saisonal kommen im Sommer Erdbeeren, Himbeeren, Johannis- und Brombeeren dazu. Die Beeren können auch selbstgepflückt werden. Im Spätsommer und Herbst bereichern alle Kohlarten und Salate das Angebot. Am Jahresende gibt es Mastochsenfleisch aus eigener extensiver Weidehaltung zu kaufen. In der Samtgemeinde Thedinghausen gibt es einiges zu sehen, etwa die Kirchen in Lunsen und Riede, den Varster See, Blender See oder den Thedinghauser Erbhof.

Schröder Baumschulen
Riederstr. 127
27321 Thedinghausen
✆ 04204 / 432 oder 7644, Fax 04204 / 7175
Geöffnet: Mo-Fr 9-12 u. 13-18, Sa 9-13

❑ Rosen, Birnen und Beeren selbst ernten

An der Hauptstraße zwischen Thedinghausen und Riede liegen die Schröder Baumschulen. Hier kann man nicht nur Pflanzen aller Art (wie Rosen, Obstgehölze, Rhododendren, Stauden, Park- und Alleebäume), sondern auch zahlreiche Obst- und Gemüsesorten bekommen. Aus eigenem Anbau gibt es Äpfel, Birnen, Zwiebeln, Erdbeeren, Himbeeren, Brombeeren, Johannisbeeren, Kartoffeln, Kohl, Saisongemüse und Säfte. Das Obst wird auch zum Selbstpflücken angeboten. Informationen, was gerade geerntet werden kann, bekommt man in der Saison unter der Ernte-Info-Nummer 04204/ 7644. Für Selbstpflücker wird die Obsternte nicht selten zum Familien-Erlebnis; ländliche Ruhe und Idylle runden einen Erntetag ab.

Bullerbeeks Hoff
Achimer Str. 38
27283 Verden-Dauelsen
✆ 04231 / 73278, Fax 04231 / 72657
Geöffnet: täglich geöffnet

❑ Vom Kürbisbrot bis zum Rhabarber

Bullerbeeks Hoff nahe der A 27 (Abfahrt Verden Nord, dann die Hamburger Straße Richtung Verden fahren und in Dauelsen rechts in die Achimer Straße einbiegen) bietet ganzjährig Hausmacherschinken und -mettwurst, verschiedene Sorten Wurst, selbst hergestellte Konfitüren und Gelees, Äpfel, Zwiebeln und Möhren sowie Eier. Nach Saison werden weitere Produkte angeboten, wie Spargel, Rhabarber, Erdbeeren, Himbeeren und Heidelbeeren, verschiedene Frischgemüse, Kürbisbrot, Tannengrün und Weihnachtsbäume. Die Zusammenarbeit mit anderen Landwirten führt dazu, daß das Angebot so vielfältig sein kann. Für besondere Anlässe werden vom Familienbetrieb auch Präsentkörbe mit eigenen Produkten zusammengestellt, selbst belegte Partybrötchen sind auf Bestellung zu bekommen.

Hans-Heinrich Intemann
Hinterm Damm 26
27299 Völkersen
✆ 04232 / 94050 oder 7150,
Fax 04232 / 94051
Geöffnet: im Mai u. Juni 8.30-20 und nach Absprache geöffnet

❑ Burg und Schloß

Spargel und Teile vom Rind bietet Hans-Heinrich Intemann in Völkersen an. Der Ort liegt bei Langwedel, dessen Geschichte durch die Lage an der alten Heer- und Handelsstraße, der einzigen Verbindung zwischen dem Erzbistum Bremen und dem Bistum Verden, geprägt wurde. Im Dreißigjährigen Krieg heftig umkämpft, erinnert außer einem kleinen Rest des Großen Schloßberges heute nichts mehr an die ehemals bedeutende Burg. Im renovierten Schloß Etelsen kann man hingegen die Geschichte noch jetzt hautnah erleben.

Landkreis Diepholz

Meyers Spargelhof.
Wilken und Michaela Meyer
Haendorf – Lichtenberger Weg 11
27330 Asendorf
☽ 04253 / 436 oder 1413, Fax 04253 / 1473
Geöffnet: tägl.

❑ Spargelanbau seit 1928

Auf dem 30 ha großen Gemischtbetrieb wird seit 1928 Spargel angebaut, und es findet Schweinemast statt. Zum Verkauf stehen neben der Königin der Gemüse Äpfel, Kartoffeln und selbstgekochte Konfitüren.

Heinrich und Margret Dunekacke
Barbrake 7
27330 Barbrake
☽ 04253 / 474 o. 1694
Geöffnet: nach Absprache

❑ Kälbchen und Kartoffeln

120 Jahre ist der Hof von Heinrich und Margret Dunekacke in Barbrake alt. Angebaut und direkt vermarktet werden hier Spargel und Kartoffeln. Zudem werden auf dem 32 ha großen Hof 20 Kühe und 40 Rinder und Kälber gehalten. Der kleine Ort Barbrake liegt in der Nähe von Asendorf.

Heinz Naber und Sohn
Osnabrücker Str. 88
49406 Barnstorf
☽ 05442 / 626 oder 624, Fax 05442 / 627
Geöffnet: tägl. 8-18

❑ Mastenten, gefroren

Direkt an der B 51, am Ortsausgang Barnstorf in Richtung Diepholz stößt man auf den Hof von Heinz Naber. Hier sind gefrorene Mastenten (von denen 6000 Stück in nicht gefrorenem Zustand auf dem Hof gehalten werden), Eier von freilaufenden Hühnern, Kartoffeln und selbstgebackenes Schwarzbrot zu bekommen. Eier und Schwarzbrot werden zugekauft. An Gastronomie bietet die Ortschaft das Hotel *Roshop* und das Gasthaus *Schorfschar.*

Klaus Tiedemann
Barnstorfer Str. 8
49453 Barver
☽ 05448 / 789 oder 1218
Geöffnet: täglich, aber nach Absprache

❑ Kartoffeln, Eier und Fleisch

Auf seinem 20 ha großen Hof hält Klaus Tiedemann 15 Mutterkühe der Rassen Charolais und Limousin. Dazu gibt es Hühner, die freien Auslauf haben. Außerdem werden Kartoffeln angebaut. Entsprechend ist das Angebot an Waren, das direkt auf dem Hof zu bekommen ist: die guten »Erdäpfel« (Kartoffeln), Eier und Fleisch.

Heino und Annegret Andreas
Apelstedt
27211 Bassum-Apelstedt
☽ 04241 / 2392, Fax 04242 / 4653
Geöffnet: Mo, Mi, Do 9-12 u. 14-18,
Sa 9-13. Wochenmarkt: Fr 8-13 in Bassum

❑ Flugenten, Forellen, Likörspezialitäten

Zwischen Bassum und Neuenkirchen an der B 61, mitten in Apelstedt befindet sich der Andreashof. Verkauft werden Eier von freilaufenden Hühnern, Likörspezialitäten aus Eiern, Saisongeflügel (Suppenhühner, Hähnchen, Flugenten und Gänse), Weideschweine für Hausschlachtungen, Hausmacherwurst, Kartoffeln, Fruchtsäfte, -aufstriche und -weine, Kochkäse, Honig, Nudeln, Ährenkränze, Schmuckgrün, Weihnachtsbäume und Forellen. Einige der Waren werden von anderen Erzeugern zugekauft. Sehens- und Erlebenswertes gibt es in der 5 km entfernten Kleinstadt Bassum. Hier lockt vor allem Kinder ein Besuch im Tierpark Petermoor; die Stiftskirche und die Freudenburg kann man besichtigen. In der Umgebung versprechen viele Radfahrmöglichkeiten gute Erholung.

Werner Kimme
Stütelberg 1
27211 Bassum
✆ 04249 / 378
Geöffnet: Mo-Mi u. Fr 8-12.30 u. 14-18,
Do u. Sa 8-13

❑ Allein im Landschaftsschutzgebiet
In Alleinlage liegt der Hof im Landschaftsschutzgebiet. Hier hält Werner Kimme extensiv etwa 40 Galloway-Rinder, Wollschweine auf der Hofweide, Sauen mit Ferkeln und Mastschweine (nur für die Selbstvermarktung und nur aus reiner Getreidemast) sowie Hühner in Freilandhaltung. Auf dem Hof sind Hausmacherwurst, Schinken, Knipp, Fleisch auf Bestellung (in den Wintermonaten gibt es Galloway-Rindfleisch in 25-30-kg-Paketen), Eier sowie Säfte und Marmelade aus Früchten aus dem eigenen Garten zu bekommen.

Ludolf Harries-Lehmann
Högenhausen 3
27211 Bassum
✆ 04249 / 731
Geöffnet: nach Absprache

❑ Spargel, Schinken und Kartoffeln
Erbaut um 1900, liegt der Hof von Ludolf Harries-Lehmann direkt in Höhenhausen in Einzelhoflage. Auf dem 60 ha großen Hof werden Bullen, Sauen mit Ferkeln und Mastschweine gehalten. Spargel, Schinken und Kartoffeln werden direkt vermarktet, und zu Weihnachten gibt es außerdem Enten und Gänse zu kaufen.

Fam. Spradau
Osterbinde 8
27211 Bassum
✆ 04241 / 2231, Fax 04241 / 5846
Geöffnet: in der Saison durchgehend geöffnet

❑ In Butter oder in Sauce Hollandaise?
Unmittelbar an der Umgehungsstraße von Bassum findet man den Hof von Familie Spradau. In der Saison ist hier durchgehend frisch gestochener Spargel zu bekommen.

Heinz und Marga Zimdars
Sulinger Str. 26 a
27211 Bassum
✆ 04241 / 2471
Geöffnet: nach Absprache

❑ Damenstift und Freudenburg
Kartoffeln, Marmelade und Honig bekommt man bei Heinz und Marga Zimdars in Bassum. Ihr Betrieb liegt direkt an der Bundesstraße. Hier halten sie 35 Kühe mit

ihrer Nachzucht und 50 Sauen in der Schweinemast. Im der Umgebung gibt es die 1200 Jahre alte Stiftskirche, den alten Damanstift mit schönem Kapitelsaal und die 1100 Jahre alte Stiftsgerichtseiche zu sehen. In der Freudenburg mit ihrem Verlies werden Führungen angeboten.

Hof Kanzelmeier
Sudwalder Weg 1
27251 Bassum-Neuenkirchen
✆ 04245 / 1028, Fax 04245 / 250
Geöffnet: Mi 16-18 u. Sa 9-12

❑ **Gemüse für die Babynahrung**

Gemüseanbau für Babynahrung und für den Ab-Hof-Verkauf betreibt der Hof Kanzelmeier, der dem biologischen Anbauverband ANOG angehört. In einer 250 Jahre alten Fachwerkdiele bekommt man mittwochs und samstags Obst und Gemüse der Saison, Kartoffeln, Milchprodukte und Käse (aus dem Zukauf), Wein und Blumen aus dem Bauerngarten. Zugekauft wird aus dem Naturkostgroßhandel und von anderen Betrieben, die (mit EG-Kontrollnummer) biologisch wirtschaften.

Husmanns Obstgärten
Sulinger Str. 13
27246 Borstel
✆ 04276 / 315, Fax 04276 / 1394
Geöffnet: während der Heidelbeerernte tägl. 8-19, sonst 8-12.30 u. 14.30-18;
Mi u. Sa nachm. sowie So geschlossen

❑ **Preiselbeeren, Nashi, Zwetschen**

Husmanns Obstgärten erkennt man schon von der Straße, der B 214, am auffälligen Niedersachsenhaus aus dem Jahr 1846 mit seinem Fachwerkgiebel. Hier gibt es Heidelbeeren, Zwetschen, Pflaumen, Äpfel, Preiselbeeren, Birnen, Nashi, außerdem Marmelade, Wein, Kartoffeln, Trockenblumen, Honig, Obstsäfte, Eier, Likör sowie Heidelbeerpflanzen aus eigener Vermehrung zu kaufen. Die Heidekartoffeln, der Likör und die Trockenblumen werden von Betrieben aus der Umgebung zugekauft. Die Heidelbeeranlage zum Selbstpflücken befindet sich idyllisch gelegen mitten im Naturschutzgebiet Borsteler Moor. Besichtigungen und Führungen von Besuchergruppen sind nach telefonischer Anmeldung möglich.

Siller Spargel. Werner Bockhop
Vechtaer Str. 23
49356 Diepholz
✆ 05441 / 3544
Geöffnet: in der Spargelsaison Hofladen

❑ **Kartoffel und Grünspargel**

Zwischen dem Hotzer Söhn und dem Aschener Moor gelegen, befindet sich der Spargelbetrieb seit über 800 Jahren in Familienbesitz. Vom Gemischtbetrieb gibt es Kartoffeln, Eier, Wein, Weihnachtsbäume, Kaminholz und Feldsteine jederzeit zu kaufen, in der Saison erweitert sich das Angebot auf Spargel, Schinken, Sauce, neue Kartoffeln, Grünspargel, Erdbeeren, Mettwurst und Honig. Einige der Waren stammen aus Zukauf.

Hof Schütte
Dörpel Nr. 1
49406 Eydelstedt
✆ 05442 / 2279, Fax 05442 / 3017
Geöffnet: Während der Saison
Mo-Sa 8-12.30 u. 14-18, So 8-12,
sonst Mo u. Fr 9-12 u. 15-18

❏ Kaninchen unter den Buschbohnen

Der Hof Schütte findet bereits im Jahr 1570 das erste Mal Erwähnung und befindet sich heute in der Dorfrandlage Eydelstedts. Verkauft werden Kartoffeln, Erdbeeren, Himbeeren, Spargel, Buschbohnen, Gemüse, Marmeladen, Wurst und Eier. Zugekauft wird von Bio-Betrieben aus der Region. Auf dem Hof gibt es Pferde und Ponys, Kaninchen, Tauben, Hunde, Hühner und Schafe, die alle von Kindern besucht und auch gestreichelt werden dürfen.

Obstbaumschule und Obstmosterei Gothel
Meierkamp 1
49406 Eydelstedt-Gothel
✆ 05442 / 1882, Fax 05442 / 1215
Geöffnet: nach tel. Vereinbarung

❏ 1000 alte Apfelsorten

2 alte und sehr seltene Hühnerrassen finden sich hier, vor allem aber über 1000 alte Apfelsorten, die nach Naturland-Richtlinien in der Obstbaumschule und Obstmosterei Gothel angebaut werden. Zwei Drittel der Bäume befinden sich auf Streuobstwiesen; die Äpfel werden in der eigenen Mosterei zu Apfelsaft und zu Apfelwein verarbeitet. Beim Lohnmosten bekommt man den Saft der eigenen mitgebrachten Äpfel; nach Absprache kann die Mosterei während der Saison besichtigt werden. Im Herbst ist eine Apfelsortenbestimmung möglich, eine kleine Apfelsortenschau rundet das Angebot ab. In kleinen Mengen werden auch Marmeladenspezialitäten hergestellt. Ein besondere Service ist das Angebot von Fachbüchern zum Thema Obst, Landwirtschaft, Haustiere und Garten, die auch im Versand zu beziehen sind.

Diakonie Freistatt
Heimstatt 15
27259 Freistatt
✆ 05448 / 8218 oder 0521 / 1444640,
Fax 0521 / 1443984
Geöffnet: nach tel. Vereinbarung

❏ Natur- und Landschaftspflegehof

Auf dem Natur- und Landschaftspflegehof *Naturschutz Freistatt* werden auf etwa 850 ha Naturschutzgebiet im Mittleren Wietingsmoor, einem Hochmoorgebiet, 500 Robustrinder und 1500 Moorschnucken gehalten. In Kooperation mit Bioland werden alle Produkte von Schaf und Rind erzeugt und angeboten. In der Nähe befindet sich das Diakonische Dorf, es gibt eine Moorbahn, und man kann bei den Moorrenaturierungsarbeiten zuschauen.

Gertrud und Heinrich Thiermann
Scharringhausen 23
27245 Kirchdorf
✆ 04273 / 93200, Fax 04273 / 9320-40
Geöffnet: in der Saison werktags

❏ An der Kuppendorfer Heide

Am Rande des Wietingsmoors und der Kuppendorfer Heide liegt der Hof von Gertrud und Heinrich Thiermann in Einzelhoflage am Ortsrand. Im Angebot befinden sich Spargel und Erdbeeren, Heidelbeeren, Pilze und Kartoffeln, Äpfel, Wurstwaren, Honig und Spargelpflanzen. Zugekauft wird von heimischen Imkern und Obstbetrieben (Äpfel). Vor allem für Kinder spannend ist der in 10 km Entfernung gelegene Naturtierpark Ströhen, und für Klein und Groß gleichermaßen interessant die Kuppendorfer Heide, die sich in unmittelbarer Nähe befindet und zahlreiche Spazierwege bietet.

Bernhard und Sabine Kannengießer
Gut Borgstedt
27245 Kirchdorf
✆ 04273 / 364, Fax 04273 / 8288
Geöffnet: in der Spargelsaison Mo-Fr 9-18, sonst 9-12 o. nach Vereinbarung

❑ Am Ende der Lindenallee

5 km außerhalb Kirchdorfs in Richtung Steyerberg liegt das Gut Borgstedt idyllisch an der »Großen Aue«. Eine alte Lindenallee führt direkt auf den Hof, wo in der Saison Jung-Spargel angebaut und verkauft wird. Der Spargel ist auch bereits geschält zu bekommen. Alles, was man zu einem ordentlichen Spargelessen braucht, ist ebenfalls zu kaufen: Kartoffeln, Eier und Schinken. In der Nähe befindet sich ein Hotel mit gutem Restaurant, und zum Schwimmen lädt das Naturschwimmbad Kirchhof ein.

Schäferei Ulenhof der Dr.-Ulderup-Stiftung
Am Geestmoor 5
49453 Rehden
✆ 05446 / 1330, Fax 05446 / 1643
Geöffnet: nach tel. Absprache; Wochenmärkte: Do in Lemförde, Fr in Diepholz

❑ Alte Haustierrassen

In Kooperation mit der Neuland GmbH werden auf dem Naturschutzhof/Schäferei Ulenhof eine seltene Art vom Aussterben bedrohter Landschafe sowie Diepholzer Moorschnucken erhalten. Verkauft werden Lammfelle, Salami, auf Bestellung Lämmer und Grillhappen vom Lamm. Eine Besichtigung der Schäferei ist nach telefonischer Anmeldung möglich. Wer dabeisein will, sollte vorsichtshalber sein Regenzeug nicht vergessen – ein Schäfer arbeitet immer im Freien.

Hermann und Helga Kruse
Sörhausener Str. 7
28857 Sörhausen
✆ 04242 / 7177, Fax 04242 / 7178
Geöffnet: nach Absprache

❑ Limousinrinder aus der Mutterkuhhaltung

Aus der Mutterkuhhaltung werden auf dem Hof der Kruses Schlachthälften und Rindfleisch portioniert in Viertel und Achtel angeboten. Etwa 60 Mutterkühe der Rasse Limousin werden hier im Freiland auf der Weide herangezogen. Nach telefonischer Anmeldung ist es auch möglich, sich auf dem Hof und Gelände über die Tierhaltung zu informieren.

Lohmanns Bauernladen
Am Pumpwerk 8
28816 Stuhr-Seckenhausen
✆ 0421 / 808810, Fax 0421 / 8098231
Geöffnet: Di, Mi, Do 8.30-12.30 u. 14.30-18, Fr 8.30-18, Sa 7.30-12 30

❑ Mit dem Bus in den Bauernladen

Lohmanns Bauernladen liegt südwestlich von Bremen an der B 51 und ist nicht nur gut mit dem eigenen Wagen, sondern auch mit dem Bus zu erreichen. Das Angebot besteht aus Schweinefleisch und -wurst von hofeigenen Tieren, Rindfleisch aus eigener

Zucht und Aufzucht, Eier von freilaufenden Hühnern, Geflügel aller Art, selbstgemachten Konfitüren und Likören, Wildspezialitäten und Rohmilch. Möglich ist auch eine Führung durch die Stallungen und, daran werden vor allem Kinder ihre Freude haben, die Fütterung der Tiere.

Manfred Hansing
Barrien 5
27232 Sulingen
✆ 04271 / 5663
Geöffnet: Während der Spargelsaison täglich 8-20

❑ Täglich frischer Spargel

In der Nähe von Sulingen liegt der Hof von Manfred Hansing, der auf seinem 20 ha-Betrieb Spargel- und Getreideanbau betreibt. Hier bekommt man während der Spargelsaison auch an Sonn- und Feiertagen Spargel, Eier von freilaufenden Hühnern, Schinken und Wurst aus Hausschlachtung, Honig sowie Frühkartoffeln.

Vereinigte Angora-Kaninchen-Züchter.
Walter Drecktrah
Brunhauser Weg 16
27232 Sulingen
✆ 04271 / 4760
Geöffnet: nach tel. Vereinbarung

❑ Alles Angora

Seit 30 Jahren züchtet Walter Drecktrah Angorakaninchen, und nach telefonischer Vereinbarung sind die Produkte seiner 80 Angorakaninchen direkt bei ihm zu bekommen. Dazu gehören Strickgarne aus Angorawolle, Angora-Rohwolle zum Verspinnen, Rheumawäsche aus Angorawolle, Rheumabetten und Rheumadecken sowie Oberbekleidung aus Angorawolle.

Jochen Voigt
An der Wassermühle 20
28857 Syke-Gessel
✆ 04242 / 7978, Fax 04242 / 84383
Geöffnet: Mo-Fr 9-12 u. 15-18.30, Sa 9-12; Syker Wochenmarkt Mi 14-16 u. Sa 8-13

❑ Bioland-Gemüse-Abo-Kisten

Mit Gemüse-Abo-Kisten beliefert der Bioland-Betrieb von Jochen Voigt seine Kunden in Syke, Weyhe, Stuhr und Bremen. Im Angebot befinden sich dabei verschiedene Gemüsesorten der Saison (wie Spargel, Kohlrabi, Broccoli, Tomaten, Zuckermais), Obst, Kartoffeln und Naturkostprodukte. In Syke-Gessel gibt es außerdem einen Laden, in dem die landwirtschaftlichen Produkte verkauft werden. Der Betrieb kann nach telefonischer Verabredung gerne besichtigt werden, damit sich jederman über die umweltschonende Anbaumethode vor Ort ein Bild machen kann.

Büntemeyers Sb Stand
Henstedter Str. 52
28857 Syke-Henstedt-Hoope
✆ 04242 / 50768
Geöffnet: tägl. 8-19

❑ Gartengemüse und Walnüsse in Selbstbedienung

In Syke-Henstedt-Hoope steht Büntemeyers Sb-Stand an der Nenstedter Straße. Dort ist das Anbebot reichhaltig: Per Selbstbedienung gibt es Kartoffeln, Landeier aus Auslaufhaltung, Suppenhühner, Kochkäse, Schinken, Knipp, Streichwurst, geräucherte Mettwurst, Leberwurst, Rotwurst, Sülze, Rindfleisch sowie saisonal Steckrüben, Walnüsse und Gartengemüse. Wer Fragen zu den Waren hat oder über kein passendes

Kleingeld verfügt, braucht nur an der Haustür der Büntemeyers zu klingeln.

Bioland-Hof Winters
Kastanienallee 5
28857 Syke-Jardinghausen
✆ 04248 / 573
Geöffnet: in Jardinghausen nach tel. Vereinbarung; Hofladen im Schlehenweg 14 in Bremen-Habenhausen Di 10-13 u. 15-18, Fr 15-18.30, Sa 10-13

❑ Ungewöhnliche Zwerg-Zebu-Rinder

Der Bioland-Betrieb Winters erzeugt und verkauft Weizen, Roggen und Dinkel, aromatisches Zwerg-Zebu-Rindfleisch und -wurst, Kamerun-Schaffleisch und Kartoffeln. Gemüse wird aus biologisch arbeitenden Betrieben zugekauft.

Bioland-Hof Ehlers
Ridderade 41
27239 Twistringen
✆ 04246 / 762, Fax 04246 / 762
Geöffnet: Mi 15-18 o. nach Vereinbarung.
Märkte: Do in Harpstedt und Hoya,
Fr in Bassum und Bruchhausen,
Sa in Bremen-Neustadt

❑ Alles biologisch erzeugt

Der Bioland-Hof Ehlers, auch Heuerlingshof, verkauft Eier, Wurst, Fleisch, Marmeladen, Honig, Kartoffeln, Gemüse, Obst, Schaffelle und Brot. Er arbeitet in Kooperation mit Kollegen aus der Region, die ebenfalls kontrolliert biologisch wirtschaften. Zugekauft wird außerdem aus dem Naturkostgroßhandel. Auf dem Hof werden 14 Rinder, 10 Schweine, 100 Legehennen, 15 Enten, 30 Schafe und Hähnchen gehalten.

Annegret von Zengen
Nordholz 1
27259 Wehrbleck
✆ 04274 / 1250, Fax 04274 / 1250
Geöffnet: nach Absprache

❑ Brot und Kuchen aus dem alten Backhaus

Etwa einen Kilometer westlich der B 214 liegt in Einzelhoflage der Hof von Annegret von Zengen. Die alten Niedersachsengebäude stehen teilweise unter Denkmalschutz. In dem Gemischtbetrieb gibt es 40 Milchkühe und 700 Mastplätze. Direkt verkauft werden Kartoffeln und verschiedene Gemüse der Saison. Nach Vereinbarung gibt es aus dem alten Backhaus frischen Butterkuchen und frisches Brot. Kinder können in dem großen Hofraum mit angrenzendem Wald wunderbar spielen, und sie dürfen auch die Ferkel und Kälber auf Strohhaltung streicheln.

Gerhard Brüning
Lahauser Str. 41
28844 Weyhe-Lahausen
✆ 04203 / 6558, Fax 04203 / 788024
Geöffnet: Mo-Fr 8-12 u. 14-18, Sa 8-13

❑ Stallungen jederzeit zugänglich

Seit 450 Jahren befindet sich der am Rande des Ortes gelegene Hof von Gerhard Brüning in Familienbesitz. Im Angebot der Direktvermarktung sind Kartoffeln, Gemüse, Spargel, Obst, Wein, Hausmacher-Wurst, Honig, Nudeln, Marmelade und Präsentkörbe. Gemüse, Honig und Wein werden von anderen Herstellern bezogen. Auf dem Hof gibt es 30 Kühe mit ihrer Nachzucht, 200 Mastschweine und 100 Hühner. Außerdem finden Kinder Kaninchen zum Streicheln, Katzen und den Hofhund vor. Die Stallungen sind immer zugänglich, so daß eine Besichtigung jederzeit möglich ist.

Anne Meinke
Leester Str. 54
28844 Weyhe-Leeste
✆ 0421 / 804213 oder 801722,
Fax 0421 / 801722
Geöffnet: Mo-Fr 8-12 u. 14-18, Sa 8-12

❑ Mehr als 30 Sorten Gemüse

Über 30 Gemüsekulturen aus eigenem Anbau bietet der Hofladen auf dem 400jährigen Hof von Anne Meinke. Je nach Saison findet sich hier Spargel, Porree, Spinat, alle Kohl-, Salat- und Kräutersorten, Mangold, Erbsen, Bohnen, Zucchini, Kürbis, Kartoffeln, Steckrüben, Rosen- und Grünkohl. Nur in geringen Mengen wird von Kollegen zugekauft. Der Hof liegt mitten in einer Großgemeinde, bis Bremen sind es nur 10 km, es bieten sich zahlreiche Einkaufsmöglichkeiten in der Umgebung sowie ein vielfältiges Gastronomieangebot.

Hermann Schierenbeck
Bruchweg 1
28844 Weyhe-Lahausen
✆ 04203 / 6562
Geöffnet: Mo-Fr 8.30-12 u. 14-18,
Sa 8.30-12 u.n. tel. Absprache

❑ Wandern und Radfahren

16 km bis Bremen und 4 km bis Syke sind es von Lahausen. Auf dem 42 ha großen Mischbetrieb mit Rindviehhaltung, Kaninchen- und Schweinemast gibt es Kartoffeln, Gemüse der Saison (wie Zuckermais, Tomaten, Gurken) und Hausmacherwurst von eigenen Schweinen zu kaufen. Obst und Eier aus Bodenhaltung werden zugekauft und ebenfalls angeboten. Der Hof liegt in der Nähe einer Pferdepension mit Reithalle. Im Ort gibt es eine alte Wassermühle zu besichtigen. Die waldreiche Umgebung bietet viele Möglichkeiten zu ausgedehnten Wanderungen oder Radtouren.

Siemers Hofladen. Heinrich Siemer
Böttcherei 10
28844 Weyhe-Leeste
✆ 0421 / 803623, Fax 0421 / 803623
Geöffnet: Mo-Sa 8-12.30, Mo-Fr 16-18.30,
So 10-11.30

❑ Eier, Milch, Gemüse

Zwischen zwei Wohngebieten liegt der landwirtschaftliche Betrieb von Heinrich Siemer, der im Jahre 1900 gegründet wurde. Vorrangig aus eigener Erzeugung befinden sich Eier aus Bodenhaltung, Milch, Kartoffeln, Obst und Gemüse, Rind- und Schweinefleisch, Hausmacherwurst, Wein direkt vom Winzer, Marmelade, Honig und Fisch im Angebot. Zugekauft sind der Fisch, Obst aus dem Alten Land, Puter, Honig, Marmelade und Wein. Auf dem Mischbetrieb werden 25 Milchkühe, 10-20 Schweine und 400 Legehennen gehalten.

Jacobs Bauernhof. Wilhelm Jacob
Düversbrucher Str. 73
49459 Lembruch-Berglage
✆ 05447 / 217, Fax 05447 / 597
Geöffnet: Sa 10-13. Wochenmärkte: in Lemförde und Diepholz

❑ Rohmilchhartkäse und Quark

Jacobs Bauernhof ist ein Einzelgehöft, der als Futterbaubetrieb 50 Kühe mit Nachzucht, 3500 Freilandhühner und zeitweise Hähnchen hält. Verkauft werden Milchprodukte (Rohmilch-Hart- und Schnittkäse, Schichtkäse, Quark, Butter), Rindfleisch, Dauerwurst, Hähnchen und Hühner sowie Eierlikör. Ebenfalls im Angebot sind Fruchtsäfte, Lammfleisch und Nudeln aus Zukauf. Nach Vereinbarung kann der Hof auch besichtigt werden.

Landkreis Nienburg

Luise und Emil Huntemüller
Mehlbergen 12
31609 Balge
✆ 05021 / 17460 oder 17406
Geöffnet: Mai und Juni ganztägig

❑ Spargel bei den Teichen

Idyllisch von Teichen und Wald umgeben befindet sich der 1751 erbaute Huntemüllersche Hof in ruhiger Dorfrandlage, gut 2 km vom Kurhaus Bad Blenhorst entfernt. Im Frühsommer öffnet der Betrieb seine Türen für die Direktvermarktung: Dann gibt es Spargel, Wurst, Schinken und Kartoffeln zu kaufen. In der Umgebung sind für den Erholungssuchenden zahlreiche Wander- und Radwege vorhanden.

Upen Wiede – Noltemeiers Hofladen
Gut Wiede
31609 Balge
✆ 05024 / 8659, Fax 05024 / 8659
Geöffnet: Di u. Fr 9-12 u. 15-18,
Mi 9-15 u. Sa 9-12

❑ Wissen wo's herkommt

»Direkt vom Bauernhof – Wissen wo's herkommt«: Das ist das Motto in Noltemeiers Hofladen. Auf dem im 17. Jahrhundert entstandenen Rittergut gibt es Eier, Wurst und Geflügel, Hausgemachtes, Nudeln, Honig, Wein und Saft, saisonal Gemüse aus der Region und Kartoffeln zu kaufen. Die Wurstküche erfüllt darüber hinaus auch Sonderwünsche. In der nahen Umgebung, jeweils etwa 2 km entfernt, befinden sich das Drakenburger Wehr und der Schleusenkanal Sebbenhausn/Balge, die zu Spaziergängen einladen. Erholung auf Rädern versprechen die landschaftlich idyllische Ferienstraße und der Radwanderweg »Weserrenaissance«, die direkt an das Hofgelände angrenzen.

Zum Fletthof
Calle 13
27333 Bücken
✆ 04251 / 2231
Geöffnet: während der Spargelsaison durchgehend. Wochenmärkte: in Hameln, Bremerhaven und auf dem Großmarkt Hamburg

❑ Ferien auf dem Bauernhof

Nach Calle kommt man am besten über die A 7; nach der Abfahrt Schwarmstedt Richtung Bremen nach Asendorf, dort Richtung Bücken nach Calle abbiegen. Auf Hof Gödeke bilden das große Pony Birka und die kleinen Ponys Jasmin und Schneewittchen, Pferde, Schweine, Katzen, ein Hund, Hühner sowie je nach Jahreszeit Enten, Gänse, Tauben und Kaninchen den reichhaltigen Tierbestand. Auf den Feldern wächst Spargel, Weizen, Roggen und Mais. Direkt vom Hof sind Hausmacherwurst, Äpfel, Eier, Kartoffeln, Marmelade und in der Saison Spargel zu bekommen. Auf dem Gelände befindet sich ein separates großes Ferienhaus direkt an der Pferdekoppel. Bis zu 10 Personen können hier ihre Ferien verbringen, und für Gästepferde stehen Pferdeboxen zur Verfügung.

Ernst-August und Heike Prinzhorn
Altenbücker Damm 38
27333 Bücken-Altenbücken
✆ 04251 / 7495 oder 2584,
Fax 04251 / 7495
Geöffnet: nach Absprache

❑ Alles vom Kaninchen, und Kunst

Kennen Sie Kaninchengrillwurst? Wenn nicht, können Sie das auf dem Hof der Prinzhorns nachholen. Nicht nur ganzjährig frische Kaninchen, auch Kaninchengrillwurst und Kaninchenweißwurst werden hier als Spezialität angeboten. Außerdem gibt es Lamm-Mettwurst und auf Bestellung frisches Lammfleisch. Auf dem Hof werden insgesamt 300 Kaninchen und 100 Mutterschafe mit Nachzucht sowie 1500 Babyferkel gehalten. In 3 km Entfernung liegt der bei Fernradlern beliebte Ort Hoya mit der Landesreitschule, wo sich die überregionalen Radfernwege Weser und Leine treffen. Nur wenige hundert Meter vom Hof entfernt ist die Stiftskirche St. Materniani et St. Nicolai in Bücken zu besichtigen, die 882 als Missionszentrum gegründet wurde und mit großartigen Kunstgegenständen ausgestattet ist.

Bioland-Hof Kramer
Hauptstr. 1
27324 Hassel (Weser)
✆ 04254 / 1052, Fax 04254 / 1052
Geöffnet: tagsüber immer geöffnet

❑ Segelfliegen und Reiten

Seit 1990 bewirtschaftet Jürgen Kramer seinen Hof nach den Erzeugerrichtlinien des Bioland-Verbandes. Täglich kann man frei ab Hof Kartoffeln (in 1, 2,5, 5 und 12,5-kg-Säcken; ab Juni auch Frühkartoffeln), Möhren, Zwiebeln, Rote Bete, Steckrüben, Porree, Rindfleisch und Eier bekommen. Der Hof ist einfach zu finden, er liegt direkt an der großen Kreuzung der B 215. Nahe Hoya gelegen, bieten sich zahlreiche Freizeitmöglichkeiten wie Wasser- und Segelflugsport, Reitkurse oder ein Besuch im Heimatmuseum Hoya (Wechselausstellungen der Regional- und Alltagsgeschichte) an.

Heinrich und Irmgard Bartels
Anderten Nr. 6
31622 Heemsen
✆ 05024 / 1270, Fax 05024 / 88305
Geöffnet: nach Absprache

Leckere Liköre
Obwohl auf dem Betrieb der Bartels schwerpunktmäßig Schweinezucht und -mast betrieben wird, besteht das Angebot frei ab Hof ausschließlich aus hausgemachten Likören. Man hat die Qual der Wahl zwischen Bärenfang und Fünfziger (einem Kräuterlikör, wie der Bärenfang mit eigenem Honig zubereitet), Eierlikör, Erdbeerlikör und Quittenlikör. Den 150 Jahre alten, sehr weitläufigen Hof zu finden, ist nicht schwer, er befindet sich am Dorfrand und fällt durch den alten Eichenbestand auf. In der Umgebung gibt es einige schöne Spazierwege – ein besonderes Erlebnis ist die Wanderung durch das nahe Lichtenmoor.

Bioland-Hof Cordes
Eitzendorf Nr. 4
27318 Hilgermissen
✆ 04256 / 542, Fax 04256 / 425
Geöffnet: Di 15-18.30, Fr 10-12 u. 15-18 oder nach tel. Vereinbarung

❑ Ackerbau in idyllischer Landschaft
In der Wesermarsch, in ruhiger Lage mitten im Dorfkern, wo die bäuerliche Struktur weitgehend erhalten ist und es keinen Durchgangsverkehr gibt, liegt der Bioland-Hof Cordes. Im Angebot befindet sich vorrangig Gemüse der Saison: Blumenkohl, Brokkoli, Weiß- und Rotkohl, Wirsing, Möhren, Rote Bete, Sellerie, Fenchel, Zwiebeln, Porree, Rosenkohl, Steckrüben, Chinakohl, Kohlrabi und Salate. Auch Kartoffeln, Getreide, Rindfleisch, Geflügel und Eier sind zu bekommen, außerdem aus Zukauf Zitrusfrüchte, Milch- und Trockenprodukte, Honig, Saft und Wein. Direkt ans Dorf schließt sich ein alter Weserarm an, der im Sommer als Badesee, im Winter zum Schlittschuhlaufen genutzt wird. Auch der Weserradweg führt hier entlang. Im 10 km entfernten Bruchhausen-Vilsen startet die »erste Museumseisenbahn Deutschlands«. Eine Fahrt mit der dampfbetriebenen Schmalspurbahn wird nicht nur Kinder begeistern.

Rengstorfs Hofladen
Eitzendorf 27
27318 Hilgermissen
✆ 04256 / 513 oder 550
Geöffnet: Di 14-18, Fr 8.30-12 u. 14-18, Sa 8.30-12.30; Wochenmärkte: Do vorm. in Hoya, Sa vorm. in Brinkum

❑ Doppelzimmer am Alveser See
Mitten im Ort, nahe der Kirche, gibt es in Rengstorfs Hofladen Hausmacherwurst, Schinken und auf Anfrage auch Schweinefleisch, Marmelade, Nudeln und Säfte, Honig und Liköre zu kaufen. 500 Mastschweine, 20 Gänse und 20 Hähnchen werden auf dem Hof gehalten, wo auch ein Doppelzimmer mit Bad gemietet werden kann. Ganz in der Nähe befindet sich der Alveser See, ein Altarm der Weser, der im Sommer zum Baden einlädt. Ebenfalls in der Nähe verläuft der Weserradweg, und wer lieber Tennis spielt statt zu radeln: Der Ort hat auch einen Tennisplatz.

Ziegenhof Erdrauch
Haus Nr. 5
27318 Hoyerhagen
✆ 04251 / 6653, Fax 04251 / 7810
Geöffnet: tägl. 13-18.30, Sa 10-13 oder nach Absprache

❑ Hofarbeit und Lammgeburten miterleben

Etwa 1820 wurde der jetzige Ziegenhof Erdrauch gegenüber der Kirche erbaut, die ungewöhnlicherweise nicht mitten im Dorf steht. Der landwirtschaftliche Betrieb wird seit 10 Jahren nach Bioland-Richtlinien geführt. Verkauft werden Ziegenkäse (Frisch-, Weich-, Schnitt- und Hartkäse), Ziegenbutter, -milch, -kefir und -joghurt, Ziegenwurst, -schinken und -fleisch, Felle und Zuchttiere, außerdem Honig und alles aus dem Bienenstock, Schweinewurst und -fleisch, Eier, Getreideprodukte, Wein, Tee und saisonales Gemüse (teilweise aus dem Zukauf von Biolandhöfen der näheren Umgebung). Der Hof kann besonders für entdeckungsfreudige Kinder zum Erlebnis werden, denn sie dürfen ihn »erobern«, d.h. auf der Streichelwiese die Tiere besuchen, alles angucken oder mit der Spielzeugkiste im Laden spielen. Saisonal gibt es besondere Höhepunkte auf dem Hof, zu denen jeweils eingeladen wird: Lammgeburten, Vorführung der Honiggewinnung, Bienenköniginnenschlupf oder Käseseminare.

Gemüsehof Busche
Varlinger Dorfstr. 5
31632 Husum
✆ 05027 / 653, Fax 05027 / 662
Geöffnet: tagsüber immer (bitte klingeln)

❑ Husumer gewaschene Rote Bete

Breitbrusthähnchen sind die Spezialität auf dem Gemüsehof Busche. Ansonsten macht der Betrieb seinem Namen Ehre und bietet über 40 Sorten Gemüse an. Kartoffeln, verschiedene Kohlsorten, Blattsalate, Bohnen, Gurken, Zucchini, Porree, Steckrüben – das ganze Spektrum der Gemüsesorten aufzuzählen, ist kaum möglich. Hinzu kommen zugekaufte Zitronen, Paprika, Weintrauben, Erd- und Blaubeeren. Im Angebot sind auch gewaschene Pferdemöhren, gewaschene Rote Bete und Futterrunkeln sowie Stiefmütterchen; auf Bestellung sind Flugenten und Rinderviertel oder -achtel erhältlich. Im 32.000 Einwohner zählenden niedersächsischen Husum – nicht zu verwechseln mit der grauen Stadt am Meer – prägt eine 1000jährige Geschichte das Gesicht der historischen Altstadt. Gemütliche Cafés und Restaurants laden hier zum Verweilen ein.

Franz Nauenburg
Unter den Heistern 16
31632 Husum-Schessinghausen
✆ 05027 / 357
Geöffnet: tagsüber; Mittagspause von 13-14

❑ Spezialisten für Kartoffeln

Kartoffeln, die ohne Gülle angebaut werden, bietet Franz Nauenburg an. Das Spektrum ist weit: von Frühkartoffeln, die ab Ende Mai zu bekommen sind, bis zu diversen Sorten Einkellerungskartoffeln ab Ende September. Der Hof liegt etwa 800 Meter von der B 6 entfernt. Die Gemeinde Husum gehört zur Samtgemeinde Landesbergen, in der vor allem erholsames Freizeitvergnügen möglich ist. Ausgedehnte Wälder, Heide- und Moorlandschaften laden zu Wanderungen, Radtouren und Entdeckungen hoch zu Roß ein.

Bickbeernhof
Brokeloh 70
31628 Landesbergen
✆ 05027 / 1566, Fax 05027 / 8106
Geöffnet: Juli-Sept. 8-18

❑ Die dicken Blauen

Direkt am Rande des Moores liegt der Bickbeernhof. Der noch junge Hof – er wurde erst 1977 erbaut – arbeitet in Kooperation mit der ANOG und bietet in den Sommermonaten frische, ungespritzte Heidelbeeren und Himbeeren an, die auch selbst gepflückt werden können. Dazu gibt es Heidelbeerkonfitüre und -fruchtzubereitungen, Heidelbeersaft und -desserts zu kaufen. Durch die Marke »Die dicken Blauen« sind diese Kulturheidelbeeren aus der Lüneburger Heide ein Begriff geworden. Im »Bickbeernkaffee« auf dem Hof kann man sich, etwa nach anstrengendem Selberpflücken oder als Ausflügler, eine Bewirtung mit frischen Waffeln, Puffern, Eis u.a. gönnen. Für Interessierte sind auch Führungen in die Plantage möglich.

Herbert Kobow
Heidhausen 29
31628 Landesbergen
✆ 05025 / 6386, Fax 05025 / 1360
Geöffnet: nach Absprache

❑ Landesberger Windmühle mit Kaffeetafel

In ruhiger Lage am Rande von Landesbergen liegt der Hof von Herbert Kobow, der kontrolliert ökologisch bewirtschaftet wird. Im Angebot sind Spargel, Hausmacherwurst, Sonnenblumen, Marmelade und Kartoffeln. In Landesbergen gibt es gute Gastronomie, und im angrenzenden Wald laden ein Kinderspielplatz und verschiedene Wan-

dertouren zu Erholung an der frischen Luft ein. Schön ist auch ein Spaziergang an der nahen Weser. Ein besonderer Tip: An jedem ersten Sonntagnachmittag im Monat werden bei der Besichtigung der Landesberger Windmühle mit Trauzimmer und Heimatmuseum traditionelle Handwerkstechniken wie Spinnen und Weben vorgeführt, und es gibt eine Bewirtung mit Kaffeetafel und selbstgebackenem Kuchen.

Dr. Andrea Berkenhoff und
Carsten Niemeyer
Brokeloh 21
31628 Landesbergen-Brokeloh
✆ 05027 / 1341, Fax 05027 / 1778
Geöffnet: nach Absprache

❑ Münchhausens Rittergut

1545 baute Clamor von Münchhausen ein Rittergut in Brokelohs abwechslungsreicher Endmoränenlandschaft. Seit 1734 befindet es sich im Familienbesitz der Niemeyers. Im Direktverkauf gibt es Baby-Beef, junges Ochsenfleisch und Spargel. Und wer hier Urlaub machen will: Auch für Ferienwohnungen (behindertenfreundlich) ist gesorgt. Ein Seminarraum bietet Platz für Gruppen- und Familienfeiern. Das angrenzende romantische alte Backhaus ist Treffpunkt für kühlere Abende. Besucher können auch einen Einblick in die extensive, artgerechte Tierhaltung nehmen. Direkt hinter dem Hof beginnen Radwander- und Spazierwege, und dank der abwechslungsreichen Landschaft und dem alten Baumbestand können viele Tiere, z.B. Störche, Rehe und Fledermäuse beobachtet werden. Brokeloh ist über die B 6 und die B 482 einfach zu erreichen.

Altdeutsche Schinkendeele
Brokeloh Nr. 14
31628 Landesbergen-Brokeloh
✆ 05027 / 523
Geöffnet: tägl. 8-12 u. 14-18. Filiale Langendamm: Di, Do u. Sa 8-12, Fr 15-18; Filiale Linsburg: Mi u. Sa 8-12

Partyservice von A-Z

Durch die gute Ausschilderung ist die Altdeutsche Schinkendeele leicht am Dorfrand von Brokeloh zu finden. Im sanierten Fachwerkgebäude werden Wurstwaren in Darm und Dose, Frischfleisch, Marmelade, Honig, Eier, Kartoffeln und Floristik (Trocken- und Seidenblumen) verkauft. Zusätzlich bietet der Familienbetrieb einen umfassenden Partyservice an. Sehenswert sind in Brokeloh das »Münchhausen-Schloß«, in Landesbergen die restaurierte Windmühle und in Estorf das restaurierte historische Scheunenviertel.

Arkenberger Spargelhof
Arkenberg 2
31618 Liebenau-Arkenberg
✆ 05023 / 94440
Geöffnet: 8-12.30 u. 13.30-18

❑ Radieschen & Frühlingszwiebeln

Nur zwei Höfe bilden den Liebenauer Ortsteil Arkenberg am Geestrand zur Wesermarsch. Einer davon ist der Arkenberger Spargelhof. Neben 6 Pferden werden hier 3 Schafe mit ihren Lämmern und 120 freilaufende Hühner gehalten. Direkt am Hof befindet sich ein Kinderspielplatz. Neben Spargel, Kartoffeln, Blaubeeren, Radieschen und Frühlingszwiebeln gibt es Schinken und Wurst, Äpfel, Apfelsaft, Eier und Honig zu kaufen. Die gesamte Umgebung mit ihren ausgedehnten Wäldern und Landschaftsschutzgebieten laden zur Erholung in der Natur ein.

Ludwig Stelling
Berg 13
31636 Linsburg
✆ 05027 / 618, Fax 05027 / 618
Geöffnet: nach Absprache: Bitte klingeln

❑ Nahrungsmittel und kleine Geschenke

In der Nähe von Nienburg liegt der Betrieb von Ludwig Stelling. Auf 110 ha werden Kartoffeln, Zuckerrüben, Getreide und Spargel angebaut sowie 160 Sauen gezüchtet. Wer einkaufen möchte, möge bei den Stellings klingeln: Dann kann er Spargel, Dosenwurst, Kartoffeln, Schinken, Marmeladen, Äpfel, Honig, Säfte, Liköre, haltbar gemachtes Obst und Gemüse, Apfel-Zwiebel-Schmalz, Rindfleisch, Wildbret und kleine Geschenkartikel bekommen. Wer im Juni in der Gegend ist, sollte es nicht versäumen, beim Nienburger Spargelmarkt die verschiedenen Spargelvariationen zu genießen.

Gutsverwaltung Oyle
Rittergut Oyle A.B.E. 12
31608 Marklohe
✆ 05021 / 3152 oder 0161 / 2814959,
Fax 05021 / 3130
Geöffnet: Während der Sargelsaison
tägl. 9-19

❑ Reiten und dann Spargelessen

Auf der geschlossenen, mit Fachwerk bebauten Hofanlage liegt das Gutshaus aus dem 19. Jahrhundert inmitten eines großen Parks, umgeben von hohem alten Baumbestand. Auf dem Rittergut kann man nicht nur Spargel, Schinken und Kartoffeln kaufen, sondern auch reiten, mit der Ponykutsche fahren oder eine der vorhandenen Ferienwohnungen mieten. Auf Wunsch wird während der Saison ein Spargelessen ausgerichtet.

Familie Stellhorn
Im Winkel 3
31608 Marklohe-Oyle
✆ 05021 / 7402
Geöffnet: Mo-Sa 8-12

❑ Gotische Kirche oder Automuseum?

Dosenwurst, Hausmacherwurst, Schinken und Marmelade, und aus dem Zukauf Eier, Kartoffeln, Zuckermais und Steckrüben kann man bei Familie Stellhorn bekommen. Auf ihrem Hof werden Pferde und Schweine gehalten. In die leicht gewellte Geestlandschaft eingebettete Felder, Wiesen und Waldflächen in der Umgebung von Marklohe laden zu Wanderungen und Spaziergängen ein. Kulturinteressierte dürfte eine Besichtigung der Markloher Kirche mit ihren spätgotischen Malereien reizen, Technikfans werden wohl eher das Automuseum in Asendorf favorisieren.

Bioland-Betrieb Kern und Bosse
Geestkante 2
31582 Nienburg-Schäferhof
✆ 05021 / 7155, Fax 05021 / 910755
Geöffnet: Mo-Fr 15-18

❑ Eindruck vom Mittelalter

Etwa 30 Tiere, Rinder, Kühe, Bullen und Kälber, werden auf dem Bioland-Hof in Nienburgs Ortsteil Schäferhof gehalten. Fleisch, Kartoffeln, Gemüse, Obst und Wurst sowie Honig werden zum Kauf angeboten. Neben Wandermöglichkeiten in der Wesermarsch bietet sich ein kultureller Ausflug in das nur 3 km entfernte Nienburg an.

Die historische Altstadt am ehemals bedeutendsten Weserübergang des Mittelalters vermag noch heute durch ihre gut erhaltenen Fachwerkbauten zu beeindrucken. Das Altstadtfest findet jährlich Ende September statt.

Dieter Dicke
Hauptstr. 2
31621 Pennigsehl
✆ 05028 / 414
Geöffnet: tagsüber ständig

❑ Hausmacher Wurst und Schießstände

Nach Pennigsehl gelangt man am besten über Stolzenau und Liebenau. Fast 220 Jahre alt, liegt der Dickesche Milchviehbetrieb ruhig in Streulage und von großen Eichen und Buchen umgeben etwa 200 m von der Kreisstraße 27 entfernt. Verkauft werden Kartoffeln und Hausmacherwurst. Im benachbarten Liebenau gibt es ein Hallen- und ein Freibad, Möglichkeiten für Angel- und Wassersport, Schießstände und die Schießanlage der Landesjägerschaft Niedersachsen.

Demeter-Hof Tiedemann
Dierstorf 3
31604 Raddestorf
✆ 05765 / 1286, Fax 05765 / 93504
Geöffnet: werktags

❑ Demeter-Hof seit 1980

Biologisch-dynamisch bewirtschaftet Horst Tiedemann seinen Hof, der dem Demeter-Verband angeschlossen ist, seit 1980. Hier werden Rinder und Hühner gehalten, und zu kaufen gibt es Getreide, Kartoffeln, saftige Heidelbeeren und frische Eier. Den kleinen Ort Raddestorf findet man etwa in der Mitte zwischen Nienburg und Minden.

Angus Hof Mysegades
Langes Feld 26
31547 Rehburg-Loccum
✆ 05037 / 860, Fax 05037 / 860
Geöffnet: Verkauf nach Vorbestellung

❑ Rinder in artgerechter Freilandhaltung

Im Naturschutzgebiet »Steinhuder Meerbruchwiesen« befindet sich 150 ha extensiv genutztes Grünland des Angus-Hofs Mysegades. Die Rinder der robusten Rasse Deutsch-Angus wachsen in der Mutterkuhherde und artgerechten Freilandhaltung auf. Rindfleisch und Rinderwurst gibt es als 1/8 und Rind. Außerdem wird ein Probierpaket angeboten. Der Hof, den man leicht findet, indem man von der B 441 in Richtung Rehburg abbiegt, kann gerne besichtigt werden; ein Ausflug ins nahegelegene Naturschutzgebiet ist von hier aus ebenfalls möglich. Weitere Attraktionen der Region sind der Dinosaurierpark Münchehagen mit seinen prähistorischen Saurierfährten, das Steinhuder Meer und die alte Klosteranlage Loccum.

Rosenhofgärtnerei Mergenthaler
Auf der Horst 30
31547 Rehburg-Loccum
✆ 05037 / 5244 oder 3986,
Fax 05037 / 5271
Geöffnet: Di u. Fr 10.30-12.30 u. 15-19 Uhr; Großmarkt Hannover Di und Fr

❑ Bio-Anbau im Naturpark

Im Naturpark Steinhuder Meer befindet sich die dem Bioland-Verband angeschlossene Rosenhofgärtnerei mit langjähriger Erfahrung im Bio-Anbau. Im 2.600 Quadratmeter großen Gewächshaus und auf 20 ha Außenfläche wächst Gemüse, das frisch oder aus Lagerbeständen angeboten wird; zusätzlich kann man Wein, Obst, Eier und Trokkenprodukte kaufen. Zugekauft wird nur aus ökologischem Anbau. Die umgebende Landschaft ist ideal zum Fahrradfahren, und auf keinen Fall sollte ein Besuch im Kloster Loccum versäumt werden. Der Bau bietet noch heute den Eindruck eines mittelalterlichen Zisternenklosters, wie es sonst nördlich der Alpen nur noch einmal in Württemberg zu finden ist. Die Wirkung des Gebäudes liegt vor allem in seinen sparsamen, geometrischen Formen und in der Harmonie der Maße.

Bioland-Hof Winzlar
Auf der Horst 22
31547 Rehberg-Loccum, OT Winzlar
✆ 05037 / 5025
Geöffnet: Fr 15-19, Sa 10-13. Markt: Fr 8-14 in Wemstorf

❑ Buchweizen und Gummibären ohne Zucker

Seit 15 Jahren wirtschaftet der Bioland-Hof Winzlar nach den Anbaurichtlinien des Bioland-Verbands. Roggen, Weizen, Dinkel, Hafer, Gerste, Buchweizen, Kartoffeln, Eier, Schaffelle, Wolle und nach Absprache Fleisch von Schaf und Rind sind hier aus eigener Erzeugung zu bekommen. Erweitert wird das Angebot durch zugekauften Honig und Kräutertees, vegetarische Brotaufstriche, ein Naturkosttrockensortiment und Vollkornbrot. Für Kinder sind die Gummibären ohne Zucker zu empfehlen. Erwachsenen ist eine Besichtigung des Klosters Loccum ans Herz zu legen, das im Jahre 1163 gegründet wurde. Hier sollte man nicht nur die alten Gemäuer, sondern auch die Teiche und den Wald besuchen.

Hofladen »Nanes Kiepe«
Weserstr. 16
27333 Schweringen
✆ 04257 / 1234, Fax 04257 / 1234
Geöffnet: Di u. Do 15-18, Sa 8-12

❑ Eine Kiepe beim Badesee

Am Weserradweg, ganz in der Nähe der Weserfähre, liegt der 400 Jahre alte Hof der Noltemeiers. Neben Produkten aus dem eigenen Betrieb wie Eiern und Eierlikör, Hausmacherwurst, Schinken und Frischfleisch von Schwein und Rind sowie Marmelade gibt es im Hofladen »Nanes Kiepe« auch diverse Produkte von Hobbykünstlern zu kaufen. Weine, Obstsäfte und Honig, Nudeln, Milch und Käse, Äpfel, Heidelbeeren, Eis, Süßigkeiten, Tee, Geflügel und Korbwaren werden zugekauft und ebenfalls angeboten. Für Kinder gibt es auf dem Hof und im Hofladen zahlreiche Spielmöglichkeiten. An den Hof grenzt ein Badesee (50 m), im Ort befindet sich ein Heimatmuseum.

Milchhof Grimmelmann
Eisse 1
27333 Schweringen
✆ 04257 / 431, Fax 04257 / 330
Geöffnet: tägl. nach Vereinbarung

❑ Bis vor die eigene Haustür

Vorzugsmilch in 2- und 3-Liter-Flaschen, Rindfleisch und Wurst von eigenen Tieren, Produkte vom Schwein, Brot, Marmelade, Säfte und Wein, Rohmilchkäse, Nudeln und Kartoffeln, Äpfel und während der Saison Spargel und Heidelbeeren – all das bietet der Milchhof Grimmelmann an. Sämtliche Produkte werden nicht nur im Hof verkauft, sondern nach Bestellung auch frei Haus im Bereich Hannover und Bremen bis an die

Haustür geliefert. Der Milchhof liegt zwischen Nienburg und Verden in Einzellage 1,5 km vom Ort Schweringen entfernt. Hier in der Samtgemeinde Hoya wechseln ursprüngliche, fachwerkreiche Dörfer mit ausgedehnten Waldgebieten, idyllischen Bachläufen und ruhigen Seen ab. Die Landschaft im Urstromtal der Weser lädt ein zu Rad- und Fußwanderungen.

Hof Hasselbusch
Voigtei 12
31595 Steyerberg
✆ 04273 / 326, Fax 04273 / 326
Geöffnet: Nach Vorbestellung;
Gänseverkauf im Dezember

❑ Weidemastgänse samt Kochrezepten

Bratfertige Weidemastgänse, Rinderachtel und Hanfprodukte sind auf dem Hof Hasselbusch zu bekommen; in einer Broschüre hält der Landwirt auch seine besten Gansrezepte bereit. Hier in Steyerberg an der Mittelweser steht der Hof seit 1747; auch in der weiteren Umgebung sind viele alte Bauernhöfe zu finden. Im 700jährigen Flecken Steyerberg im Tal der Warmen Aue gibt es in waldreicher Umgebung zahlreiche ausgeschilderte Wanderwege, und im Ort sind außerdem das Alte Amtshaus sowie eine historische Auebrücke zu besichtigen.

Imkerei und Schäferei Besoke
Deblinghausen 27
31595 Steyerberg
✆ 05028 / 287
Geöffnet: nach tel. Vereinbarung; Klömarkt Stolzenau Anfang Mai-Ende Sept. 8-13

❑ Wanderschäferei auf dem Moor

Auf dem Moor und seinen Brachflächen betreibt Joachim Besoke Wanderschäferei und Imkerei, 30 Bienenvölker sammeln Nektar für den Honig. Zu kaufen gibt es Honig, Wabenhonig und Bienenwachskerzen, Lamm- und Schaffleisch, Lammsalami, Rauch-Enden und Schafgewürzschinken. Auch pflanzen- und medizinisch gegerbte Felle sowie Wildfruchtmarmeladen mit Honig sind zu bekommen. Nach Absprache ist eine Führung über den Hof und in die Umgebung möglich. Dort werden dann u.a. die Benjes-Hecken unterschiedlichen Alters gezeigt und ihr Nutzen erläutert. In 4 km Entfernung und damit mit dem Fahrrad gut zu erreichen befindet sich das Expoprojekt »Lebensgarten Steyerberg« mit dem Permakulturgelände »Sonnenfalle«, der eine Besichtigung wert ist.

Heinrich Nordloh
Deblinghausen 69
31595 Steyerberg
✆ 05764 / 1699
Geöffnet: nach Absprache

❑ In der Saison Spargel

Im Frühsommer, zur Saison, bietet Heinrich Nordloh Spargel in seinem Hof an. Der liegt in Steyerberg im Landkreis Nienburg, wo es in der waldreichen Landschaft im Tal der Aue für Naturliebhaber zahlreiche ausgeschilderte Wanderwege gibt.

Auehof Reese
Reese 5
31595 Steyerberg
✆ 05764 / 93141 oder 93142,
Fax 05764 / 93143
Geöffnet: Mo u. Mi 10-13 u. 15-18,
Fr 10-18.30, Sa 9-13

❑ Naturkost-Vielfalt

Mutterkühe und Bullen werden auf dem Bioland-Betrieb Auehof Reese gehalten. Doch das Angebot geht weit über Fleischprodukte hinaus: Kartoffeln, Möhren, Zwiebeln, Gemüse der Saison, Getreide, Brot, Wein, Säfte, Brotaufstriche, Honig, Nudeln, Eier, natürliche Hautpflegeprodukte und Putz- und Waschmittel kann man hier direkt auf dem Hof bekommen. Die Produkte, die der Betrieb nicht selbst produziert, werden von Bioland- und Demeter-Betrieben, dem Naturkostgroßhandel und direkt vom Winzer bezogen.

Dietrich und Ursula Graue
Böthel 6
31592 Stolzenau
✆ 05761 / 2731, Fax 05761 / 2439
Geöffnet: Mo-Fr 8-18, Sa 8-13

❑ Johannisbeeren und Einlegegurken

Alle zwei Jahre findet auf dem Hof Graue ein Hoffest statt, und bereits seit 10 Jahren gibt es hier das jährliche Erdbeerfest. Direkt an der B 441 gelegen, sind auf dem Hof Erdbeeren, Kartoffeln und Johannisbeeren, Himbeeren und Blaubeeren, Einlegegurken und Bohnen, Stiefmütterchen, Eier, Wurstwaren, Obstsäfte und Moslever zu bekommen. Stolzenau bietet vor allem etwas für Liebhaber von Sakralbauten: Im Ort können die Dorfkirche St. Vitus mit ihrem spätgotischen Flügelaltar (etwa um 1500) und die St. Jakobikirche mit ihrem schraubenförmig gedrehten Turm besichtigt werden. Zu empfehlen ist auch eine Schleusenfahrt zwischen Minden und Stolzenau.

Familie Meyer
Dorfstr. 46
31592 Stolzenau-Holzhausen
✆ 05761 / 1632, Fax 05761 / 7622
Geöffnet: Mo, Di, Do u. Fr 9-13 u. 15-18,
Mi u. Sa 9-13

❑ Schweine und Dinos

Zucht- und Mastschweine hält die Familie Meyer auf ihrem Betrieb in Holzhausen. Im fast hundertjährigen Bauernhaus mitten im Dorf gibt es Spargel, Gemüse der Saison, Obst, Kartoffeln, Wurst und Schinken, Eier, Marmelade, Nudeln, Honig und Obstsäfte zu kaufen. An Freizeitattraktionen lockt neben dem Steinhuder Meer, das zahlreiche Möglichkeiten für Freunde des Wassersports bietet, der Dinosaurierpark in Münchehagen. Dort zeigt ein 2,5 km langer Dinosaurier-Lehrpfad die Entwicklung der ausgestorbenen Riesenechsen, und nach dem Rundgang lädt eine Caféteria zur Rast ein.

Christina Ihlo
Woltringhausen 22
31600 Uchte
✆ 05763 / 504
Geöffnet: In Steyerberg, Lange Str. 16:
Mo-Fr 8-13 u. 15-18, Mi nur bis 13, Sa 7-13

❑ Rosa Kalbfleisch und Museumseisenbahn

Fleisch- und Wurstwaren aus eigener Schlachtung (Rind- und Schweinefleisch), täglich frische Eier und auf Bestellung auch

Suppenhühner bekommt man bei Christina Ihlo. Auf ihrem Hof werden die Kälbchen von Ammenkühen großgezogen, und die Schweine wachsen mit Futter auf, das keine Wachstumsförderer enthält. Als Freizeitspaß ist eine Fahrt mit der planmäßig verkehrenden Museumseisenbahn Rahden-Uchte zu empfehlen, die auch kostenlos Fahrräder mitnimmt. Für Gruppen sind vor allem die Sonderfahrten mit Kaffeetafel und einem Stop zu einer Planwagenfahrt ins Moor geeignet.

Hof Röhrkasten
Höfen 17
31600 Uchte
✆ 05763 / 1252, Fax 05763 / 3259
Geöffnet: Mitte April-Ende August
tägl. 7-18

❑ Bauern- und Töpfercafé

Bald dreihundert Jahre befindet sich der Hof Röhrkasten in Familienbesitz, auf dem vor allem Obst, Gemüse und Getreide angebaut werden. Im Sommerhalbjahr gibt es täglich frischen Spargel, Erdbeeren und Himbeeren (auch als Konfitüre und Gelee), Honig, Eier, Wurst, Schinken, Fruchtweine, Obstler und Weidenkörbe. Für Kinder ist in nächster Nähe ein Spielplatz vorhanden, und für die Erwachsenen gibt es in den Nachbarorten außergewöhnliche Cafés: Das Bauerncafé Höfen in Diersdorf und das Töpfercafé Wurmsen. Doch in der Region ist nicht nur gut Kaffeetrinken, hier gibt es auch einiges zu besichtigen und zu erleben: die Wassermühle Harrienstedt, die Kuppendorfer Heide, Porta Westfalica mit dem Wilhelms-Denkmal und die Schachtschleuse in Minden.

De Halfkötner
Warpe Nr. 5
27333 Warpe
✆ 05022 / 8199 oder 8357
Geöffnet: nach Absprache

❑ Eier nach Neuland-Richtlinien

Nicht nur Eier von glücklichen Hühnern, auch Freiland-Geflügel verkaufen die Langfelds. Die Großfamilie heißt besonders Kunden mit Kindern herzlich willkommen – eine Beschäftigung findet sich bestimmt. Auf dem Hof mit dem Niedersächsischen Zweiständer-Fachwerkhaus aus dem 18. Jahrhundert wird artgerechte Tierhaltung durch die Neuland-Richtlinien garantiert. Und nach dem Einkauf lädt in der Nähe von Warpe die gleichnamige Heide zum Spazieren ein.

Frank Thies
Helzendorf 19
27333 Warpe
✆ 04253 / 363, Fax 04253 / 575
Geöffnet: nach Absprache

❑ Historischer Markt mit mittelalterlichen Kostümen

In der Nähe des Weserwanderwegs gelegen, bietet der Hof von Frank Thies zur Saison Grünspargel und Heidelbeeren in der Direktvermarktung an. Auf dem Hof werden ansonsten 90 Bullen und 100 Sauen gehalten. Kulturell Interessierten bietet sich ein Abstecher ins nahe Hoya an. Dort findet alljährlich im September der historische Katharinenmarkt mit mittelalterlichen Kostümen und einer Ruderregatta auf der Weser statt. Zu empfehlen ist auch die Besichtigung der doppeltürmigen Stiftskirche in Bücken.

Wendenborsteler Hofladen.
Friedrich und Sabine Freymuth;
Hans-Heinrich und Sabine Stute,
Otto und Elke Thieße
Clausberg 2
31634 Wendenborstel
✆ 05026 / 8729, Fax 05026 / 8729
Geöffnet: Mo-Fr 9-12.30 u. 15-18,
Sa 9-12.30

❏ Gemeinsam für die Vielfalt

Im Juli 1995 eröffneten drei Ehepaare ihren gemeinsamen Hofladen direkt an der B 214 in Wendenborstel. Weil die befreundeten Familien schon durch die gemeinsame Nutzung von Maschinen und Geräten »gemeinschaftserprobt« waren, setzten sie die Idee, ihre Produkte nicht nur saisonal, sondern der ganze Jahr über direkt und in aller Vielfalt anzubieten, dann auch gemeinsam um. Jeder Betrieb hat heute seine Schwerpunkte und damit spezielle Produkte, die zur Warenvielfalt im Laden beitragen. Neben Saisonprodukten wie Erdbeeren, Spargel, Blumen oder bestimmten Gemüsesorten ist ein ständiges Angebot an Fleisch- und Wurstwaren, Eiern, Kartoffeln, Konfitüren und Honig, bestimmten Gemüsesorten und Eingemachtem vorhanden. Äpfel, Birnen, Kohlrabi, Porree, Steckrüben, Möhren und Rettich sind zudem fast das ganze Jahr über zu haben.

IV. Die Südheide

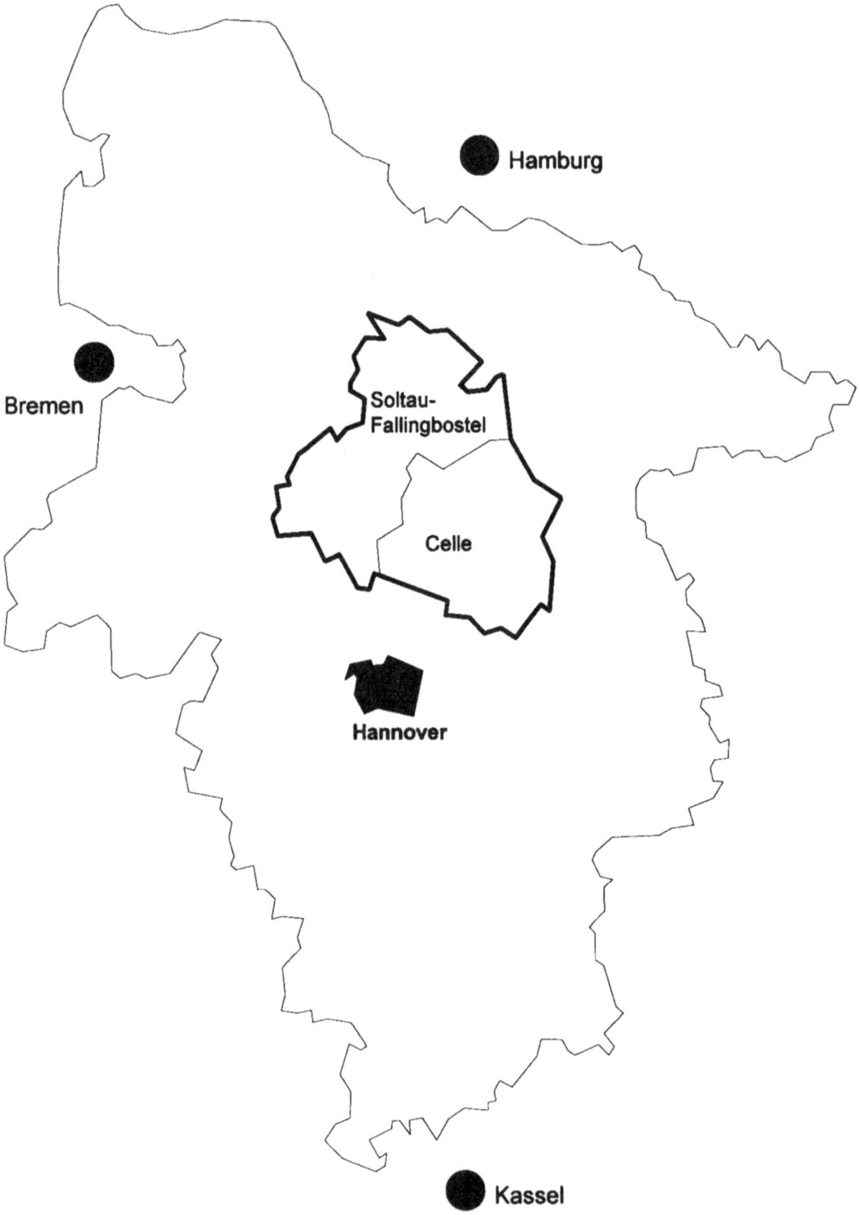

Landkreis Soltau-Fallingbostel

Bauerncafés: Café Bockelmann in Bispingen, Bauerncafé in Fallingbostel, Café Wilkens in Neuenkirchen, Ginseng-Sonntags-Café in Walsrode, Allerhof in Frankenfeld, Café Untergrünhagen in Fallingbostel

Biohof Eilte
Eilte 27
29693 Ahlden
✆ 05164 / 1441 oder 05164 / 2614 (Käserei), Fax 05164 / 8390
Geöffnet: Mo-Sa 10-13, Märkte: Do nachm. an der Marktkirche in Hannover, Fr nachm. in Schwarmstadt

❑ Quark, Möhren und Paddeln in der Aller

Alles Gute kommt von der Milch, die im Biohof Eilte auch in Quark- oder Joghurt-Form angeboten wird; die Nachzucht der Kühe sorgt für schmackhaftes Rindfleisch. Auf 140 ha Land wachsen Kartoffeln, Möhren, Rote Bete, Zwiebeln und Steckrüben. Neben Radwandern ist es hier reizvoll, im Eilter See zu baden oder in der Aller zu paddeln.

Lürkenhof. Jürgen u. Regina Dröge
Bierde Nr. 25
29693 Hodenhagen
✆ 05164 / 1441 oder 05164 / 2614 (Käserei), Fax 05164 / 8390
Geöffnet: Mo-Sa 10-13, Märkte: Do nachm. an der Marktkirche in Hannover, Fr nachm. in Schwarmstadt

❑ Deutsch-Angus und Pensionspferde

Naturbelassenes Rindfleisch kommt von den 10-12 Monate alten Absetzern der 15 Deutsch-Angus-Mutterkühe; es ist in Vierteln, Hälften oder individuell zusammengestellten Paketen zu haben. Saisonal werden in der ruhig gelegenen, alten Hofstelle Schweinefleisch und Gänse angeboten. Für Freizeitreiter halten die Dröges Schulungsprogramme und Kurse ab; auch Kutschfahrten sind möglich.

Hof Borstel. Jens und Uta Hagen
In der Kuhle 1
29646 Bispingen-Borstel
✆ 05194 / 435 oder 2802, Fax 05194 / 435 oder 2802
Geöffnet: Hofladen Mi u. Fr 9-12 u. 14.30-18, Sa 9-13

❑ Küken und Limousinrinder in der Borsteler Schweiz

Seit dem 14. Jahrhundert besteht der große Niedersachsenhof mit den uralten Buchen und Eichen. Masthähne, Puten und Limousinrinder fühlen sich hier wohl. Neben deren Fleisch und Wurst wird Obst und Gemüse aus eigenem integrierten Anbau angeboten, Ponys, Stuten mit ihren Fohlen, Kühe mit ihren Kälbchen, Hühnerküken und Enten bringen Kinderaugen zum Leuchten. Hungrigen Besuchern sei in Borstel in der Kuhle die *Lönsklause* empfohlen; das wunderschöne Heidetal »Borsteler Schweiz« hält viele ausgewiesene Wanderwege bereit.

Forellenteichwirtschaft Grevenhof. Michael Engelhardt
Grevenhof
29646 Bispingen-Steinbeck
✆ 05194 / 7580, Fax 05194 / 2452
Geöffnet: werktags 8-17.30, Sa 8-12, So nach Bedarf

❑ Fische von 2 g bis 8 kg

Mitten durch die Lüneburger Heide zieht sich das idyllische Luhetal mit seinen Fachwerkhöfen, Wiesen und Teichen. Räucherforellen, frische Forellen, Forellenkaviar und rohe Filets verkauft Fischwirtschaftsmeister Engelhardt im Grevenhof; in seinen 40 Teichen hält er aber auch lebende Besatzfische und solche für Gartenteiche bereit. Führungen sind möglich. Der 50 m entfernte Nachbarhof ist ein Heuhotel.

Biolandhof. Heinrich und Uta Helberg
Twachte 5
27313 Dörveden-Hülsen
✆ 04239 / 205, Fax 04239 / 1462
Geöffnet: nach Absprache

❑ Getreide und Kuhmilch

Inmitten der schönen Allerlandschaft bewirtschaften die Helbergs ihren Hof nach Bioland-Richtlinien. Kartoffeln, Brotgetreide und verschiedenen Gemüse der Saison wachsen hier, im Frühjahr auch der gute Spargel. Die auf den 40 ha Grünland weidenden 60 Kühe produzieren täglich nahrhafte Milch.

Imkerei Uwe Rosenhagen
Am Berge 2
29664 Düshorn
✆ 05161 / 73576
Geöffnet: täglich

❑ Süffiger Honigwein

Von wildwachsenden Pflanzen einer relativ unberührten Natur stammt der Honig der Wanderimkerei Rosenhagen, deren Produktionskunst man nach vorheriger Absprache auf einem alten Bauernhof besichtigen kann. Auch eine Fahrt zu den in Holzkästen lebenden Bienen ist möglich, die auf 100% reinem Bienenwachs ohne Verwendung von chemischen Mitteln gehalten werden. Ein süffig-würziger Honigwein, Bonbons und Bienenwachskerzen vervollständigen das Angebot. Übrigens: Um die Inhaltsstoffe zu erhalten, sollte der Honig dunkel und trokken bei etwa 15°C lagern.

Paulshof. Reinhard u. Ilsemarie Pralle
Holzgartenweg 4
29693 Eickeloh
✆ 05164 / 719, Fax 05164 / 2646
Geöffnet: tägl. 9-19, in der Spargelzeit 9-12.30 u. 15.30-20.30

❑ Gänse und die dicken Blauen

Das schöne Fachwerk zeigt an, daß es den Paulshof schon länger gibt: seit 1755. Die Attraktion auf dem Hofgelände ist eindeutig die freilaufende Gänseherde. Saisonal werden Spargel, Gemüse, Martins- und Weihnachtsgänse angeboten; die dicken Heidelbeeren darf man sich (auch) selber pflücken. Ständig vorrätig sind Kartoffeln, mehrere Sorten Hausmacher Wurst, Schinken, frische Landeier, Marmelade, Honig sowie hübsche Korbwaren aus Weidengeflecht.

Gefügelhof Henke.
August, Luise und Cord-Henning Henke
Ostenholzer Moor, Schorlemer Damm 5
29690 Essel
☏ 05167 / 700, Fax 05167 / 700
Geöffnet: nach Absprache. Bauernmarkt Schwarmstedt: Fr 14-18, Bauernmarkt Walsrode: Mi ab 13.30

❑ Flugente kreuzt Jet

Hoch oben in den Lüften fliegt gelegentlich eine Maschine der Bundeswehr, etwas tiefer über dem Hof ziehen die Flugenten ihre Kreise, die hier ebenso wie die Gänse und Hähnchen im Freiland gehalten und verkauft werden. Der Kuhstall des Henke-Hofs liegt direkt am Truppenübungsplatz Bergen. Nicht weit davon befinden sich das Hotel *Heidekröpke* und die Gagelskauch-Fläche sowie die Löns-Hütte (der Dichter weilte hier) im Westenholzer Bruch.

Freerks Hof. Annette und Friedrich Oelfke
Vierde Nr. 10
29683 Fallingbostel-Vierde
☏ 05162 / 2617, Fax 05162 / 1454
Geöffnet: 9-12 u. 15-18, Sa 9-12.30, in der Spargelsaison durchgehend

❑ Heideweine und selbstgebackene Kekse

»Gutes für den Gaumen« steht auf auf dem Schild vor dem 150 Jahre alten Fachwerk-Backsteingebäude, und davon gibt es reichlich: Spargel, Kartoffeln, (Cilena, Hansa, Solara), Obst und Gemüse, Marmeladen, Kekse, Eilter Bauernkäse, Leber-, Rot-, Mettwurst und Schinken (auch von der Heidschnucke), ab November Frischfleisch vom Rind, Eier von freilaufenden Hühnern und Fruchtsäfte (u.a. Sanddorn). Aus der Heide kommen neben Honig leckere Heidelbeer-, Brombeer-, Holunder- und Preiselbeerweine. Ab Ende August dürfen die Kunden Gladiolen selbst schneiden.

Heermanns Blaubeerland. J. Badenhop
Hauptstr. 35
29690 Grethem
☏ 05164 / 8323 oder 0171 / 8544661, Fax 05164 / 2343
Geöffnet: Anfang Juli-Ende September tägl.

❑ Deutschlands erste Blaubeerzüchtung

In Heermanns Blaubeerland dreht sich alles um die schmackhafte Beere, die es auch in Form von Blaubeerwein, -likör, -saft und -marmelade zu kaufen gibt. Der 1934 gegründete Hof ist der erste Heidelbeerzüchtungsbetrieb in Deutschland gewesen und hat eigene Lizenzsorten. Führungen durch die Plantagen sowie Planwagenfahrten können organisiert werden.

Hof Blanke. Cord Hinrich u. Silke Blanke
Im weißen Felde 5
27308 Groß-Selingen
☏ 04237 / 1026, Fax 04237 / 1225
Geöffnet: nach Absprache und Abokiste frei Haus

❑ Landschaft wie aus dem Bilderbuch

Im Mittelpunkt des Betriebs steht das 200jährige Fachwerkhaus. Einige Rinder sorgen dafür, daß das Gras auf den Weiden kurz gemäht ist, in den Wirtschaftsgebäuden werden Enten, Gänse und Hühnchen gehalten, einen Kinderspielplatz gibt es auch. Die »Grüne Kiste« mit Kartoffeln, Eier, Apfelsaft und taufrischem Gemüse wird ohne Aufpreis direkt an die Haustür geliefert, Erdbeeren gibt es ab Feld in der

Weitzmühlenstraße in Eitze, Spargel ab Hof. Die abwechslungsreiche Geestlandschaft um Kirchlinteln hat neben Wäldern voller Wild viele vorgeschichtliche Funde und Hügelgräber, die auf den Rad- und Wanderwegen gekennzeichnet sind. Gute Küche bieten der *Jochenshof* und das *Landhaus Badenshoop* in Schafwinkel sowie *Heitmanns Gasthof* in Kreepen (auf einem vollbewirtschafteten Bauernhof).

Martina Bockelmann
An der Bundesstraße 6
29614 Harber
✆ 05191 / 2425 oder 18470,
Fax 05191 / 18470
Geöffnet: tägl. 8-19

❑ Landwirtschaftlicher Gemischtbetrieb

Schnell zu erreichen ist der direkt an der Bundesstraße (Zufahrt zum Heidepark Soltau) gelegene Hof von Martina Bockelmann. Neben Kartoffeln, Spargel und Eier werden Wurst und Suppenhühner zum Verkauf angeboten, weiterhin heimisches Saisonobst, Marmeladen und Honig. Auch schöne Heidegestecke und Körbe sind hier zu finden.

Heinz-Günter und Erika Lange
Basselmannsheide 7
29693 Hodenhagen
✆ 05164 / 625
Geöffnet: ganztägig

❑ Vitaminreiche Erdbeeren

Außerhalb jeglicher Emissionsberiche liegen die Anbauflächen des Langeschen Hofes. Die saftigroten Erdbeeren kann man auf Wunsch auch gerne eigenhändig pflücken. Es versteht sich von selbst, daß es hier zudem gute Konfitüren gibt.

Obstplantagen Hahne
Hildesheimer Str. 574
30880 Laatzen-Gleidingen
✆ 05102 / 2303, Fax 05102 / 2303
Geöffnet: werktags 8-18; Auslieferung möglich. Bauernmarkt: Algermissen, Hannover, Walsrode, Schwarmstedt

❑ Reineclauden, Mirabellen, Weikies ...

In der südlichen Leineaue am Naturschutzgebiet Koldinger Teiche befinden sich die Selbstpflückplantagen mit über 30 Sorten Äpfel, mit Aprikosen, Kirschen, Zwetschen, Johannis-, Him-, Stachelbeeren, Birnen, Pfirsichen ... – für Kinder ein tolles Erlebnis. Klar, daß aus dem Obst (das es auch tiefgekühlt gibt) fruchtige Obstweine und Marmeladen werden; freitags wird Apfelsaft frisch gepreßt. Außerdem bietet die eigene Imkerei Honig und Wachsprodukte an. Interessierte können in Schnittkursen fachmännisches Bäumeschneiden lernen.

Büngers Bauernladen.
Hannelore und Hermann Vorwerk
Hauptstr. 32
29643 Neuenkirchen
✆ 05195 / 398
Geöffnet: tägl. 8-18 u. nach Absprache

❑ Geräuchertes nach alten Hausrezepten

»Schnuckendorf der Heide« ist der Beiname von Neuenkirchen, in dessen Ortskern sich bunges Bauernladen befindet. Die Schafstallanlage mit 600 Heidschnucken darf hier selbstverständlich nicht fehlen. Neben

Wurst ohne Zusatzstoffe, Kartoffeln und Geräuchertem (nach alten Hausrezepten) wird Rindfleisch verkauft; die Tiere aus eigener Angus-Zucht werden nur mit selbst produziertem Futter gemästet.

Rotenburger Bienenhof. Christian Nehrke
Wallbergstr. 12
27356 Rotenburg
✆ 04261 / 1241
Geöffnet: Wochenmarkt: Do vorm. Neuenkirchen, Fr Tostedt, Mi nachm. Walsrode. Ansonsten Hausverkauf

❑ Honigschleudern live

10 Sorten Honig und 5 Sorten Met (Honigwein) produziert Christian Nehrke; die alkoholische Honigvariante enthält neben dem Bärenfang-Likör sogar das seltene Honigbier. Aus dem Bienenwachs werden Kerzen gegossen, gedreht oder gezogen; auch Honigseife und Kosmetika sind zu haben. In der Saison kann ein Bienenstand besichtigt werden, auf Anfrage wird das Honigschleudern vorgeführt sowie das Schaubienenvolk aufgestellt.

Spargel- und Ferienhof Harms.
Susanne und Hermann Harms
Reimerdingen Nr. 40
29460 Schneverdingen-Reimerdingen
✆ 05199 / 288, Fax 05199 / 566
Geöffnet: in der Saison (1.5.-30.7./15.8.) Mo-Sa 9-12 u. 17-19

❑ Hausmacherwurst und Bullenmast

Das typische Niedersachsenfachwerkhaus mit alten Eichen auf dem Hofgelände stammt von 1820; wer möchte, kann hier Urlaub auf dem Bauernhof machen. Der landwirtschaftliche Vollerwerbsbetrieb mit einer 8köpfigen Mutterkuhherde inklusive Nachzucht und Bullenmast baut Spargel und Erdbeeren an (die auch selbstgepflückt werden können) sowie Kartoffeln. 65 Schweine sorgen für herzhafte Hausmacherwurst.

Schnuckenhof. Renate Riedler
Wesseloher Straße 4
29640 Schneverdingen-Wesseloh
✆ 04265 / 8274
Geöffnet: Mo-Fr 7-11 u. 16-18, Sa 7-12

❑ Tante Emma und die Heidschnucken

Als der Wesseloher Dorfladen schloß, hat Renate Riedler ihr früheres Hofgeschäft zu einem Tante-Emma-Laden erweitert. Neben Lebensmitteln gibt es hier aber aus der eigenen Produktion Heidschnuckenfleisch, -wurst, -schinken und -felle von der Herdbuchzucht, Eier von freilaufenden Hühnern sowie auf Vorbestellung Puten, Weihnachtsgänse, Flugenten und Kaninchen. Im *Schnukken-Stübchen* kann man typische Heidschnuckengerichte probieren.

Interessengemeinschaft Schwarmstedter Bauernmarkt
Rathausplatz
29690 Schwarmstedt
✆ 05161 / 989422 oder 05071 / 539,
Fax 05161 / 989421 oder 05071 / 8199
Geöffnet: Fr 14-18

❑ Bummeln zwischen bunten Ständen

kann man auf dem Bauernmarkt, einer Initiative von bäuerlichen Betrieben aus der Region. Die Angebotspalette reicht von selbstgebackenem Kuchen, Brot, Obstsäften und Molkereiprodukten über Wurst, Geflügel und Fleisch bis zu heimischen Obst- und Gemüsesorten oder Pflanzen – bei 24 Ständen kommt so allerhand zusammen. Hier kann man ungeniert probieren, welche Apfel- oder Brotsorte einem persönlich am besten mundet. Und direkt fragen, was im Geflügelsalat alles drin ist. Oder wie das Rind gehalten wurde, aus dem die knackige Wurst ist. Eine Chance, die man nutzen sollte.

Magdalene, Christian u.
Richard Beddermann
Schmiedestr. 4
29690 Schwarmstedt
✆ 05071 / 2462
Geöffnet: täglich Verkauf ab Hof

❑ Viele kulinarische Ideen zur Heidelbeere

Wenn das keine Tradition ist: seit 1438 ist der Beddermannsche Hof in Familienbesitz. Weit entfernt von großen Straßen, umgeben von Kiefernwäldern, werden hier Kulturheidelbeeren aus eigener Anzucht auf sandigem Heideboden angebaut; es darf selbstgepflückt werden. Die in 4. Generation gärtnerisch fachausgebildeten Familienmitglieder bieten Heidelbeerblütenhonig aus der Imkerei in ihren Heidelbeergärten sowie viele appetitliche Anregungen zur Beere (und deren Anbau) einschließlich Führungen an.

Heine's Hof. Marita und Jürgen Heine
Grindau, Marschweg 12
29690 Schwarmstedt-Grindau
✆ 05071 / 539 oder 0171 / 31442255
Geöffnet: April-Oktober 8-12 u. 14-18.
Bauernmarkt Schwarmstedt: Fr 14-18

❑ Rhabarber und Preiselbeeren

Mit altem Backhaus, Schafstall und Speicher von 1500 befinden sich gleich drei Baudenkmäler auf dem Einzelhof, der seit 1610 im Besitz der Familie Heine ist. Von Spargel, Kartoffeln und Eier über Schinken und Dosenwurst bis zu Rhabarber, Erd-, Heidel-, Preisel- und Brombeeren wird hier ein breites Angebot direktvermarktet. Besonders die Kinder freuen sich, wenn sie die Heidelbeeren selbst pflücken dürfen.

Bioland-Hof Barmbruch. Jürgen Lehmberg
Barmbruch 10
29614 Soltau
✆ 05191 / 3947, Fax 05191 / 3947
Geöffnet: nach tel. Absprache

❑ Eier, Fleisch und Streicheltiere

Über 70 Jahre wird hier Landwirtschaft betrieben, seit 1990 ist der Hof ein Bioland-Hof. 350 Hühner in Freilandhaltung legen täglich frische Eier, es gibt Fleisch vom Rind, Schwein und Huhn zu kaufen, Wurst, des weiteren Kartoffeln und Apfelsaft. Alle Tiere (dazu gehören noch eine Ziege, zwei Hunde und vier Katzen) lassen sich gern streicheln und freuen sich wie wild auf Kinder.

Spargel- und Hühnerhof Spindler
Dannhorn
29614 Soltau
☽ 05191 / 2223, Fax 05191 / 16718
Geöffnet: Hofladen in der Spargelsaison (Mai-Juni) tägl. 9-18, in der Erd- und Heidelbeersaison (Juli-August) Mo-Fr 9-18, außerhalb der Saison Fr 9-18

❑ Gemüse, Kuchen und Golfen

Südlich von Soltau liegt der Spargel- und Hühnerhof, dessen Name bereits die Produkte verrät, die es hier zu kaufen gibt. Doch das ist beileibe nicht alles: Erdbeeren, Heidelbeeren, Marmelade und Honig sind hier ebenso zu finden wie Kartoffeln, Gemüse, Eier, Nudeln oder Dosenwurst. Und noch eins drauf: Es gibt sogar Brot, Brötchen und Kuchen. Nicht weit von hier kann man im Golfplatz Hofloh den Ball ins Loch putten, mit Kindern in den Vogelpark Walsrode oder den Heidepark Soltau gehen.

La Chèvrerie.
Angela Thiesse und Claude Thomas
Moorstr. 1
31634 Steimbke-Lichtenhorst
☽ 05165 / 2280
Geöffnet: Februar-November
Mo-Sa nachm. oder nach tel. Absprache

❑ Ziegenkäse und Ponys

Ebenso alt wie das Dorf, nämlich 80 Jahre, ist auch der Hof am Rande des Moores im Naturschutzgebiet. Feiner Ziegenkäse wird in der Chèvrerie hergestellt, zu Ostern gibt es Lammfleisch von Zicklein, die auf ökologisch bewirtschaftetem Weideland grasen. Das Moorgebiet lädt zum Spazierengehen ein; in 10 km Entfernung lockt das bekannte Ausflugslokal *Rethemer Fähre.* Aber auch im Ort selbst kann man im *Stern* ausgezeichnet essen. Der *Ponyhof Hagedorn* wartet mit einem großen Spielplatz auf Kinder.

Christine und Cord Hellberg
Am Hofe 2
29699 Uetzingen-Bomlitz
☽ 05161 / 5741 oder 05161 / 910812,
Fax 05161 / 910812
Geöffnet: Mo-Sa 8-12 u. 13-18. Märkte: Walsroder Bauernmarkt Mi 13.30-18, Neuenkirchener Markt Do 7.30-13

❑ Dixi bewacht den Hof

Umringt von Wald und großen Eichen steht der alte Heidehof am Dorfrand, nicht weit vom Grab des Dichters Hermann Löns. Neben Kartoffeln und etwa 20 Sorten Gemüse verkauft der Familienbetrieb Eier, Marmelade, Hausmacherwurst sowie mittwochs und samstags Brot. Zudem werden Kränze und Gestecke angefertigt. Die Kinder freuen sich auf die Schweine und Hühner, und Dixi, den Hofhund. Nicht nur für Wanderer sei die Waldgaststätte *Eckernworth* empfohlen; bis zum Vogelpark Walsrode sind es 3 km.

Bauernmarkt Walsrode
Parkplatz an der Marktstraße
29664 Walsrode
☽ 05161 / 989422 oder 05102 / 2303,
Fax 05161 / 989421 oder 05102 / 2303
Geöffnet: Mi 13.30-18

❑ Keine anonyme Massenware

Wer auf dem Walsroder Bauernmarkt einkauft, weiß genau, von woher die Produkte kommen, die er in der Hand hält: nur aus der Region. Irgendwelche Südfrüchte wird man also vergeblich suchen. Dafür aber vielleicht alte einheimische Gemüsesorten wiederentdecken. 15 Bauernhöfe, Imkereien und Gärtnereien bieten ihre Produkte feil, von Brot, Salat, Gemüse über Wurst, Fleisch und Milchprodukte bis hin zu Obst, Marmeladen, Honig und Pflanzen.

Elke und Jörg Buchholz
Fulde 13
29664 Walsrode-Fulde
✆ 05161 / 5654 oder 0171 / 3455608,
Fax 05161 / 5654
Geöffnet: nach Absprache

❑ Gänse vorm Blumengarten
Mit viel Liebe wird der große Blumengarten vor dem Hof gepflegt, der zur Sommerszeit üppig in allen bunten Farben prangt. Eier von Hühnern aus Bodenhaltung werden angeboten, Gänse aus Freilandhaltung und Hausmacherwurst von den 150 Zuchtsauen. Bis zum Grundloser See sind es von hier nur 2 km, zum Vogelpark 3 km und zum Lönsgrab 6 km.

Gärtnerhof Jürgen Leutnant
Grenzweg 32
29664 Walsrode-Hünzingen
✆ 05161 / 47883
Geöffnet: Hofladen Di u. Fr ab 16.
Wochenmarkt Walsrode Fr vorm.,
Wochenmarkt Neuenkirchen Do vorm.

❑ Gemüse & Zierpflanzen
Der landwirtschaftliche Bioland-Betrieb hat vereinigt Fleischliches und Vegetarisches unter einem Dach. Zum einen fühlen sich Enten, Hühner, Gänse und Milchschafe auf dem Gärtnerhof wohl, zum anderen werden hier Gemüse, Blumen, Zierpflanzen und Naturkostprodukte seit 1992 kontrolliert ökologisch angebaut. Je nach Saison gibt es unterschiedliche Angebote.

Gerhard und Ursula Meyer
Hünzingen 9
29664 Walsrode-Hünzingen
✆ 05161 / 2366
Geöffnet: nach tel. Absprache

❑ Charolais
Etwa 20 Milchkühe, 40 Hühner und 4 Schafe bevölkern den Meyerschen Hof; auf Vorbestellung ist das hervorragende Fleisch der Charolais-Rinder und ihrer Nachzucht zu bekommen. Wer schon nach dem Einkauf Appetit hat, dem sei das Restaurant *Forellenhof* im Ort empfohlen. Bis zum Vogelpark sind es ungefähr 1,5 km.

Forsthaus Stellichte. Christian v. Behr
Stellichte
29664 Walsrode-Stellichte
✆ 05168 / 335, Fax 05168 / 335
Geöffnet: ganztägig

❑ Dam- und Schwarzwild
Das Forsthaus ist eine 250 Jahre alte Fachwerkhofanlage und liegt – wie könnte es anders sein – in einer dörflich-ruhigen, waldreichen Umgebung. Das zerlegte, küchenfertig portionierte und tiefgefrorene Wildfleisch stammt vom Reh-, Dam- und Schwarzwild, das im naturgemäß bewirtschafteten Wald umherspringt. Außerdem kann man hier auch Holz für Kamin und Kachelofen, Weidezaunpfähle und Fichtenstangen bekommen.

Gerhard und Heike zum Berge
Westenholz 18
29664 Walsrode-Westenholz
☏ 05167 / 523
Geöffnet: nach tel. Absprache

❑ **Welsh Black**
Das ganze Jahr über laufen die deutschen Welsh Black-Kühe mit Nachzucht und einem Zuchtbullen auf der Weide herum. Von Oktober bis März wird auf Vorbestellung geschlachtet. Quer durch das Westenholzer Bruch verlaufen schöne Wanderwege; auf dem Truppenübungsplatz kann man den Siebensteinhäusern am Wochenende einen Besuch abstatten.

Spargelplantagen Heinrich Witthöft
Klein-Amerika 85
29649 Wietzendorf-Klein-Amerika
☏ 05196 / 1265, Fax 05196 / 2450
Geöffnet: in der Spargelsaison tägl. 9-12, ansonsten Mo-Sa 14-19

❑ **»Amerikanischer« Spargel**
In ruhiger Umgebung liegt der 120 Jahre alte Familienbetrieb in einem für unsere Breitengrade ungewöhnlich klingenden Ort: Klein-Amerika. Lassen Sie sich von den Witthöfts einmal erklären, wie es zu diesem Ortsnamen kam… Alle Stallungen stehen zum Hineinschauen offen; für Kinder sind Spielmöglichkeiten vorhanden. Zu kaufen gibt es im Hof Spargel, Schinken, Wurst, Kartoffeln und Honig. Wer schon vor dem Einkauf Appetit hat, dem seien das Restaurant *Hartmann* in Wietzendorf und *Zum Wietzetal* in Reiningen genannt.

Landkreis Celle

Bauerncafés: Meyerhöms Vesper- und Kaffeestube in Hermannsburg-Beckedorf, Lüßmanns Hof in Hambühren

Georg, Elisabeth und Georg Rahlfs
Hannoversche Str. 158
29352 Adelheidsdorf
☏ 05085 / 92362 oder 92363,
Fax 05085 / 92361
Geöffnet: tägl. 8-12.30 u. 14-18.30

❑ **Kühe und Mastbullen**
Stolze 175 Jahre ist der an der B 3 gelegene Rahlfssche Hof alt. Kinder dürfen hier gern die Katzen und Kälbchen begucken und mit dem Hund spielen. Verkauft werden Rindfleisch ab 10 Kg oder ab 1/8 Tier, gute Dosenwurst sowie Kartoffeln. Noch nicht einmal 10 km ist der Hof von Celle entfernt, wo man das älteste noch bespielte Theater Deutschlands sehen kann: das um 1665 von Arighini errichtete Schloßtheater. Auch die Celler Synagoge von 1740 ist der Öffentlichkeit zugänglich.

Ziegenkäsehof Großmoor. Horst Böhm
Kurfürstendamm 47
29352 Adelheidsdorf-Großmoor
☏ 05085 / 6100, Fax 05139 / 894065
Geöffnet: Di, Do u. Fr 14-18

❑ **Frischkäse und Ziegensalami**
In ruhiger Alleinlage wird im Ziegenkäse-Hof eine große Auswahl an an Frischkäsesorten produziert, Weichkäse in Ölmarinade, Camembert und diverse Schnittkäsesorten. Ebenfalls aus 100% Ziegenmilch, die es selbstverständlich auch zu kaufen gibt, ist die Butter. Ziegensalami, Keulenschinken

und Lammfleisch auf Vorbestellung runden das Angebot ab. An den Streicheltagen im Frühjahr gilt es für Kinder, die Lämmchen zu verwöhnen.

Kudammhof.
Friederike Schultz und Johannes Erkens
Kurfürstendamm 46
29352 Adelheidsdorf-Großmoor
✆ 05085 / 471
Geöffnet: nach Absprache.
Wochenmarkt: Sa in Celle

❑ Flugenten im Teich

Wer am Ortsausgang links in den Kurfürstendamm einbiegt, sieht nach 2 km auf der rechten Seite den Bauernhof samt Ententeich in hübscher Heidelandschaft liegen. Alle Tiere werden hier im Freiland (Grünauslauf) artgerecht gehalten, Enten und Gänse können nach Herzenslust im Wasser schwimmen. Die Fütterung erfolgt mit selbstproduziertem Biogetreide. Dem Treiben der Herde kann man vom Hof aus zuschauen. Zu kaufen gibt es Fleisch und Wurst vom schwäbisch-hällischen Schwein, vom Rind (Limousin und Schwarzbunte) ab 1/8=40 kg, 1/4 oder 1/2 Tier auf Vorbestellung, Suppenhühner und bratfertige Hähnchen, Eier und von Oktober bis Weihnachten Gänse und Flugenten.

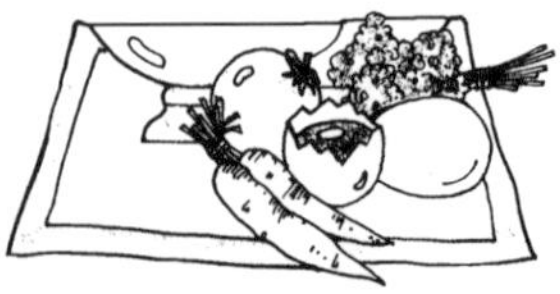

Meyerhöms Hofladen.
Brigitte und Johann-Heinrich Lange
Oldendorfer Str. 7
29320 Beckedorf
✆ 05052 / 3636, Fax 05052 / 8990
Geöffnet: täglich 9-18

❑ Katzen, Kinder, Kartoffeln und Wurst

Umgeben von alten Eichen ist der Hof aus dem 14. Jahrhundert, der oft erneuert und modernisiert wurde. Kartoffeln, Schinken, Mettwurst, Darm- und Dosenwurst, Imkerhonig, Marmelade, selbstgemachte Nudeln, Eier und Fruchtweine werden hier von den Langes verkauft. Für Kinder gibt es viel Platz zum Spielen, auch ein lieber Hund sowie viele Katzen und Schafe warten auf Gesellschaft. In der Vesper- und Kaffeestube wird neben den Schlachtprodukten selbstgebackener Kuchen aufgetischt.

Landwirtschaftlicher Betrieb Giewald
Bürgermeister-Heine-Str. 15
29229 Celle-Groß Hehlen
✆ 05141 / 52177
Geöffnet: Mo 8-13, Di-Fr 8 13 u. 14.30-18, Sa 8-13

❑ Frische Eier, Nudeln und Radtouren

Beachtliche 620 Jahre hat der im alten Ortskern Groß-Hehlens gelegene Fachwerkhof auf dem Buckel. Die 2000 Hühner liefern täglich frische Eier, woraus Nudeln hergestellt werden. Dosenwurst, Rinderwurst (Pfannenschlag) und Suppenhühner sind ebenso zu haben wie Kartoffeln, Schinken und Heidehonig. Nur 500 m entfernt befindet sich das Hotel *Celler Hof* mit guter Küche, und wer vorher noch ein paar Pfunde abtrainieren will, sollte das mit dem Rad tun:

Groß-Hehlen ist ein idealer Ausgangspunkt für Radwanderungen in das Celler Land.

Bauernhof Lehmann
Hollenkamp 40
29223 Celle-Klein Hehlen
✆ 05141 / 53386, Fax 05141 / 55927
Geöffnet: Mo u. Sa 9-13,
Di-Fr 9-13 u. 15-18

❑ Viele, viele Vitamine

Der Lehmannsche Gemüsebaubetrieb in Einzelhoflage bietet so gut wie alles an Gemüsen und Salaten; wer hier nicht fündig wird, ist selber schuld. Damit aber nicht genug, aus Zukauf sind auch Äpfel, Marmeladen, Nudeln, Schinkenspeck, Wurst in Dosen, Mettwurst und sogar Südfrüchte zu haben.

Ilsedore und Gustav Heidmann
Seelhop 29
29358 Eicklingen
✆ 05144 / 8666
Geöffnet: tägl. (auch So) 7-20

❑ Zuschauen erwünscht

Die Heidmanns lassen sich gern bei ihrer Arbeit über die Schulter schauen und führen die Kunden über den Hof, wo Hund und Katzen gestreichelt werden möchten. Angeboten werden hier Kartoffeln, Zwiebeln, Eier, Dosenwurst, Schmalz sowie Marmelade und Honig. Im 10 km entfernten Celler Schloß kann man die um 1565/70 von dem Manieristen Marten de Vos malerisch ausgestaltete Kapelle mit nachreformatorischem Renaissance-Mobiliar bewundern. Es ist die einzige noch vollkommen erhaltene Schloßkapelle dieser Epoche in Deutschland.

Alfred und Dirk Meier
Dorfstr. 19
29358 Eicklingen
✆ 05144 / 4328 oder 8770,
Fax 05144 / 8770
Geöffnet: saisonbedingt nach Vorbestellung

❑ Pekingenten unter alten Eichen

Der alte niedersächsische Bauernhof an der L 311 am Ortsrand ist von einem ebenso alten Eichenbestand umgeben. Neben Kühen, Sauen und Babyferkelaufzucht bietet die Geflügelhaltung Freilandgänse, Flugenten, Pekingenten und Poularden. Wer wissen möchte, wie die Bauern im 16. und 17. Jahrhundert so lebten, kann im Celler Bomann-Museum ein vollständig eingerichtetes Hallenhaus aus jener Zeit sehen, mit bäuerlichen Gerätschaften und Trachten.

Bioland-Hof Hilke Kruse
Hermannsburger Str. 50
29348 Eschede
✆ 05142 / 870, Fax 05142 / 870
Geöffnet: werktags 16-18

❑ Dosenwurst und Planwagen

In der 3. Generation nun schon wird der Hof von den Kruses geführt; seit 1991 wird er nach Bioland-Richtlinien bewirtschaftet. Auf Vorbestellung kann man bei Hilke Kruse Fleisch von Rindern, Sauen und Heidschnucken bekommen; Dosenwurst, Eier, Kartoffeln und Gemüse nach Saison gibt es immer. Auch Enten und Masthähnchen sind zu haben. Nicht nur für Feriengäste werden Planwagenfahrten angeboten, die Kinder mindestens ebenso aufregend finden wie die Streicheltiere auf dem Hof.

Peter Soltau
Höfnerwinkel 15
29358 Eicklingen
✆ 05149 / 616, Fax 05149 / 1680
Geöffnet: Mai und Juni 8-20

❑ Spargel & Schinken

Am Ortsrand von Groß-Eicklingen in Richtung Wienhausen liegt der Hof von Peter Soltau, wo von Mai bis Juni der frische Spargel gestochen wird; den Schinken gibt's hier gleich dazu. Nicht weit ist es bis zum mittelalterlichen Frauenkloster Wienhausen (Backsteingotik). Im Celler Schloß sind die wiedereingerichteten historischen Staatsgemächer des letzten Herzogs Georg Wilhelm (1624-1705) im Nordtrakt wieder zugänglich.

Lüßmanns Hof
Im Dorf 9
29313 Hambühren
✆ 05084 / 5343, Fax 05084 / 4268
Geöffnet: werktags außer Mi 9-12 u. 13.30-18.30, Mi nur nachmittags, Sa 8-13

❑ Frisch geschlachtet bei Äthiopien

Mittwoch ist Schlachttag auf Lüßmanns Hof, und so kann man ab Donnerstag frisches Schweinefleisch, Geflügel und Rindfleisch auf Bestellung kaufen. Aber auch an den übrigen Tagen sind Dosenwurst, frische Darmwurst oder Grill- und Bratspezialitäten zu haben, des weiteren Eier aus Bodenhaltung, Spargel, Kartoffeln, Gemüse und Obst. Für Familien- und Betriebsfeiern steht eine ausgebaute Scheune für 15-60 Personen zur Verfügung. Wer sich für äthiopische Kultur interessiert, sollte sich in Hambühren auf der Plantage Schönhop das Äthiopienhaus anschauen.

Heidelbeeren Deecke. Jörn Deecke
Bahnhofstr. 16
29331 Lachendorf
✆ 05145 / 550, Fax 05145 / 8511
Geöffnet: Mitte Juli-Mitte September

❑ Blaubeeren

Seit dem 15. Jahrhundert in Familienbesitz, liegt der alte Vollhof in der Ortsmitte von Lachendorf. Neben Körnermais hat sich Jörn Deecke auf Heidelbeeren spezialisiert, die man auf Wunsch auch selbst pflücken darf. Aus den blauen Früchten destilliert er einen kräftigen Heidelbeerwein. Zudem verkauft er Heidelbeerpflanzen und Honige von Imkern, die mit ihren Bienenvölkern in seine Plantagen wandern. 3 km entfernt kann man im Hotel *Birkenhof* gut speisen, oder im *Al dente* (2 km). Bis zur Fachwerkstadt Celle sind es 12 km.

Hof Schmeling
Mühlenstr. 16
29331 Lachendorf
✆ 05145 / 8216, Fax 05145 / 8347
Geöffnet: Mo-Fr 9-12.30 u. 15-18, Sa 8-13; Märkte in Celle, Lachendorf, Wienhausen u. Wathlingen

❑ Hier gibt's fast alles

Am Rand des Naturschutzparks Südheide liegen Lachendorf und der Hof Schmeling. Seit 1721 bewirtschaftet, wird hier Dosenwurst aus dem Fleisch der eigenen Zuchtsauen, Mastschweine und Heidschnucken gemacht. Und es gibt eine Vielfalt an Gemüse: Möhren, Zwiebeln, viele Salat- und Kohlsorten, Bohnen, Gurken, Tomaten, Sellerie, Poree, Zuckermais, Pilze, Zucchini, Kürbis, Kartoffeln, Kräuter. An Obst werden Äpfel, Birnen, Zwetschen und Beerenobst geboten, auch in Form von Saft und Konfitüre.

Johann-Christian Mylius
Kirchstr. 10
29364 Langlingen
✆ 05082 / 204, Fax 05082 / 1651
Geöffnet: Di-Fr 9-12 u. 15-18, Sa-Mo 9-12

❑ Puten und Weißstörche

Pro Jahr werden auf Gut Langlingen etwa 11.000 Puten gemästet, im eigenen Schlachtbetrieb geschlachtet und zu Putenwurst, Putendelikatessen und Fleisch zum Braten verarbeitet. Zudem hält der 1725 erbaute Gutshof Honig, Marmelade und Wein bereit. Nicht nur für Kinder spannend: Von April bis Ende August nisten Weißstörche auf dem alten Brennereischornstein. Im Dorfmuseum kann man altes bäuerliches Gerät aus Haus und Hof bestaunen.

Imkerei-Damwildprodukte
Alfred und Thea Oelker
Schäferweg 5
29364 Langlingen
✆ 05082 / 1726
Geöffnet: nach Absprache

❑ Honig, Wild und Duftgeranien

In idyllischer Lage kann man das Oelkersche Damwildgehege besichtigen; die 25 Tiere werden teils zur Zucht verkauft, teils werden sie auf Vorbestellung geschlachtet und portioniert (1/2 oder ganzes Tier). Auch Honig und andere Imkerprodukte sind zu haben. Auf keinen Fall versäumen sollte man den Besuch des Kräutergartens neben dem Dorfmuseum mit über 120 Arten Heil-, Gewürz- und Duftkräutern. Kennen Sie zum Beispiel die Verwendungsmöglichkeiten der Duftgeranie in Tees, Kuchen, Punsch oder Pudding?

Margret und Dr. Werner Gimpel
Lauenhorst 23
29364 Langlingen-Wiedenrode
✆ 05082 / 575
Geöffnet: täglich bis in die Abendstunden

❑ Ziegenmolke für die Gesundheit

Der 200 Jahre alte Hof zwischen Wienhausen und Gifhorn bietet aus der eigenen Meierei frische Ziegenmilch, Frisch-, Weich- und Schnittkäse sowie andere Produkte aus 100% Ziegenmilch. Ebenso sind Ziegenmolke für Gesundheitskuren und Lamm- oder Ziegenfleisch erhältlich. Für Reitzwecke und Kutschfahrten stehen zwei Pferde zur Verfügung. Wer in Wienhausen gut essen möchte, dem seien das Hotel *Voß* und das Landhotel *Klosterhof* empfohlen. Insbesondere Kinder werden im Erse-Vergnügungspark bei Uetze ihren Spaß haben; auch das Mühlenmuseum in Gifhorn lohnt einen Besuch.

Meißendorfer Käsehof
Breliendammer Weg 50
29308 Meißendorf
✆ 05056 / 1294, Fax 05056 / 1294
Geöffnet: werktags

❑ Schweineleasing & Käserei

Die gute Milch von 50 Kühen und 150 Ziegen wird in der Meißendorfer Hofkäserei (zu besichtigen!) in Joghurt, Frischkäse, Quark und Rohmilchkäse verwandelt; letzterer ist insbesondere für Milcheiweißallergiker verträglich. Weiterhin kann man hier Honig, Kartoffeln und Eier kaufen – und sogar Schweine leasen. So weiß man schon vor der Schlachtung genauestens über das ausgewählte Tier Bescheid. Von Meißendorf aus lohnt ein Abstecher ins Afrika-Museum-Sülze in Bergen.

Annette und Heinrich Leinemann
Twegte 2
29336 Nienhagen
✆ 05144 / 4439, Fax 05144 / 56389
Geöffnet: Mo u. Sa 8-12, Di-Do 8-12 u. 15-18, Fr 8-18

❑ Ein Hof mit Geschichte

Erstmals im Jahre 1438 erwähnt, hat der Hof eine lange Geschichte. Heute verkaufen die Leinemanns im Hofladen Spargel und Kartoffeln aus eigenem Anbau, selbstgekochte Marmelade, je nach Jahreszeit unterschiedliche Gestecke und im Dezember Weihnachtsbäume. Die Legehennen sorgen für täglich frische Eier und sind gleichzeitig Tauschgut, um von anderen Landwirten Obst, Gemüse, Nudeln. Eierlikör und Honig zu bekommen. In der Heimatstube Nienhagen in der Dorfstraße finden wechselnde Austellungen statt.

Susanne und Hans-Hubertus Moll
Heuweg 5
29348 Rebberlah
✆ 05142 / 1315, Fax 05142 / 2508
Geöffnet: nach Absprache

❑ Pferde und Ochsen

Im über 1000jährigen Rebberloh mit derzeit 45 Einwohnern liegt das unbegrenzte Hofgelände. Auf Vorbestellung wird hier Rindfleisch von Galloway-Ochsen verkauft, zudem vermieten die Molls absolut ruhig gelegene Ferienhäuser. Rad- und Wanderwege beginnen am Hof. Weiterhin gibt es auf dem idealen Reitgelände mit holzgezäunten Weiden, Reitplatz und Reithalle verschiedene Tiere und Ponys für die Kinder zum Reiten.

Spargelhof Santelmann
Burgstr. 20
29342 Wienhausen
✆ 05082 / 272, Fax 05082 / 561
Geöffnet: nach Absprache

❑ Spargel-Klönschnack

In der Spargelsaison bebt der Hof: Am Tag der offenen Tür im Mai werden Klön-Schnack bei Live-Musik, Informationen rund um das lukullische Gemüse (weißer und grüner Spargel) und eine Kutschfahrt zum Spargelfeld geboten sowie der schnellste Spargelschäler gesucht. Später sind Kartoffeln, Heidelbeeren und im Dezember Weihnachtsbäume zu kaufen. Ein Besuch des ehemaligen Zisterzienserklosters und späteren Damenstifts Wienhausen sollte Pflicht sein, denn es stellt ein herausragendes Ensemble der norddeutschen Backsteingotik dar, mit einer fast unversehrt erhalten gebliebenen mittelalterlichen Innenausstattung.

Familie Friedrich
Neulutterloh 8
29345 Unterlüß
✆ 05827 / 487, Fax 05827 / 5469
Geöffnet: Mo-Sa 9-12 u. 14-18

❑ Obstplantagen

1955 wurde der landwirtschaftliche Betrieb in Unterlüß für Heimatvertriebene neu aufgebaut. Heute ziehen sich Obstplantagen mit Erdbeeren, Himbeeren und Heidelbeeren durch die Natur der Südheide und Reinhard Friedrich stellt aus den reifen Früchten aromatische Konfitüren, Säfte und Dessertweine her, die es in sich haben. Seit 1987 befindet sich das Albert König-Museum im ehemaligen Wohnhaus des Malers und Graphikers (1881-1941) in Unterlüß, das auch 150 Arbeiten anderer Künstler ausstellt.

Rittergut Wathlingen. Fam. von Reden
Eicklinger Str. 8
29339 Wathlingen
✆ 05144 / 4515, Fax 05144 / 5462
Geöffnet: nach Absprache, saisonbedingt

❑ Rittergut mit Wild und Erdbeeren

Das Rittergut Wathlingen hat bodenständige Tradition, und so nimmt es nicht wunder, daß auf dem einzelliegenden Anwesen eine Anzahl Baudenkmäler zu finden sind. Im Frühjahr bietet Familie von Reden frische Erdbeeren, auch zum Selbstpflücken, an. Weiterhin gibt es handverlesene Frühkartoffeln, zur Jagdsaison verschiedenes Wild, und auf Bestellung kann man sich Brenn- und Kaminholz kaufen.

Annemarie und Bernd Adden
Celler Str. 21
29308 Winsen / Aller
✆ 05143 / 8977, Fax 05143 / 8977
Geöffnet: Mo-Fr 8.30-12 u. 14.30-18,
Sa 8.30-12.30, So 10.30-12

❑ Rustikale Kutschfahrten

In zentraler Ortslage befindet sich der alte Sattelhof der Addens, den stellenweise noch hübsches Fachwerk ziert. 60 Charolais-Rinder geben saftiges Rindfleisch, für die würzige Frisch- und Dosenwurst sorgt die Schweinemast. Neben 600 Eier legenden Hühnern hält der Bauernhof weiteres Geflügel, auf den Feldern werden Kartoffeln und Spargel angebaut. Mit den hofeigenen Pferden können rustikale Kutschen- und Planwagenfahrten durch Flur- und Heide für 2-100 Personen unternommen werden; sogar Ponyreiten für Anfänger ist möglich.

Gut Holtau. Gero Graf von Hardenberg
Gut Holtau 1
29308 Winsen / Aller
✆ 05143 / 51635, Fax 05143 / 54191
Geöffnet: Do u. Fr 9-13 u. 15-18, Sa 9-13

❑ Karneval der Tiere

Direkt an der Aller liegt das Hofgut, auf dem sich 400 Gänse, 400 Enten, 300 Mutterschafe und 12 Rinder tummeln. Damit nicht genug, grunzen auch noch 80 Schweine und 80 Wildschweine, gackern 200 Masthähnchen und wiehern Pferde und Ponys. Verkauft werden aus eigener Schlachtung Fleisch, Wurst und Schinken, sowie Eier. Von Winsen aus ist es nicht weit zur historischen Waldschmiede in Wietze. Auch der Winser Museumshof vermittelt einen guten Eindruck von den früheren Lebensbedingungen der Kleinbauern; er besteht aus Gebäuden von 1653-1880: Bauernhaus, Wagenscheuer, Treppenspeicher, Backhaus, Heuscheune, Schweinestall, Kutschenhaus, Brunnen und Bienenzaun.

V. Vom Steinhuder Meer bis zum Solling

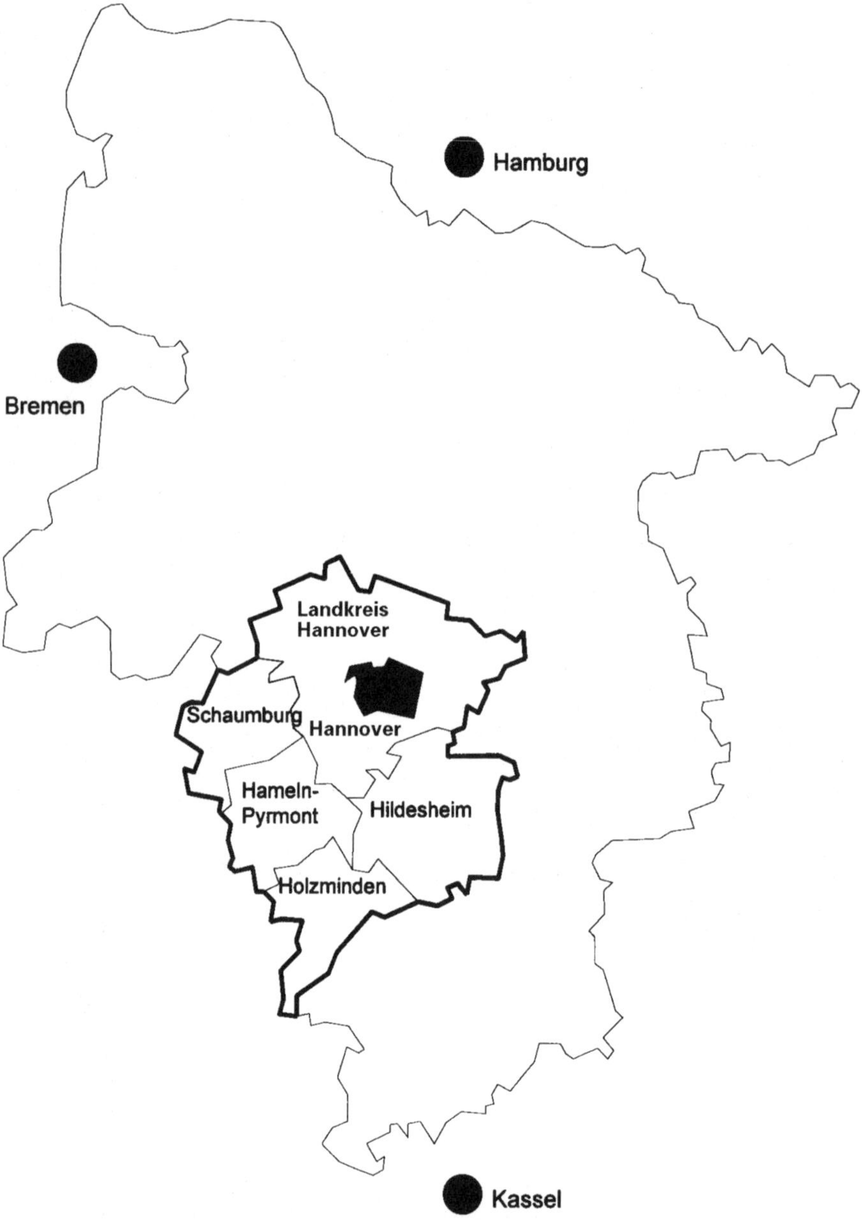

Landkreis Schaumburg

Heinrich Bredemeier
Borsteler Str. 1
31749 Auetal
✆ 05753 / 4455, Fax 05753 / 4455
Geöffnet: Fr 10-16, Sa 10-13

❑ Butter, Quark und Wurst

Borstel zwischen dem Wesergebirge und Bückeberg erreicht man über die A 2, Abfahrt Rehren; der Bredemeyersche Hof liegt direkt am Ortsrand. Fast alles, was Kühe, Sauen und Mastschweine an Produkten bieten, kann man auf dem Hof der Bredemeiers kaufen. Butter, Quark und Frischkäse, Feta, Joghurt, Kochkäse und Quark mit Früchten sind ebenso zu haben wie luftgetrocknete Mettwurst, Schinken und Hausmacherwurst in Gläsern. Auch Konfitüre und Likör befinden sich im Angebot. Historische alte Kirchen und die Schaumburg sowie die Paschenburg laden in der Umgebung zu Besichtigungen ein. Der Saurierpark in Münchehagen, das Besucherbergwerk Kleinenbremen, die Schachtschleuse in Minden und eine Fahrt mit der Dampfeisenbahn im Weserbergland werden die Kleinen begeistern.

Bioland-Betrieb Gärtnerei Hornung
Retholzstr. 1
31675 Bückeburg
✆ 05722 / 6126, Fax 05722 / 21599
Geöffnet: Di 16-18.30, Sa 9-12.
Markt in Bückeburg Di u. Fr vorm.

❑ Besonders viel Beerenobst

Der ökologische Obst- und Gemüsebetrieb ist auf einem denkmalgeschützten Hof angesiedelt, der in Einzellage am Rand des Naturschutzgebietes Bückeburger Niederung, etwa ein Kilometer außerhalbs Bückeburgs zu finden ist. Hier wird nur Ware aus ökologischer Produktion verkauft: ein großes Sortiment an Obst und Gemüse sowie Kartoffeln und Eier von eigenen Legehennen. Eine besondere Spezialität ist das weite Spektrum an Beerenobst zur Sommerzeit. Wer bewirtet werden möchte, findet in der nahen Umgebung ein reichhaltiges gastronomisches Angebot; auch die Residenzstadt Bückeberg mit altem Schloß, Mausoleum und Hubschraubermuseum gilt es zu erkunden.

Biolandhof Karin und Thomas Ellersiek
Domäne Lohhof
31700 Heverssen
✆ 05725 / 366, Fax 05725 / 7687
Geöffnet: Di 9-10.30 u. 16-18.30,
Fr 16-18.30, Sa 9-11.30

❑ Streicheln erlaubt

Wer die B65 von Bad Nenndorf in Richtung Stadthagen entlang fährt, kommt am ca. 100jährigen Gebäude des Biolandhofs Ellersiek vorbei. Auf den 85 ha Fläche wachsen Obst, Gemüse, Kartoffeln und Getreide, und die zahlreichen Nutztiere – Hühner, Hähnchen und Enten, ein Bulle, Schweine, Schafe und Ziegen – produzieren Milch- und Milchprodukte, Fleisch und Wurst, Eier, Geflügel- und Lammfleisch. Im Hofladen wird außerdem Brot, Wein und Saft sowie ein Sortiment an Trockenprodukten angeboten. Für Kinder wird der Besuch auf dem Biolandhof besonders deswegen ein Erlebnis werden, weil sie hier zahlreiche der »Bauernhoftiere« hautnah erleben und streicheln dürfen.

Ilse-Marie Stucke
Kleinholtenser Str. 6
31749 Kleinholtensen
✆ 05752 / 92036, Fax 05752 / 92038
Geöffnet: tägl. außer So nachm.

❑ Kälber streicheln in Kleinholtensen

Auf dem Hof von Ilse-Marie Stucke fällt dem Besucher als erstes die mächtige Linde auf, gleich an der Durchgangsstraße von Kleinholtensen mit seinen 30 Häusern. Täglich werden vom Ackerbaubetrieb, auf dem es außerdem Milchvieh, Pferde, Katzen und einen Hund gibt, Kartoffeln, Hausmacherwurst, Eier, Marmelade, Gemüse und Rindfleisch verkauft. Die alte Hoflinde ist aber nicht der einzige bemerkenswerte Baum in der Gegend. Zu bestaunen gibt es die »Säntelbuche«, und die alten Gemäuer Schaumburg und Paschenburg laden ebenfalls zu einer Besichtigung ein. Um die Kinder zu vergnügen, sind aber selbst diese kurzen Wege nicht unbedingt notwendig, denn sie können direkt auf dem Hof reiten oder die Kälbchen auf der Kälberstreichelwiese besuchen.

Charolais-Hof Kuhlmann.
Marlene Kuhlmann
Exertalstr. 12
31737 Krankenhagen
✆ 05751 / 2729, Fax 05751 / 2304
Geöffnet: Di u. Fr 16-18, Sa 9.30-13

❑ Charolais-Kühe namensgebend

Leicht zu finden liegt der Charolais-Hof direkt an der Durchgangsstraße in Krankenhagen. Neben den Kühen der französischen Rasse, die hier mit ihrer Nachzucht gehalten werden, leben hier Schweine und freilaufende Hühner. Sämtliche Tiere werden auf Stroh aufgezogen und erhalten nur hofeigenes Futter. Zu kaufen ist Qualitätsrindfleisch in Paketen und Einzelstücken, auch eingeschweißt und tiefgefroren, Rindersalami, Hausmacherwurst vom Schwein in Dosen, Därmen und Gläsern und Eier. Weiterhin gibt es Kartoffeln, Spargel, Blumenkohl, Eierlikör, Nudeln, Obstsäfte, Getreide und Bioland-Vorzugsmilch. Die herrliche Landschaft im Wesertal oder dem lippischen Bergland lädt zu Spaziergängen und Radtouren ein, und in den Städten Rinteln und Hameln ist so manches historisches Gebäude sehenswert. Hoch im Kurs stehen außerdem bei Kindern die Ferienparks in der Umgebung.

Heinz-Wilhelm Brunkhorst
Eichhöfe Nr. 1
31698 Lindhorst
✆ 05725 / 352
Geöffnet: tägl. 8-12 u. 15-18

❑ Einkaufen in Eichhöfe

Schon seit über 250 Jahren befindet sich der einzelliegende Betrieb im Familienbesitz. Heute werden Schweine, Hühner, Masthähnchen, Gänse, Enten und Puten gehalten, neben Eiern auch Geflügelteile verkauft. Vom Schwein gehören Mettwurst und Schinken, geräucherte und luftgetrocknete Hausschlachterwurst, Dosenwurst, Wurst in Gläsern und Bratwurst zum Angebot. Auf dem Reiterhof gleich nebenan kann man aufs Pferd steigen, und wer es exotischer mag, dem sei ein Besuch im Tropicana Bad in Stadthagen empfohlen. Gute Landgasthöfe runden das Angebot ab, etwa der *Schmiedegasthof Gehrke* im 5 km entfernten Riepen und *Zum Dicken Heinrich* im benachbarten Lüdersfeld.

F. Brunkhorst
Niedernhagen 27
31702 Lüdersfeld
✆ 05725 / 348 o. 05725 / 8748,
Fax 05725 / 348
Geöffnet: Juni-Ende August tägl. 8-18

❑ **Beerenobst und Gemüse**
Erdbeeren, Himbeeren und Heidelbeeren, Kartoffeln, Blumenkohl und Weißkohl, Kohlrabi, Bohnen, Broccoli und Gurken – alles was der Sommer wachsen läßt, kann man von Juni bis Ende August täglich direkt auf dem Hof kaufen. Die Selbstvermarktung von Obst und Gemüse eigener Erzeugung steht in Vordergund des 60 ha großen Veredlungsbetriebes. Mastschweinehaltung kommt hinzu. Wer beim Einkauf Hunger bekommt, kann gleich um die Ecke ins Gasthaus *Zum Dicken Heinrich* einkehren.

Friedrich Wilhelm Tecklenburg
Am Winterberg 3
31711 Luhden
✆ 05722 / 981320
Geöffnet: tägl.

❑ **Unterkunft für Roß und Reiter**
Am Rande des Weserberglands, mit guter Verkehrsanbindung durch die A 2, befindet sich der 150 ha große Gemischtbetrieb mit 50 Kühen und Kälbern, 5 Pferden und Hühnern. Jederzeit sind hier Raps- und Sommerhonig, Milch, Eier, Gemüse der Saison wie Gurken und Tomaten, Kartoffeln der Sorten Linda und Celena, Masthähnchen sowie zur Weihnachtszeit Puten und Enten zu bekommen. Als besonderen Service bietet der Hof Unterkunft und Verpflegung für Wanderreiter. Auch Unterstellplätze für Pferde sind während des Urlaubs vorhanden, und es gibt einen eigenen Reitplatz. Doch nicht nur hier, auch im Gelände bietet sich ein großer Aktionsradius für Roß und Reiter: Spezielle Reitwege in Feld und Wald sind vorhanden.

Obsthof Brüggenwirth.
Heike und Karl Walter Brüggenwirth
Im Winkel 2
31559 Ohndorf
✆ 05723 / 82221, Fax 05723 / 82923
Geöffnet: Di u. Fr 8-18, Sa 8-13

❑ **Heimisches Obstsortiment**
Durch gute Lagermöglichkeiten kann der nahe Bad Nenndorf gelegene Obsthof Brüggenwirth eigene Äpfel und Kartoffeln fast das ganze Jahr über anbieten. Dazu kommt je nach Saison ein heimisches Obstsortiment, das im Frühjahr mit Rhabarber beginnt, gefolgt von Erdbeeren, Johannisbeeren, Himbeeren, Süß- und Sauerkirschen, Frühäpfeln, Pflaumen und Zwetschen, Birnen und zahlreichen späteren Apfelsorten. Aus dem Zukauf von anderen Direktvermarktern gibt es außerdem Eier, Wurst und Gemüse. Für eine gemütliche Einkehr ist das nahe *Schmiedegasthaus Gehrke* in Riepen zu empfehlen.

Uwe Dettmer
Poststr. 35
31718 Pollhagen
✆ 05721 / 2731, Fax 05721 / 2731
Geöffnet: tägl. 8-13 u. 15-18

❑ **Wurst und Eier**
Bis ganz ans Ende der Posttraße muß man in Pollhagen fahren, um zum Hof der Dettmers zu gelangen. Im Jahre 1970 wurde der Betrieb dort neu aufgebaut. Ruhig und direkt am Wald gelegen, werden hier 60 Sau-

en, 100 Mastschweine und etwa 1000 Legehennen gehalten. Zu kaufen gibt es Eier, Wurst, Mettwurst, Schinken und Spanferkel; sämtliche Wurstwaren sind aus eigener Herstellung.

Margarete und Hartmut Giese
Uchterndorfer Str. 1
31737 Rinteln-Exten
✆ 05751 / 3823, Fax 05751 / 958424
Geöffnet: Mo-Fr 8-13 u. 15-18,
Sa 8-13 u. nach Vereinbarung

❑ Mit der Kutsche durchs Rittergut

In der Ortsmitte von Exer gelegen, bekommt man auf dem landwirtschaftlichen Betrieb ganzjährig Schinken, Hausmacherwurst, Schweine- und Rindfleisch, Eier, Kartoffeln, Gemüse und Obst. Saisonal gibt es außerdem Wild, Enten, Gänse, Hähnchen, Erdbeeren, Gurken und Tomaten, auf Bestellung kalte und warme Buffets. Die Besichtigung des Hofes ist jederzeit möglich, und Kinder dürfen die Tiere gern streicheln. Nach Vereinbarung findet auch eine Bewirtung von Gruppen auf dem Hof statt. In Exten gibt es eine sehenswerte Heimatstube, in der Exponate aus der lokalen Geschichte ausgestellt sind (Führungen So nachm. u. nach Absprache). Auch ein Rittergut mit Orangerie ist im Ort zu besichtigen, auf dem Fahrten mit Kutschen und Planwagen angeboten werden.

Bioland-Hof Christian Deterding
Hauptstraße 37
31719 Wiedensahl
✆ 05726 / 679, Fax 05726 / 571
Geöffnet: Sa 10-12 u. nach Vereinbarung

❑ Wilhelm Buschs Geburtshaus

Den Bioland-Hof kann man in Wiedensahl gar nicht verfehlen, denn ein großer Bioland-Wegweiser führt einen direkt zur Hofstelle, die an der Durchgangsstraße im Ortsbereich liegt. Neben dem Feldbau werden Rinder artgerecht gehalten, so daß sich neben Kartoffeln und Getreide im Angebot auch Milch, Fleisch und Wurst vom Rind befinden. Die Geschichte des Hofes, auf dem Kinder gern den Hund und die Katzen, die kleinen Kälber und das Pferd streicheln dürfen, ist bis zum Jahr 1639 zurückzuverfolgen. Sehenswert sind im Ort Wilhelm Buschs Geburtshaus und ein Heimatmuseum im alten Pfarrbauernhaus. Im näheren Umfeld liegen das Kloster Loccum, das Steinhuder Meer und Weserfreizeitanlagen. Im *Hotel Ronnenberg* im Ort werden teilweise ökologisch erzeugte Speisen angeboten. Zwei Cafés im Ort laden ebenfalls zum Verweilen ein.

Harkopf's Hofladen
Radenberger Str. 20
31655 Stadthagen-Habichhorst
✆ 05721 / 74341
Geöffnet: Mo-Sa 8.30-13, Mo, Di, Do,
Fr 14.30-18

❑ Einkauf mit Schmalzbrot und Punsch

Am östlichen Stadtrand von Stadthagen liegt im Ortsteil Habichhorst der Hof, der sich seit Generationen im Familienbesitz befindet. Das Angebot im Hofladen ist äußerst vielfältig, es gibt Flugenten, Gänse und Puten (saisonal) genauso wie Hähnchen, Hähnchen- und Putenteile, tiefgefrorene, küchenfertige Geflügelspezialitäten und Wurst von eigenen Schweinen (von September bis April auch im Darm). Doch auch Öl aus der Ölmühle Solling, Wein, Konfitüren, Honige, Milch-Frischprodukte aus der Molkerei Hameln, Nudeln, Mettwurst, Schinken, Gemüse der Saison und Äpfel von einem benachbarten Obsthof sind zu bekommen. Jedes Jahr im September findet ein Hoffest mit zahlreichen Attraktionen statt, und im Dezember werden beim Weihnachtseinkauf zur Stärkung Schmalzbrote und Punsch angeboten.

Landkreis Hannover

Bauerncafés: Café Luise in Neustadt-Eilvese, Kaffeestubbe Idensen in Wunstorf-Idensen, Kastens Café in Burgwedel-Engensen, Kirchhorster Kaffeestuben in Isernhagen-Großhorst, Kleines Hofcafé in Burgwedel-Thönse, Café-Stuben in Ottenstein, Wikkenser Café-Stuben in Eschershausen

Ralf, Marianne u. Bettina Flügge-Kranz
Dorfstr. 23
31848 Bad Münder-Hachmühlen
✆ 05042 / 51281 oder 51260,
Fax 05082 / 51260
Geöffnet: Hofladen Mo-Fr 9-18, Sa 9-13; Wochenmärkte Do vorm. in Bad Münder, Fr vorm. in Coppenbrügge

❑ Schweine frisch vom Lande

An der B 217 zwischen Springe und Hameln liegt am Dorfrand von Hachmühlen der Hof der Familie Flügge-Kranz, der auf Wunsch jederzeit besichtigt werden kann. Hier haben die 110 Zuchtsauen Weidegang, 280 Mastschweine leben auf Stroh, so daß Spanferkel, frisches Schweinefleisch und Hausschlachtwurts im Darm oder im Glas immer zu haben sind. Neben Gemüse aus dem eigenen Garten und Zuckermais wird Dinkel biologisch angebaut, Marmeladen werden selbstgekocht. Zusätzlich zu den Eigenproduktionen liefern ausgewählte Betriebe Eier von freilaufenden Hühnern, Äpfel aus integriertem Anbau, Honig aus dem Deister-Süntel-Tal, Kartoffeln und Rindfleisch von Weideland-Rindern. Jedes Jahr wird am »Kartoffeltag« Anfang Oktober ein Familienhoffest mit besonderen Attraktionen für Kinder veranstaltet.

Brigitte und Friedrich Peters
Hauptstr. 49
30890 Barsinghausen-Großgoltern
✆ 05105 / 2668
Geöffnet: Mo-Do 9-12, Fr zusätzlich 15-18, Sa 8.30-12.30

❑ Alles, was fliegt

1928 wurde das Bauernhaus gebaut, in dem die Peters heute leben und von wo aus sie sich um 100 Freilandgänse, 350 Poularden, 530 freilaufende Hühner, 50 Puten und 250 Flugenten kümmern. Zu der stattlichen Anzahl Geflügel, die es zu kaufen gibt, kommen noch einmal 100 Mastschweine hinzu, die in eigener Hausschlachtung zu Schinken, Mettwurst und Dosenwurst verarbeitet werden. Auch Kaninchen sind zu haben, Rohmilchkäse und Schmalz sowie von den Nachbarn Honig, Naturapfelsaft, Kartoffeln und Rindfleisch.

Spargelhof Lübbe
Alt-Ahrbeck 9
31303 Burgdorf
✆ 05136 / 7501, Fax 05136 / 7501
Geöffnet: im Mai und Juni von 8-19

❑ Spargelschälmaschine

Werner Lübbes Betrieb ist ausschließlich auf Spargel spezialisiert; für die Kunden ist sogar eine Spargelschälmaschine vorhanden. Wer nicht bis zu Hause warten will, um die Lübbeschen Spargel zu probieren, der kann sie im Hotel *Am Försterberg* verschieden zubereitet kosten. Weiterhin sei in Burgdorf das Restaurant *Michelangelo* genannt; an Sehenswürdigkeiten hat der mit Fachwerk gesegnete Ort das Jagdschloß und ein Pfarrwitwenhaus zu bieten. Bekannt ist außerdem die Burgdorfer Konservenfabrik, in der von 1892 bis 1971 das Gemüse der Region verarbeitet wurde.

Hartmut und Kerstin Lübbe
Dorfstr. 29
31303 Burgdorf-Heeßel
✆ 05136 / 2749, Fax 05136 / 2740
Geöffnet: Mo-Fr 8.30-18, Sa 8.30-14,
So geschlossen (nur in der Spargelzeit von 10-12 geöffnet)

❑ Erdbeeren und Kohl am Burgwall

Direkt an der B 188 liegt der viehlose Akkerbaubetrieb der Lübbes. Kartoffeln und verschiedenen Kohlsorten werden angebaut, im Frühjahr gibt es aromatische Erdbeeren und frischen Spargel; je nach Saison sind allerlei Gemüse und Obstsorten zu haben. In Kooperation mit anderen Direktvermarktern werden auch Blumen und Vorzugsmilch angeboten. Für Hungrige sei das Gasthaus *Bei Rade* genannt; Kulturbeflissene können die Wallanlagen der ehemaligen Heeßeler Burg bestaunen.

Cord-Heinrich Schweer
Vor den Höfen 24
31303 Burgdorf-Hülptingsen
✆ 05136 / 2421 oder 5223,
Fax 05136 / 1021
Geöffnet: nach Absprache

❑ Zwiebeln und Kürbis

Schweers Hof liegt an der wohlklingenden Spargelstraße, die offiziel karg und nüchtern als B 188 bezeichnet wird. Auf 100 ha werden hier aber keineswegs Spargel, sondern Frühkartoffeln, Zwiebeln, Kürbisse, Zuckerrüben und Brotroggen angebaut; die drei erstgenannten Erzeugnisse werden direkt verkauft; zudem sind 8 Mastbullen auf dem Bauernhof zu Hause. In der Nähe gibt es ein Sporting Hotel mit Tennisanlage.

Hans-Heinrich Balthasar
Worthstr. 21
31303 Burgdorf-Otze
✆ 05136 / 896585 oder 896587,
Fax 05136 / 896586
Geöffnet: Verkauf ab Hof möglich

❑ Vorzugsmilch

Die 60 Kühe und ihre Kälber auf dem Hof von Hans-Heinrich Balthasar dürfen nach Herzenslust gestreichelt werden. Die gute Vorzugsmilch wird direkt ans Haus gebracht, jedoch kann man sie auch direkt ab Hof kaufen. Zu sehen ist die alte Kapelle mit geschnitztem Altar und reich verzierter Holzdecke, der Lindenbrink und – im September – der Otzer Kartoffelmarkt.

Gustav Adolf Buchholz
Burgdorfer Str. 51
31303 Burgdorf-Otze
✆ 05136 / 2417, Fax 05136 / 874806
Geöffnet: Selbstbedienung

❑ Steckrüben und Kartoffelschälwettbewerb

Der Ackerbaubetrieb der Familie Buchholz bringt Kartoffeln und Grünkohl hervor sowie die guten alten Steckrüben. Von Nachbarn werden im Hof, der direkt an der Hauptstraße liegt, noch Zwiebeln und frische Eier verkauft. Einiges los ist hier beim Kartoffelmarkt Ende September (u.a. gibt es einen Kartoffelschälwettbewerb, Kartoffelpuffer, Backkartoffeln, Kartoffelkuchen, Kartoffelschnaps...); auch die 1330 erstmals erwähnte Kapelle mit sehenswerter Deckenmalerei und Schnitzaltar sowie der »Lindenbrink« lohnen sich.

Lahmanns Kartoffel- und Zwiebelkiste
Burgdorfer Str. 26
31303 Burgdorf-Otze
✆ 05136 / 83737, Fax 05136 / 873435
Geöffnet: Hofladen Mo-Fr 8.30-18, Sa 8-13

❑ Von den Roten bis hin zum Kartoffelschnaps

Gleich an der Hauptstraße liegt unter großen Kastanienbäumen der Hofladen, in dem eine wahre Vielfalt an Kartoffeln angeboten wird, von festkochenden bis ganz mehligen, von bekannteren Sorten bis hin zu Besonderheiten wie der roten Kartoffel oder »La ratte«, der Lieblingskartoffel der Franzosen. Aus der Knolle wird sogar Schnaps gebrannt. Das ist jedoch noch lange nicht alles, Zwiebeln, Möhren (auch Futtermöhren für Pferde), Kohl, Salate, Spargel, Porree und andere Gemüse sind zu haben, desgleichen Erdbeeren, Himbeeren, anderes Obst, zugekaufte Eier und Wurstwaren, Obstweine. Abgerundet wird das Angebot durch Balkon- und Beetblumen, Freilandrosen und Sommerblumen wie Gladiolen, Sonnenblumen oder Astern. Ende September lockt der Otzer Kartoffelmarkt; nicht nur für Kinder gibt es eine Hobbywiese mit Schafen, Ziegen, Ponys, Enten und Nandus.

Meyer's Hof. Cord und Marion Meyer
Burgdorfer Str. 38
31303 Burgdorf-Otze
✆ 05136 / 3216 oder 4183, Fax 05136 / 4061
Geöffnet: Mo-Fr 8-19, Sa 8-18, So 9-13

❑ Altes Niedersachsenhaus

An der Hauptstraße liegt der große Hof mit renoviertem Niedersachsenhaus; in einem alten Viehstall befindet sich der Hofladen. 100 Freilandhühner, Pferde, Hunde und Katzen sorgen für die nötige Bauernhof-Geräuschkulisse. Die Angebotpalette ist groß: Kartoffeln, Gemüse, Spargel, Obst, Säfte, Marmelade, Honig, Eier, Nudeln, Vorzugsmilch, Wurst, Wein, Demeter-Brot und Blumen; die eigenen Produkte werden durch Austausch mit hauptsächlich anderen Direktvermarktern ergänzt. Kinder freuen sich auf die Kleintiere; am 3. und 4. Adventssamstag findet auf dem Hof ein Weihnachtsmarkt mit großem Weihnachtsbaumverkauf statt.

Christine und Heinrich Raupers
Burgdorfer Str. 35
31303 Burgdorf-Otze
✆ 05136 / 84828, Fax 05136 / 894103
Geöffnet: täglich 8-12.30 und 14-18

❑ Der »Lindenbrink«

1988 hat Otze den 1. Platz im Kreisentscheid bei dem Wettbewerb »Unser Dorf soll schöner werden« belegt, 1989 den 3. Platz im Bezirksentscheid. Direkt an der Ortsdurchfahrt B 3 befindet sich der Hof der Raupers, in dem Speisekartoffeln, Zwiebeln, Dosenwurst und frische Eier verkauft werden; der Schwerpunkt der 250 ha bewirtschafteter Fläche liegt eindeutig bei den Hackfrüchten. Zusätzlich sind noch Kaminholz und aus Zukauf Äpfel und Honig zu haben. Sehenswert die alte Gerichtsstätte, der »Lindenbrink« mit Eichen von 1871; die Linde selbst existiert leider nicht mehr.

Bioland Hof Meller. Gerald Meller
Grüne Allee 7
31303 Burgdorf-Ramlingen
✆ 05085 / 6155, Fax 05085 / 6155
Geöffnet: Di 15-18, Fr 14-18, Sa 9-12

❑ Gemüse und Bio-Bier

Seit 300 Jahren im Familienbesitz, ist der im idyllischen Ramlingen liegende Hof seit 1987 ein Bioland-Betrieb. Das Dorf mit der intakten Baumallee lädt zu schönen Spaziergängen in der Umgebung ein. Gemüse, Obst, Getreide und Milchprodukte sind im Mellerhof zu haben, verschiedenen Wurstsorten, ein kleines Naturkostsortiment, sogar Bio-Wein und Bio-Bier gibt es. Was nicht selbst produziert wird, wird von anderen Bioland-Betrieben aus der Umgebung bezogen. Jedes Jahr veranstalten die Mellers im Sommer ein Hoffest (1996 fast 2.000 Besucher!) mit Betriebsbesichtigung und Feldrundfahrten, bei dem verschiedenen Informations- und Marktstände aufgebaut sind, Kinder unterhalten und Vorträge zum Thema Ernährung abgehalten werden. Am letzten Septemberwochenende findet in Ramlingen das Erntefest mit traditionellem Erntewagen statt. Der Ort hat ein Waldbad; zum Essen lädt das Gasthaus *Köhne Voltmer* ein.

Hof Harke
Hauptstr. 12
31303 Burgdorf-Sorgensen
✆ 05136 / 5719, Fax 05136 / 5719
Geöffnet: täglich bis 18

❑ Heiratsbank und Mühlenfest

1907 ist der Hof erbaut, und seit 1969 wird er kontrolliert biologisch bewirtschaftet. Kartoffeln, Zwiebeln und Rote Bete wachsen auf den Äckern, deren Qualität die Verbände Demeter, BÖLÄ und GÄA überwachen. Im Ortsmittelpunkt von Sorgensen findet sich neben dem alten Dorfteich eine Heiratsbank; bei plötzlich auftretendem Appetit ist eine Einkehr in die Gaststätte *Sorgenser Mühle* angeraten, und einmal im Jahr trifft man sich an der Bockwindmühle aus dem 17. Jhdt. zum Mühlenfest.

Elisabeth und Heiner Bähre
Bäckerstr. 2
30938 Burgwedel-Engensen
✆ 05139 / 87830
Geöffnet: Fr u. Sa 8-12
sowie nach Absprache

❑ Saler und Heidschnucken

Der typisch niedersächsische Bauernhof mit altem Baumbestand, der seit 300 Jahren nachweisbar im Familienbesitz ist, bietet auch Zimmer zum Übernachten an. Auf 90 ha Weide tummeln sich 60 Heidschnucken, 90 Angus- und Saler-Mutterkühe mit ihren Kälbchen, die 6-10 Monate bis zum Absetzen gesäugt werden. Das Öko-Rindfleisch und Natura-Beef wird ab 10 kg auch vakuumverschweißt verkauft; ebenso auch kleine Mengen Heidschnuckenfleisch. Dazu ist bei 50 Hähnchen und 25 Enten auch Geflügelfleisch zu haben; weiterhin Rindsalami, Rinderbrat- und brühwürstchen. Der Bio-Betrieb arbeitet nach EG-Richtlinien. In Engensen sollte man sich die alte Kapelle aus dem 11. Jhdt. anschauen. Der *Alte Posthof* bietet landestypische Gerichte mit Heidschnuckenfleisch.

Heidis Hofladen. Heidrun u. Jürgen Kahle
Thönser Str. 8
30938 Burgwedel-Engensen
✆ 05139 / 87366
Geöffnet: nach Absprache.
Wochenmarkt in Gehrden

❑ Brachvögel und Pyramideneichen
Die Auffahrt zum Hofladen ist markant: eine Pyramideneichen-Allee. 250 Hühner liefern Freilandeier und zartes Fleisch; die Sauen, Schweine Ferkel und Rinder sorgen ebenfalls für Fleisch sowie Hausmacherwurst (frisch und in Dosen). Kartoffeln werden angebaut (sowohl frühe als auch späte Sorten), Obst und Gemüse je nach Saison ist zu bekommen, Marmeladen und Gelees, Eierlikör und verschiedenen Säfte – alles aus eigener Produktion. Gemeinsam mit dem Amt für Naturschutz kümmern sich die Kahles innerhalb eines Programms um die Brachvögel. In der Nähe des Landschaftschutzgebietes *Hartbruch* kann man im Gasthaus *Am Walde* einkehren, ringsum sind viele Wanderwege, 2 km entfernt das Waldbad Ramlingen. Außerdem ist ein neu angelegter 18-Loch-Golfplatz vorhanden.

Henning Kretzmeyer
Kiebitzweg 7
30938 Burgwedel-Engensen
✆ 05139 / 895776 oder 8386 (Feriengäste)
Geöffnet: nach Absprache

❑ Beim Jagdhaus von Hermann Löns
Am Lahberg, wo der Dichter Hermann Löns sein Jagdhaus hatte und den »Wehrwolf« schrieb, liegt der Hof der Kretzmeyers. Deutsch-Angus-Rinder, Galloway-Kreuzungen, Fleckvieh, Schafe, Hühner, Enten und Gänse werden hier artgerecht gehalten, teils Freiland, teils in Stallungen auf Stroh. So gibt es auf Vorbestellung Schaf- und Rindfleisch zu kaufen oder frisch geschlachtete Gänse. Abseits der befahrenen Straßen ist in Engensen auf Wiesen und im Wald viel Platz, Radwege sind vorhanden, so daß Frau Kretzmeyer auch Feriengäste aufnimmt. An Gaststätten seien das Haus *Am Walde* und der *Alte Posthof* genannt.

Angus-Zuchtbetrieb Riekenberg
Thönser Str. 4
30938 Burgwedel-Engensen
✆ 05139 / 87596, Fax 05139 / 894201
Geöffnet: von September bis Mai
Vorbestellung ab Hof

❑ Deutsch-Angus
Die deutsche Angus-Rinderzucht gibt es seit 40 Jahren; auf dem 140 Jahre alten Hof von Heinz-Wilhelm Riekenberg wird seit 20 Jahren selbst gezüchtet. 50 Mutterkühe und ihre Nachzucht leben in artgerechter Haltung im Hartbruch auf Wiesen, die dem

Vogelschutzprogramm unterliegen. Nach Vorbestellung wird hier Rindfleisch vom Hausschlachter zerlegt. Die südliche Lüneburger Heide lädt zum Wandern und Radfahren ein, in *Kartens Café* kann man hinterher ausruhen und sich's gutgehen lassen.

Margrid und Walter Heuer
Trülldamm 7
30938 Burgwedel-Fuhrberg
✆ 05135 / 737, Fax 05135 / 852
Geöffnet: nach Vereinbarung

❑ Spargel, Spargel

Im Heuerschen Betrieb gibt's im Frühjahr leckeren frischen Spargel zu kaufen mit allem, was dazu paßt; zur Erleichterung der Hausmänner und -frauen kann man die langen weißen Stengel gleich vor Ort durch die Spargelschälmaschine jagen. Des weiteren werden Erdbeeren, Marmelade und Dosenwurst angeboten, alles aus eigener Herstellung.

Wöhlers Hofladen.
Andreas und Christa Schröder
Lange Str. 15
30938 Burgwedel-Fuhrberg
✆ 05135 / 466 oder 298, Fax 05135 / 298
Geöffnet: Mo-Fr 9-12 u. 16-18, Sa 9-13

❑ Schweine-Leasing

Am Ortsrand von Fuhrberg liegt der 400 Jahre alte Hof der Schröders mit 700 Mastschweinen und 2 Pferden. Dosenwurst, Schinken und Schmalz gibt es zu kaufen, Obst, Obstsaft, Obstwein, Marmelade, Gemüse und deren König, den Spargel, Eier, Kartoffeln, Körbe und Backwaren, teilweise in Kooperation mit landwirtschaftlichen Nachbarbetrieben und der Interessengemeinschaft Direktvermarktung Wedemark. Und: Sie können ein Schwein leasen. Ja, richtig gelesen: Der Kunde bezahlt sein Schwein, das auf Stroh gehalten und ca. ein halbes Jahr gemästet wird, in monatlichen Raten. Der Ortskern von Fuhrberg hat eine Reihe alter Fachwerkhäuser, unter anderem auch das wiedererrichtete Gemeindehaus. Die umliegenden Wälder durchzieht ein gut ausgebautes Rad- und Wanderwegenetz.

Imkerei Hanna und Albert Lindemann
Bergstr. 11
30938 Burgwedel-Kleinburgwedel
✆ 05139 / 7214, Fax 05139 / 7214
Geöffnet: nach Absprache

❑ Bullenstoßen und Bärenfang

Bis zur Mitte des vorigen Jahrhunderts fand in Kleinburgwedel jährlich das sog. »Bullenstoßen« statt; bei diesem Volksfest ging es darum, das stärkste Tier zu ermitteln. In der Imkerei Lindemann gibt es verschiedene Honigsorten, Pollen, das begehrte Propolis (gut z.B. gegen Halsschmerzen), Bienenwachskerzen, Bärenfang (ein Honiglikör), Holunderbeerlikör, Honigseife und -bonbons. Anschauen sollte man sich das Haus der Kirche, ein über 300 Jahre altes Fachwerkhaus aus Mesmerode, das umgesetzt und am 6.12.1987 hier eingeweiht wurde. Beliebtes Ausflugsziel in der Gemarkung ist der Würmsee mit schönen Seerosen (Wandern und Tretbootfahren möglich).

Brigitte Lenz
Zur Finie 1
31008 Elze-Wittenberg
✆ 05068 / 3765, Fax 05068 / 4380
Geöffnet: Mi-So 14-18

❑ Kater Stupsi im Café

Am Fuß der Finie, einem Ausläufer des Osterwalds, liegt der 300 Jahre alte Fachwerk-Hof von Brigitte Lenz – direkt unterhalb der Wittenburg mit einer Klosterkirche aus dem 11. Jhdt. Kater Stupsi, die kinderliebe Hündin Lisa, Ziegenbock Rudi, Pony Babsi und der Hannoveraner Prosso begrüßen die Gäste; im Hofcafé kann man selbstgebackenen Kuchen genießen, Marmelade und Dosenwurst von anderen Landwirten kaufen, ebenso Töpfereiwaren und kunsthandwerkliche Artikel von Frauen aus den umliegenden Dörfern. Auch die Imkerei des Nachbarn kann besichtigt werden. Der alte Pferdestall dient für Übernachtungen im Heu. Vom 160 Einwohner großen Dorf kann man Ausflüge ins Calenberger Land unternehmen; in unmittelbarer Nähe ist das Damenstift Wülfinghausen, mit bewirtschaftetem Klostergut. 8 km entfernt liegt der Freizeitpark RASTI-Land.

Hof Reverey. Otto,
Ursel und Heiko Reverey
Harenberger Str. 16
30989 Everloh
✆ 05108 / 2307 oder 4850,
Fax 05108 / 4850
Geöffnet: Mo-Fr 15-18, Do u. Fr zusätzlich 8-11, Sa 7-13

❑ Die Post im Hof

Seit Menschengedenken ist der landwirtschaftliche Betrieb am nördlichen Dorfrand von Everloh in Familienbesitz. Eier, Gemüse und Obst, verschiedene Säfte, Konfitüren und Honig gibt es im Hof zu kaufen (in dem die Everloher Postagentur sitzt), aber auch gute Hausmacherwurst, Gänse, Enten, Puten, Kaninchen und gelegentlich Wild; teilweise wird von anderen Landwirten zugekauft, unter anderem auch vom Bioland-Betrieb des ehemaligen Lehrlings. Zur Weihnachtszeit werden Tannenbäume geschlagen. Zu bewundern ist in Everloh die Dorfkapelle von C.F. Haare mit dem Altar eines Riemenschneider-Schülers; gut ausgebaute Spazierwege rund um den Benther Berg laden zu Spaziergängen ein.

Hartmut Lange
Schafbrink 8 e
30826 Garbsen-Frielingen
✆ 05131 / 53796
Geöffnet: Im Prinzip jederzeit, am besten nach tel. Absprache

❑ Schwarzkopfstammheideschafe

Nach biologischen Grundsätzen wird auf dem Hof der Familie Lange gewirtschaftet, der vom Zentrum der Landeshauptstadt ca. 12 km in nördlicher Richtung entfernt ist. Neben der bäuerlichen Putenaufzucht leben hier 60 Schwarzkopfstammheideschafe, 5 Highlandrinder, 3 Pferde, 120 Hühner und ein paar Katzen in ruhiger Einzellage. So gibt es Weidelämmer, Schafe und deren Felle, Puten, Rindfleisch zu kaufen; auf Wunsch werden die Tiere gefrierschrankfertig zerteilt und geliefert. Daneben sind noch frische Eier zu haben und Putenküken aus der Brüterei. Im Nu ist man von Garbsen mit dem Rad (schöne Radwege) am Steinhuder Meer; im Frühjahr begeistert eine Streichelwiese die Kinder.

Bioland-Hof Neues Haus
Frielinger Str. 6
30826 Garbsen-Horst
✆ 05131 / 55538
Geöffnet: Di u. Fr 16-18, Sa 10-12

❑ Biologisches im alten Fachwerkhof

Ein Glück, daß der alte, in einer parkähnlichen Anlage befindliche Fachwerkhof 1985 wieder in Bewirtschaftung genommen wurde: Es ist ein adrettes Anwesen. Das 2-Ständer-Fachwerkhaus ist von 1700, der Verkauf der biologisch erzeugten Produkte findet im 4-Ständer-Fachwerkhaus von 1857 statt. In Kooperation mit anderen Bioland-Höfen aus der Umgebung werden Gemüse, Kartoffeln, Getreide, frische Eier, Honig und sogar Wein angeboten; auf Bestellung ist frisches Lammfleisch zu haben. In Horst sollte man sich die Dorfkirche mit dem recht auffälligen, 42 m hohen Turm ansehen und die alte, verfallene Mühle. Im Nachbardorf Schloß Ricklingen ist die barocke Kirche sehenswert, das Amtshaus (Schloß) und – ein Storchennest.

Düvels Bauernhof. Fam. Düvel
Andreaestr. 19
30826 Garbsen-Horst
✆ 05131 / 456661, Fax 05131 / 54907
Geöffnet: Mo-Fr 8-12 u. 15-18,
Mi nachm. geschl., Sa 7 -12.30

❑ Stiefmütterchen und frische Darmwurst

Im Ortskern von Horst liegt der Düvelsche Hof, der von Garbsen oder Marienwerder auch gut mit öffentlichen Verkehrsmitteln (444er Bus) zu erreichen ist. Aus der eigenen Erzeugung gibt's neben Kartoffeln, Spargel und Gemüse der Saison frisches Geflügel (Hühner, Hähnchen, Gänse) und Eier; aus eigener Schlachtung Darmwurst sowie Schinken, Dosen-, Dauer- und Mettwurst. Im Herbst und im Winter werden vom Babybeef oder vom Jungbullen aus der Weidemast Fleischpakete (ca. 10 kg) angeboten. Von ausgewählten Direktvermarktern zugekauft sind Ziegen- und Eilter Bauernkäse, Konfitüren, Säfte, Gewürze, Honig, Vorzugsmilch, Putenwurst und Kaninchen. Nicht vergessen sollte man die hübschen Stiefmütterchen und Bauernsträuße.

Ernst Grastorf
Bundesstraße 10
30989 Gehrden-Ditterke
✆ 05108 / 2384
Geöffnet: täglich 8-18

❑ Nicht nur zu Halloween

Durch die vom Naturschutzverein Ditterke angelegten großen Hecken ist eine ungemein reizvolle Feldmark entstanden, die mit dem Wald zum Reiz des 300 Einwohner starken Ortes beiträgt. Auf 48 ha widmet sich Ernst Grastorf dem Ackerbau und zieht sowohl Speisekürbisse als auch ihre dekorativen Verwandten, die hübschen Zierkürbisse (die ausgehöhlten Früchte kommen dann in der Halloween-Nacht zum Einsatz). Dazu gehört dem Hof, der seit nunmehr sechs Generationen im Familienbesitz ist, eine Weihnachtsbaumplantage; die Bäume werden vom 14.-24. Dezember verkauft. Für die Hungrigen wird das Restaurant *Hütters Schlemmerstuben* empfohlen.

Kampfelder Hof.
Bärbel und Cord Baxmann
Hauptstr. 31
30966 Hemmingen-Hiddestorf
✆ 05101 / 84988 oder 12505,
Fax 05101 / 84491
Geöffnet: Di u. Fr 10-13 u. 15-18.30; Sa 9-13; Märkte in Linden (Sa), Ricklingen (Do) und Gehrden (Sa)

❑ Kartoffelselbstbedienung

Der 100 Jahre alte Hof in Hiddestorf im Calenberger Land wird seit 1990 nach Bioland-Richtlinien bewirtschaftet. Zwei Gärtner sind für den Gemüseanbau (Erbsen, Bohnen, Lein, Kartoffeln) zuständig, ein Landwirt kümmert sich um 6 Angus-Mutterkühe und 10 Schwarzkopf-Mutterschafe nebst Nachzucht sowie um Getreide; der Bäcker backt das herzhafte Vollkornbrot und 10 weitere Brotsorten, Brötchen und Kuchen; die Kauffrau ist um gute Sortierung im Hofladen bemüht. Zwei Lehrlinge und der Aushilfskräfte viele beenden die Liste der fleißigen Hände auf dem Kampfelder Hof. Neben den eigenen Produkten gibt es im Hofladen noch Obst, Säfte, Käse und Milchprodukte, Wurst und Naturkostwaren von anderen Bioland- oder Demeter-Betrieben. In einem weiteren Lädchen werden Naturtextilien angeboten. Außerhalb der Ladenöffnungszeiten kann man von Mo-Sa, von 8-19 Uhr Kartoffeln in Selbstbedienung kaufen.

Forellenzucht Wilkenburg und
Ullis Fischerstübchen.
Hans-Ullrich Moeller
Alte Dorfstr. 33
30966 Hemmingen-Wilkenburg
✆ 0511 / 414952, Fax 0511 / 411154
Geöffnet: Ladengeschäft Di-Fr 9-13 u. 15-18, Sa 9-13; Restaurant Mi-Sa ab 18, So 11.30-14.30 u. ab 17

❑ Zander und Saiblinge bei den Waschbären

In Kooperation mit Bruder Hans-Joachim kümmert sich Hans-Ullrich Moeller um Fischzucht und Binnenfischerei. Völlig chemikalien- und antibiotikafrei werden die Zuchtfische aufgezogen. An Speisefischen gibt es Karpfen, Schleie, Forellen, Hechte, Zander, Lachsforellen, Welse und Saiblinge – frisch, geräuchert, filetiert, mariniert oder speisefertig gewürzt. Zugekauft werden Lachs aus Irland, Matjes aus Holland und Wildfische aus der Umgebung. Wer sofort kosten möchte, kann das im eigenen Fischrestaurant mit großer Gartenterrasse tun; Kinder können Kaninchen, Meerschweinchen, Frettchen und Waschbären in Volieren bestaunen; an Sommerwochenenden ist Ponyführen möglich. Mit Bus Nr. 365 und 350 gut erreichbar.

Biohof Hemme
Großhorst 12
30916 Isernhagen-Kirchhorst
✆ 05136 / 895064, Fax 0511 / 6137565
Geöffnet: Di-Fr 10-12 u. 15-18, Sa 10-12

❑ Frische Milch selber zapfen

Bereits seit 1983 wird der Hof organisch biologisch bewirtschaftet und ist damit einer der ältesten Bio-Höfe im Raum Hannover. Gleich neben dem Kuhstall steht der Milchautomat, an dem jeder von 10-18 Uhr frische, gekühlte Rohmilch zapfen kann. Neben der Milch kann man Eier von freilaufenden Hühnern, Kartoffeln, Wurst vom Schwein, fast das ganze Naturkostprogramm sowie Obst und Gemüse von benachbarten Bioland-Höfen kaufen, ebenso Vollkornbrot- und Backwaren von einer Demeter-Bäckerei und der Bohlsener Mühle. Außerdem ist es möglich, daß den Kunden nach Feierabend die Bestellungen des Tages in einer ökologisch sinnvollen Verbundfahrt direkt nach Hause gebracht werden. In unmittelbarer Nähe des Hofs, der das Ökosiegel trägt und Mitglied in der AGÖL ist, liegt ein Badesee und das Landschaftsschutzgebiet mit hervorragenden Möglichkeiten für Fahrrad-Ausflüge.

Erdbeerparadies Krähenwinkel.
Anke und Gustav-Ernst Eggers
Hainhäuser Weg 62
30855 Langenhagen
✆ 0511 / 733825, Fax 0511 / 7240177
Geöffnet: Mai-Mitte Juli täglich 9-12 u. 17-18 (auch Wochenende); Erdbeerplantage zum Selbstpflücken Mo-Sa 8-18, So 8-12

❑ Opa Eggers und die Erdbeeren

Rund um die große geplasterte Hoffläche sind die roten Backsteingebäude angeordnet; alles blinkt, denn Opa Eggers sorgt stets für Sauberkeit. Spargel, Grünspargel und Erdbeeren (beim Selbstpflücken ist Naschen erlaubt, und während der Saison wird ein großes Erdbeerfest gefeiert) gibt es im Frühjahr zu kaufen, weiterhin Frühkartoffeln, frische Eier und Markerbsen. Ein großes Gelände lädt zum Toben ein. Gasthäuser hat's in Langenhagen gleich vier: *Zur alten Schmiede*, das *Sportheim*, Hotel *Jägerhof* und das Ausflugslokal *Waldkater*. Zum Spazierengehen eignet sich das Kaltenweider Moor, wer sich für rassige Warmblüter interessiert, ist an der Pferderennbahn richtig.

Edgar und Marina Schmidt-Nordmeier
Walsroder Str. 209
30855 Langenhagen
✆ 0511 / 779113, Fax 0511 / 9735645
Geöffnet: Mo-Sa 9-12, Fr-18, in der Spargelzeit tägl. 9-18

❑ Möhren und kinderliebe Dinosaurier

Am Ortseingang von Krähenwinkel liegt der 300 Jahre alte Hof der Schmidt-Nordmeiers, der vom Bernhardiner mit dem furchterregenden Namen »Dinosaurier« bewacht wird – allerdings ist der so lieb, daß er sich gerne von Kindern streicheln läßt. Spargel, Kartoffeln, Eier, Wurst, Schinken, Möhren (da kriegt jedes Kind eine umsonst), Marmeladen und Eingekochtes sind hier zu haben, weiterhin Gemüse und Obst aus dem Garten, je nachdem, wie die Ernte ausfällt, z.B. Rhabarber, Rote Bete, Zucchini, Zwiebeln usw. In der Erdbeerzeit liefert Nachbar Eggers seine roten Früchtchen zum Verkauf. Schließlich ist es für Kinder ein großer Spaß, wenn sie im Hühnerstall und Hühnergarten die Eier suchen dürfen.

Nöhrenhof. Heinrich und Christa Nöhre
Im Jägerwinkel 2
31275 Lehrte
☎ 05132 / 2528, Fax 05132 / 2528
Geöffnet: während der Saison Mo-Sa 8-18, So 8-12, außerhalb der Saison Sa 8-13; Kartoffeln ständig am Selbstbedienungsstand

❑ 1000jährige Thinglinde und Himbeeren

Die alten Germanen hielten ihre Volks- und Gerichtsversammlungen (Thing) unter freiem Himmel an festgelegten Orten fest, die auch der Heeresmusterung oder als Opferstätte dienten. Ein solcher Ort war der heutige Nöhrenhof, auf dem immer noch eine über 1000jährige Thinglinde steht. Im 150 Jahre alten Hof im sog. Alten Dorf in Lehrte werden Erdbeeren, Himbeeren, Kartoffeln und Frühgemüse verkauft, des weiteren Dosenwurst, Marmelade und Honig. In Lehrte sollte man sich die alte Marktkirche anschauen.

Demeter-Gut Adolphshof.
Heinrich Hartmann, Erik Strohmeyer
Gut Adolphshof
31275 Lehrte-Hämelerwald
☎ 05175 / 4535 oder 5222,
Fax 05175 / 7884
Geöffnet: Hofladen Fr 11-19 u. Sa 10-12; Bauernmarkt Do 14-18 Marktkirche, Hannover

❑ Königlich biologischer Gutshof

1827 von Adolph von Cambridge, dem damaligen Statthalter und Bruder des Königs von Hannover und England, gegründet, wird der 158 ha große Mischbetrieb in arrondierter Lage seit 1952 biologisch dynamisch bewirtschaftet. Der Hof besitzt eine eigene Mühle, Bäckerei und Käserei, so daß Roggen, Winter- u. Sommerweizen sowie Gerste, Tricitale, Hafer, Schrot, Mehl, Grieß und Kleie, Brot und Backwaren, Milch und Milchprodukte von den 28 Milchkühen und Merino-Schafen zu erwerben sind. Mit Schulklassen können Führungen vereinbart werden, damit sie den Weg vom Korn zum Brot anschaulich nachvollziehen können. Weiterhin sind Rind-, Schweine und Lammfleisch zu haben sowie naturbelassene Lammwolle und -felle. Pfingstsonntag wird ein großes Umweltfest gefeiert.

Heinrich Rust
Nollenweg 6
31275 Lehrte-Immensen
☎ 05175 / 1610
Geöffnet: Mo-Fr 8-13 u. 15-18, Sa 8-13

❑ Kohl und Gelbe Rüben

Bei Heinrich Rust im Lehrter Stadtteil Immensen gibt es Blumenkohl, Futter- und Speisemöhren, Kartoffeln sowie, zugekauft, frisches Obst. Hübsch von hier aus ist ein Spaziergang im Burgdorfer Holz oder im Hämeler Wald.

Elke und Arno Fischer
Röddenser Dorfstr. 11
31275 Lehrte-Röddensen
☎ 05136 / 5669
Geöffnet: nach Vereinbarung

❑ Eier unter Kastanienbäumen

An der alten Kastanienallee in Röddensen, direkt an der B 443, befindet sich der mehrere hundert Jahre alte Hof der Fischers. Fast 700 Hühner legen fleißig ihre Eier, es gibt Spargel im Frühjahr, Kartoffeln, Zwiebeln, Gemüse, Geflügel, weiterhin Äpfel, Honig und Dosenwurst. Ein interessantes

Baudenkmal ist das alte Hirtenhaus von ca. 1600; in der Werkgalerie Coviello finden Ausstellungen und Vorträge statt, man sieht schöne Töpfer-, Seidenmalerei- und Batikerzeugnisse.

Familie Lohmann-Buchholz
Röddenser Dorfstr. 4
31275 Lehrte-Röddensen
✆ 05136 / 4337, Fax 05136 / 894719
Geöffnet: tägl. 9-18

❑ Spargelpflanzen und Pferdepension

An derselben wundervollen Kastanienallee wie der Fischer-Hof liegt der Gemischtbetrieb der Lohmann-Buchholz', ein hundert Jahre altes Hofgebäude in der Dorfmitte. Ab Juni/Juli sind Frühkartoffeln zu bekommen, ebenfalls zur Saison frischen Spargel sowie – was eher selten ist – Spargelpflanzen und Grünspargelpflanzen. Neben der Schweinemast werden auch Pferde zur Pension aufgenommen.

Anke und Hans-Hermann Thiele
Holzweg 1
31275 Lehrte-Röddensen
✆ 05136 / 4079
Geöffnet: täglich

❑ Kartoffeln auf dem Holzweg

Diesmal nicht an der bekannten Kastanienallee, aber auch in Röddensen befindet sich der Hof der Thieles. Wer Kartoffeln, Dosenwurst, Honig oder Zwiebeln sucht, ist hier garantiert nicht auf dem Holzweg, wenngleich das Gebäude an selbigem liegt.

Heidelbeer-Plantage.
Friedrich Wassermann
Blaubeerweg 1
31535 Neustadt am Rübenberge
✆ 05032 / 4034 und 05032 / 63553,
Fax 05032 / 65564
Geöffnet: Juli-Oktober 9-18

❑ Heidelbeeren

Von den Heidelbeeren schwärmte schon Carl Zuckmayr in seinem Theaterstück »Der fröhliche Weinberg«. Hier in Neustadt am Naturpark Steinhuder Meer gibt es nun alles, aber auch wirklich alles von der Beere: Heidelbeeren, Erdbeeren, Himbeeren; Heidelbeerwein trocken und lieblich und als Dessertwein; Heidelbeerschaumwein, Heidelbeer-Nektar oder -Saft, Heidelbeer-Konfitüre; Erdbeerwein, Erdbeer-Schaumwein, Honig und auch Heidelbeerpflanzen. Wer die Spezialitäten gleich probieren möchte, kann dies im Plantagen-Café mit Kinderspielplatz tun; nach vorheriger Anmeldung werden Gruppen auf offenen Personenanhängern durch Plantage und Betrieb geführt. Übrigens: Heidelbeeren, auch getrocknet, sind sehr gut zur Darmdesinfektion, etwa bei Durchfall.

Hahns Kartoffelhof. Karin u. Volker Hahn
Hagener Str. 29
31535 Neustadt am Rübenberge
✆ 05034 / 92153 oder 92155,
Fax 05034 / 92154
Geöffnet: Selbstbedienungsstand ganzjährig geöffnet

❑ Das Knollengewächs

10 km nördlich vom Steinhuder Meer entfernt liegt in Neustadt am Rübenberge Hahns Kartoffelhof, wo die eigenzeugten Erdäpfel aus dem Wasserschutzgebiet in

Selbstbedienung verkauft werden. Im Ort gibt es einen Wasserwanderservice und gut angelegte Wanderwege zum Steinhuder Meer.

Hofladen Nina Schnepel
Alpestr. 31
31535 Neustadt-Bevensen
✆ 05074 / 1423, Fax 05074 / 1265
Geöffnet: täglich 8-19

❑ Marmeladen, Würste und Mühlen

Gleich an der Hauptstraße von Bevensen liegt der Familienbetrieb, in dem Schweine im Nürtinger System (ein artgerechter Bettenstall) und Galloway-Rinder heranwachsen. Wurst und Geflügel, Brot und Kekse, Marmeladen und Honig, Kartoffeln, Gemüse, Eier, Obst, Likör und Säfte sind hier zu bekommen, auch Geschenk- und Blumendekorationen in bäuerlicher Art. Außer der verlockenden Heide- und Moorlandschaft sollte man sich den Anblick der Wassermühle in Laderholz und die Bockwindmühle in Dudensen nicht entgehen lassen.

Biermanns Hofladen und Café Luise.
Marcus u. Luise Biermann
Eilveser Hauptstr. 45
31535 Neustadt-Eilvese
✆ 05034 / 92018 oder 8206,
Fax 05034 / 92021
Geöffnet: Hofladen Mo-Fr 9-12 u. 15-18, Sa 8-12, saisonbedingt So 15-17;
Café Luise Mi-So 14-19; Gruppen nach Voranmeldung

❑ Ein buntes Allerlei

Auf dem Hof, dessen ältestes Gebäude 120 Jahre alt ist, befinden sich ein Kunstgewerbeladen *Die Rose* (alles rund um die Rose, Schnitt- und Topfblumen), ein Reiterfachgeschäft, das Café mit Terrasse und der Hofladen, in dem auch die Postagentur und die Lotto-Toto-Annahmestelle untergebracht sind. Hauptsächlich gibt es hier jedoch Säfte, Fruchtweine, Liköre, Branntweine, Wurst, Käse, Marmeladen, Honig, verschiedene Gemüse und Obst, Getreide, Brot, Nudeln, frische Eier sowie Lamm- und Kaninchenfleisch; teils zugekauft. Und zur Winterszeit auch Weihnachtsbäume. Neben dem Kinderspielplatz ist seit Frühling '97 noch eine Tierstreichelwiese vorhanden. Der Grinderwald bietet Wander- und Radwege, das Steinhuder Meer ist 8 km entfernt.

Kahles Hof
Hagener Str. 12
31535 Neustadt-Hagen
✆ 05034 / 8033 und 1221,
Fax 05034 / 1221
Geöffnet: Mo-Fr 9-12.30 u. 15-18,
Mi nachm. geschl., Sa 9-12.30

❑ Obst und Gemüse

Im 250 Jahre alten Hof innerhalb des sehr gepflegt wirkenden Ortes (2. Sieger beim Kreiswettbewerb 1995) werden Obst, Gemüse und Kartoffeln verkauft, Säfte, von Dezember bis April Damwild, ansonsten auch Geflügel und Wurst. Zur Weihnachtszeit sind am Hof Weihnachtsbäume erhältlich, auch wunderschöne Getreidesträuße und ähnliche Geschenkartikel. Jede Woche am Donnerstag werden 5 Sorten Brot angeboten. Teilweise wird von Landwirten aus der Bauerngemeinschaft Neustädter Land und Bioland-Betrieben zugekauft. Wer gut essen oder Kaffee trinken möchte, dem sei das Gasthaus *Schulz* in Mariensee genannt; herrliche Wanderwege führen durch den Bürener Wald in den Grinderwald und zu allen Nachbarorten; seit 1997 ist Hagen durch den neuen Bahnhof noch besser zu erreichen.

Brunshof Hans-Hartwig Maas
Doktorweg 3
31535 Neustadt-Helstorf
✆ 05072 / 1754, Fax 05075 / 92105
Geöffnet: während der Spargelsaison 8-18

❑ Ferkel in der Wacholderheide

Alte Urkunden aus Urväterzeiten belegen, daß es den Brunshof schon seit 1630 gibt; heute steht der Fachwerkbau unter Denkmalschutz. Auf 125 ha werden Getreide und Spargel angebaut, 200 Muttersauen sorgen für quiekende Ferkel. So gibt es Schinken, Dosenwurst und frischen Spargel zu kaufen, demnächst auch Weihnachtsbäume. Inmitten der Wacholderheide hat Helstorf hübsche Fachwerkhäuser und ein Schmiedemuseum zu bieten; zum Essen lädt das Restaurant *Wienhöfer* ein.

Brunhilde und Walter Völkers
Am Löschteich 8
31535 Neustadt-Metel
✆ 05032 / 4589
Geöffnet: Hofladen 9-18

❑ Kleingebäck und Milchvieh

In einer ländlichen, recht dörflichen Lage befindet sich, umgeben von altem Baumbestand, der um ca. 1700 erbaute Hof der Völkers. Das Milchvieh, die Kälbchen und auch das ein oder andere Hühnchen benötigen von vorbeikommenden Kindern (und Erwachsenen) ihre »Streicheleinheiten«. Frische Eier, Kartoffeln, Zwiebeln, Honig, Marmelade, Nudeln, selbst hergestellte Fruchtsäfte, eingelegte Früchte, Äpfel (ab Oktober) und Milch gibt es hier zu kaufen, Milchprodukte von der Molkerei. Auf Bestellung kann man Hähnchen, Hühner, Rindfleisch (ab 1/8 Tier), Schlachtschweine und Kleintiere haben, ebenso loses Stroh, Stalldung, Geschenkkörbe, und Gänse zu Weihnachten. Erwähnt werden müssen noch die Erntekränze und Trockengestecke sowie das Kleingebäck aus eigener Herstellung. Im Sommer bieten die Landfrauen Führungen in der ehemaligen Kreisstadt Neustadt an, der Staatsforst in Metel hat Spazierrouten in beliebigen Längen, und einen Badesee gibt's auch in der Nähe. In Otternhagen wird ländliche Küche im Gasthaus *Perl* geboten.

Heidemüllers Bauernladen.
Andrea und Frank Heidemüller
Nöpker Str. 15
31535 Neustadt-Nöpke
✆ 05034 / 92028, Fax 05034 / 92059
Geöffnet: Mo-Fr 9-12.30 und 14.30-19,
Sa 8-14

❑ Braune und grüne Eier

Im Ortskern von Nöpke befindet sich gleich an der Hauptstraße Heidemüllers Bauernladen; die Hofstelle ist etwa 150 Jahre alt und wurde laufend modernisiert. Braune und grüne Eier, Wurst, Rindfleisch, Geflügel und Kaninchen werden verkauft, Eierlikör, Gelees und Konfitüren, Obst und Gemüse, Trockengestecke, Freiland-Schnittblumen und Blumen zum Pflanzen für den Garten, teilweise von anderen Landwirten aus der Umgebung. Ab Ende April prägt ein großer Geranienmarkt das Hofbild, und ab Mitte Dezember wird der Hof zum Wald: Weihnachtsbaummarkt.

Backstube Bundschuh – Bauern backen Brot. Friedrich Bohm und Petra Rampe
Junkernstraße 1
31535 Neustadt-Stöckendrebber
✆ 05073 / 7411, Fax 05073 / 7409
Geöffnet: Di u. Do 14.30-18.30.
Bauernmarkt Do 14-18 an der Marktkirche in Hannover; Fr 14-18 am Marktplatz in Schwarmstedt

❑ Wie kommt das Brot in den Backofen?

Dieser BIOLAND-Betrieb bietet Interessierten die Möglichkeit, die »Entstehung« eines Brotes mitzuverfolgen: Der Weg von der Getreidepflanze auf dem Acker bis über die eigene Mühle hin zur Backstube bis zum fertigen Brot im Regal ist hier transparent und gut nachvollziehbar. Doch neben den verschieden Broten, Backwaren und Getreide gibt es auch Honig, Wurst, Wein und Naturkost. Wer zu weiteren Feldern radeln möchte: Von Stöckendrebber (Endpunkt der Linie 465 des RVH) hat man gute Möglichkeiten zu Radtouren.

Marios Gemüsescheune.
Eckhard und Mario Nebel-Engehausen
Stöckendrebberstr. 22
31535 Neustadt-Stöckendrebber
✆ 05073 / 1840 oder 7433
Geöffnet: Hofladen täglich 8-12 u. 14-18;
Bauernmarkt in Schwarmstedt Sa 8-12

❑ Gemüse und Mettwurst

Direkt an der Ortsdurchfahrt »wohnen« 70 Zuchtsauen, 18 Kühe und ihre Nachzucht im Hof der Nebel-Engehausens. Sie liefern Schinken, Dosenwurst und Mettwurst. Zudem werden auf 85 ha Kartoffeln, Gemüse, Spargel, aber auch Erdbeeren, Heidelbeeren und anderes Obst angebaut. Nebenbei werden Reisigbesen, bunte Stiefmütterchen und Sonnenblumen verkauft.

Beate und Heinrich Meier
Bennigserstr. 15
30982 Pattensen-Hüpede
✆ 05101 / 6235
Geöffnet: durchgehend; Selbstbedienung, falls gewünscht mit Beratung

❑ Kartoffeln ohne

Das 120 Jahre alte, aus Backstein erbaute Bauernhaus der Familie Meier liegt im Ortskern von Hüpede an der Durchgangsstraße. Hier werden Kartoffeln verkauft, die auch ohne jegliche Pflanzenschutzmittel und Dünger groß geworden sind. 500 m entfernt ist ein Spielplatz für Kinder, in 2 km ein Hallen- und Freibad; mit dem Auto gelangt man in 15 Minuten zum Saupark und Wisentgehege Springe. In Hüpede selbst kann der Hunger bei einem Besuch in der Gaststätte *Zum Poggenende* gestillt werden.

Maages Hofladen.
Ulrike und Ernst-Friedrich Maage
Hermann-Löns-Str. 18
30952 Ronnenberg-Benthe
✆ 05108 / 3528, Fax 05108 / 8200
Geöffnet: Di u. Mi 10-13 u. 15-18.30,
Fr 10-18.30, Sa 9-12
Bauernmarkt in Gehrden Sa 8-12.30

❑ Jegliches Gemüse

Seit 1987 erzeugt der Bioland-Betrieb unter Leitung von Ernst-Friedrich Maage Getreide, Kartoffeln und 20 verschiedene Sorten Gemüse. Die 40 Schweine mit Auslauf sind für die Wurstwaren »zuständig«; daneben leben auf dem Hof noch Ponies, Esel, Rinder und Geflügel. Ulrike Maage verkauft diese Produkte und Einlegegurken, Zuckermais, Sonnenblumen und Bioland-Stroh in ihrem Hofladen; durch Zukauf hat sie ihr Sortiment um Wein, Brot, Gemüse, Säfte, Honig, Milch, Käse und Eier erweitert. Dazu kommt Mi, Fr und Sa zu den Geschäftszeiten die Öko-Drogerie R. Trump auf den Hof, sowie Mi (10-13) und Fr (15-18.30) Knoops Bioland Fleischwagen. Auf Wunsch werden auch Abokisten gepackt.

Hella und Rolf Dismer
Hannoversche Str. 12
30952 Ronnenberg-Ihme-Roloven
✆ 05109 / 3093, Fax 05109 /3093
Geöffnet: Mo-Do 14.30-18, Fr 8-18, Sa 8-14

❑ Ei, ei

50 ha der Fläche des Hofes der Dismers sind bewirtschaftet, 4000 Legehennen sind hier zuhause. So gibt es also frische Eier und Geflügel zu kaufen, und da der Ort in der Nähe des Hannoverschen Messegeländes liegt, mieten Messebesucher von außerhalb gern ein Zimmer bei Hella Dismer.

Hans-Hermann Fricke
Hannoversche Str. 14 A
30952 Ronnenberg-Ihme-Roloven
✆ 05109 / 52037 o. 52038,
Fax 05109 / 05109 / 52039
Geöffnet: Juni/Juli tgl. 8-19,
Sept.-Nov. Di u. Do 16-18, Sa 10-12

❑ Erdbeeren und Kartoffeln

Seit nunmehr 300 Jahren ist der Hof im Ortskern von Ihme-Roloven im Familienbesitz der Frickes. Im Juni und Juli gibt es hier frische Erdbeeren, auch zum Selberpflücken, und ab September Einkellerungskartoffeln. Der Verkaufsstand ist außerhalb des Dorfes in der Feldmark der Kreisstraße zwischen Ihme und Devese.

Werner Kokemüller
Altes Dorf 17
30926 Seelze-Dedensen
☎ 05031 / 71921
Geöffnet: täglich 7-19 Selbstbedienung. Wochenmärkte in Hannover-Döhren (Fr 8-13) u. Seelze. Bauernmärkte in Hannover u. Gehrden

❑ Schwein gehabt

Seit dem rundherum runden Jahr 1555 ist der Marktfruchtbetrieb der Kokemüllers am Ortsrand von Dedensen in Familienbesitz. Die Schweine sorgen dafür, daß es jederzeit Darmwurst, Dosenwurst, Dauerwurst und guten Schinken gibt.

Hof Drei Linden. Kurt und Irmtraut Grages
Altes Dorf 8
30926 Seelze-Dedensen
☎ 05031 / 71421
Geöffnet: Di 9-12.30 u. 15.30-18, Fr 14-18, Sa 9-12

❑ 3 Kühe, Hühner, Ziege

Im Demeter-Hof der Grages mit Kühen, Ziegen und Hühnern gibt es allerlei zu kaufen: Milch selbstverständlich und frische Eier, Kartoffeln, Brot, Gemüse und Obst. Ferner wird eine Trockenproduktpalette angeboten.

Friedrich Dröge
Harenberger Meile 4
30926 Seelze-Harenberg
☎ 05137 / 2016
Geöffnet: Di 15-18, Fr 9-12 u. 15-18, Sa 9-12

❑ Sämtliche Kohlsorten und Eier

Auf den 100 ha des konventionell bewirtschafteten Betriebes wachsen Kartoffeln, Porree, Sellerie, Spargel, Möhren, Zwiebeln, Salate und alle möglichen Arten von Kohl: Blumenkohl, Kohlrabi, Weißkohl, Spitzkohl, Rotkohl, Grünkohl und Rosenkohl. Außerdem werden Obst, Getreide und Zuckerrüben angebaut sowie 40 Schweine und 700 Hühner auf Stroh gehalten, so daß es zudem frische Eier, Suppenhühner, Wurst in Darm und Dosen, Schinken und Mettwurst zu kaufen gibt. Wer möchte, kann sich in dem 100 Jahre alten Backsteinhof am westlichen Stadtrand von Hannover gerne die Ställe und die Maschinen anschauen.

Hof Grages. Elfriede Grages
Hohe Straße 12
30926 Seelze-Lohnde
☎ 05137 / 3856, Fax 05137 / 5577
Geöffnet: tägl. durchgehend außer So

❑ Halbe Stadtmusikanten

40 Kühe und Jungvieh, 30 Schweine, ein Pferd, einen Esel und einen Hund hat der Familienbetrieb – fehlen nur noch Katze und Hahn, und die Bremer Stadtmusikanten wären in der Leineniederung gelandet. Dafür gibt es selbst hergestellte Frisch- und 11 Sorten Dosenwurst, Grillfleisch, Bratwurst und Schinkengriller, auf Vorbestellung auch Rindfleisch.

Karl Dörrie
Lobker Str. 11
31319 Sehnde-Klein-Lobke
☎ 05138 / 1313, Fax 05138 / 1313
Geöffnet: tägl. 8-12.30 u. 14-18

❑ Sauerkirschen

Um 1900 gebaut, ist der Bauernhof von Karl Dörrie gleich an der Hauptstraße leicht zu finden. Äpfel, Birnen und schmackhafte

Sauerkirschen gibt's hier zu kaufen. Wer den Hildesheimer Zweigkanal zum Mittellandkanal überquert, sollte sich im Nachbardorf Sehnde-Bolzum das Straßenbahnmuseum anschauen.

Gärtnerei Kiebitz. Antje Wilke-Rampenthal u. Franz-Josef Sautmann
Am Pumpe 4a
31319 Sehnde-Rethmar
✆ 05138 / 4341, Fax 05138 / 2914
Geöffnet: Hofladen in Sehnde, Mittelstraße: Di 15-18, Fr 9.30-13 u. 14-18. Wochenmärkte: Di u. Sa in Langenhagen, Fr 14-18 in Hannover-Roderbruch, Sa in Burgdorf

❑ Gemüse aus der Gärtnerei
Im Hofladen in Sehnde werden die Produkte der Gärtnerei Kiebitz verkauft, und zwar Bioland-Gemüse, Äpfel aus eigenem Anbau, Demeter-Vollkornbrot, Honig, Kartoffeln, Eier und Bioland-Dosenwurst. Von Bioland-Kollegen wird Gemüse ergänzt. Im Bundessortenamt in Rethmar, wo Versuche mit verschiedenen Gemüsesorten, Rosen usw. durchgeführt werden, sind Besichtigungen für vorangemeldete Gruppen möglich. Lohnenswert ist auch ein Besuch im Straßenbahnmuseum in Sehnde-Wehmingen.

Eschenhof. Friedrich Bartels
Eschenhof
31832 Springe
✆ 05041 / 971626, Fax 05041 / 971627
Geöffnet: Di u. Fr 15-18
Wochenmärkte: Do in Bad Münder, Fr in Springe, Sa in Gehrden

❑ Gemüsevielfalt
Innerhalb eines Jahreskreislaufs wird hier allerhand angepflanzt und geerntet: Über 40 verschiedene Gemüsesorten kann der Bioland-Hof aus eigenem Anbau bieten. Dazu kommen Kartoffeln, Eier aus der Freilandhaltung und Brot. Aus der Naturkostpalette wird zugekauft.

Gernot Ehlers u. Petra Balzer
Im Alten Land 7
31832 Springe
✆ 05041 / 2806, Fax 05041 / 2806
Geöffnet: nach tel. Absprache.
Wochenmarkt Sa 8-13 in Gehrden

❑ Husumer und Anglersattel
Das 100 ha große Anwesen von Gernot Ehlers beherbergt neben 500 Hühnern fast 70 Kühe sowie 30 Schweine (darunter auch alte Rassen wie das Wollschwein, Husumer Schwein und Anglersattelschwein). Dementsprechend reichhaltig ist auch das Angebot an Fleisch, Eiern und Milchprodukten; Honig und Wein kommen hinzu. In der nahen Umgebung des BIOLAND-Hofes befinden sich ein Wisentgehege, ein Saupark und ein Jagdschloß.

Familie Hische
Hauptstr. 36
31832 Springe-Bennigsen
✆ 05045 / 8549, Fax 05045 / 8549
Geöffnet: Mo u. Mi 8-18, Do u. Sa 8-13;
Märkte: Do in Barsinghausen,
Fr in Döhren / Sarstedt

❑ Ackerbau am Wasserschloß
Kartoffeln und frisches Gemüse gibt es auf dem Hof der Hisches, der 1860 in der Ortsmitte von Bennigsen erbaut wurde, und ebenso gutes Obst. Zugekauft sind Eier und Dosenwurst sowie vom Imker Honig und verwandte Produkte wie Met oder Pollen.

Im Rittergut Bennigsen, dem alten Wasserschloß, findet ein Sommerfestival mit klassischer Musik statt; 1996 spielte dort das Leipziger Gewandhausorchester. Im Ort beginnt aber auch das Wander- und Erholungsparadies *Der Deister*, ein Freibad hat's, zum Saupark/Wisentgehege sind es nur 8 km. 15 km entfernt liegt an der B 1 der Freizeitpark *RASTIland*. Gute Küche ist im historischen Landgasthof *Stamme* vor Ort und im Gasthaus *Schökel* in Mehle (12 km) anzutreffen.

Björn Estorf
Neustadtstraße 7
31832 Springe-Gestorf
✆ 05045 / 98009, Fax 05045 / 98008
Geöffnet: Selbstbedienung auf dem Hof

❑ Knollengewächse

Am Hof der Estorfs, wo zwischen 25 Hühnern ein Hund und eine Katze Wacht halten, ist Selbstbedienung angesagt. Wer sein Säcklein Kartoffeln, die es hier ganzjährig zu kaufen gibt, aufgeladen hat, kann anschließend noch im in den Gasthöfen *Deutsches Haus* oder *Weißes Roß* die Gelegenheit nutzen, gut zu speisen.

Gänsekamp.
Annette und Hans-Heinrich Sustrath
Alvesroder Straße 10
31832 Springe-Völksen
✆ 05041 / 8687
Geöffnet: nach Vereinbarung

❑ Ponys für Kinder

Mit seinen 40 ha bewirtschafteter Fläche liegt der Aussiedlerhof der Familie Sustrath an der Kreisstraße 216 zwischen Springe und Völksen. Neben Kühen, Heidschnukken und Hühnern sind dort noch Zwergziegen und Ponys anzutreffen, die Kinderaugen leuchten lassen. Am Hof erhältlich sind die hauseigenen Fleischprodukte (Rindfleisch, Wurst, Hähnchen und Heidschnukkenfleisch) sowie Honig, Kartoffeln und Eier. Bis zu Saupark und Wisentgehege sind es von hier nur 2 km.

NEULAND-Betrieb
Christine u. Heinrich Rodenberg
Steinhauerstraße 22
31832 Springe-Völksen
✆ 05041 / 81115
Geöffnet: Mo u. Di 9-11.30, Do u. Fr 9-11.30 u. 16-19; Sa 9-11.30

❑ Umweltschonende Nutztierhaltung

Produkte aus artgerechter Tierhaltung sind das Ziel von Familie Rodenberg. Die Tiere haben Tageslicht im Stall, können sich frei bewegen, haben Auslauf, erhalten keine Leistungsförderer, werden auf Stroh gehalten und bekommen weder Tier- noch Knochenmehle, sondern heimische Futtermittel ohne Pestizide. So gibt es hier Schweinefleisch, Hausschlachtschweine und Spanferkel, Dosenwurst, Eier von freilaufenden Hühnern und Suppenhühner. Zugekauft werden Obst, Kartoffeln, Spargel, Honig, Nudeln und – nicht nur für Schlechtwettertage – Bücher.

Friedrich Amme
Am Osterberg 1
31311 Uetze-Eltze
✆ 05173 / 580, Fax 05173 / 580
Geöffnet: Mai-Juni: durchgehend;
Juli bis April: 9-12

❑ Zwiebeln rund um die Wassermühle

Der Familienbetrieb der Ammes baut auf ihren Äckern in Uetze Spargel, Kartoffeln und Zwiebeln an. Aus den verschiedenen eigenen Obstsorten kocht Frau Ammes zudem leckere Marmeladen. In dem kleinen Ort mit den auffällig vielen Eichen, durch den die beiden Flüsse Erse und Fuhse fließen, laden zwei Heimatstuben zum Einkehren ein; anschauen sollte man sich hier die seit 1420 bestehende Eltzer Wassermühle.

Jochen Schaprian
Steindamm 19
31311 Uetze-Hänigsen
✆ 05147 / 7916 oder 7388
Geöffnet: Mo-So 8-19

❑ Rekordverdächtig

Hänigsen ist ein Ort der Superlative: Es hat 1. den tiefsten Kalischacht der Welt (1550 m), 2. das älteste Erdölvorkommen in Norddeutschland (erstmals 1546) und 3. die älteste noch gewerblich genutzte Bockwindmühle (1706). Das Dorf wird auch als »Kasparland« bezeichnet, da hier früher viele diesen Vornamen trugen. Landwirt Schaprian heißt zwar anders, aber sein Hof gegenüber einer Ladenschlachterei ist immerhin im ehrwürdigen Jahr 1722 gebaut worden. Dort gibt es ganzjährig Kartoffeln zu kaufen (Cilena, Hansa, Grandifolia, Cinja, Aula, Granola) und im Frühling frischen Spargel. Es finden sich gute Gaststätten, das Haus am Pappaul besitzt eine Heimatstube, und zu feiern verstehen die Hänigser auch: am 3. Augustsonntag ihr Schützenfest, am 1. Septembersonntag das Mühlenfest.

BIOLAND-Gärtnerei.
Anke und Thomas Klages
Dorfstraße 1
31311 Uetze-Katensen
✆ 05173 / 24494, Fax 05173 / 24494
Geöffnet: Hofladen: Fr 15-18.30.
Märkte: Di 8-13 am Lindener Markt in Hannover, Do 14-18 am Stadtpark in Braunschweig, Fr 9-12 am Rathaus in Edemissen, Sa 8-13 am Rathaus in Gifhorn und am Pfarrlandplatz in Hannover

❑ Das ganze junge Gemüse

Mit dem hübsch restaurierten alten Ortskern, in dem die Gärtnerei der Familie Klages liegt, mutet Katensen recht romantisch an. Der 1992 neugegründete Betrieb bietet seinen Kunden eine breite Palette an Gemüsesorten, Kartoffeln, Spargel, Erdbeeren und anderes Obst sowie Eier, Getreide und Wurst an. Gratis dazu bekommen die Kinder allerlei große und kleine Tiere zum Angucken. Die Umgebung lädt zu Wanderungen ein, etwa vom angrenzenden Beerbusch aus – in einer 3/4 Stunde ist man von Hannover hier.

Willi und Margrit Buchholz
Torstraße 1
31311 Uetze-Schwüblingsen
✆ 05175 / 93181 o. 93182
Geöffnet: täglich

❑ Bad Schwüblingser Dosenwurst

1699 beantragte der Amtmann zu Meinersen an die Kurfürstliche Kammer in Celle, daß Schwüblingsen ein Bad werden sollte. In der eingesandten Wasserprobe konnten jedoch leider keine »heilenden Kräfte« gefunden werden... Aber auch ohne den Titel ist es eine gesunde Gegend. Am Rande des Beerbusches liegt der über 100 Jahre alte Hof der Buchholz'. Der Marktfruchtbetrieb liefert Kartoffeln und Porree, ganzjährig Dosenwurst, und von 1. November bis Ende April auf Bestellung Fleisch- und Darmwurst. Ein ausgedehntes Gebiet im Beerbusch (Teil des Burgdorfer Holzes) lädt mit seinen Teichen und Wanderschutzhütten zum Radeln und Wandern ein; es gibt einen Parkplatz an der Straße, die von der B 188 kommt.

Bollmoorhof. H.-H. Wiekenberg
31311 Uetze-Schwüblingsen
✆ 05175 / 31242
Geöffnet: Hofladen täglich geöffnet.
Märkte: Do 14-18 an der Marktkirche in Hannover, Sa 8-13 am Hämelerwald

❑ Eierlikör aus Freilandeiern

Den Bollmoorhof gibt es seit 1834. 220 freilaufende Hühner liefern hier täglich frische Eier, aus denen auch der gute Eierlikör hergestellt wird. Neben Kartoffeln, Obst und Gemüsen der Saison, Walnüssen sowie zugekauftem Honig und Met vom Imker kann man selbstgemachte Konfitüren und Gelées kaufen. Von französischen Blonde d'Aquitaine-Rindern (Mutterkuhhaltung) kommt zartes Fleisch; auch Heu für die Kleintierhaltung ist am Hof zu haben.

Bauer Stolze. Thorsten Stolze
An der Kapelle 5
31311 Uetze-Schwüblingsen
✆ 05175 / 2140, Fax 05175 / 31278
Geöffnet: Fr 14-18.30. Märkte: Do 8-13 in Burgwedel, 14-18 an der Marktkirche in Hannover; Fr 8-13 in Salzgitter-Lebenstedt (Chemnitzer Straße); Sa 7-13 in Lehrte u. in Braunschweig (Wendestraße)

❑ Gemüse & Fleisch vorm großen Scheunentor

Der BIOLAND-Betrieb von Thorsten Stolze hat ein breites Angebot. Die Fleischauswahl beinhaltet Lamm, Ente und anderes Geflügel sowie Wurst vom Schwein und Rind; für vegetarische Genüsse finden sich Gemüse, Kartoffeln, Eier, Käse und Milchprodukte. Aber nicht genug damit: Die Palette wird abgerundet durch Obst, Säfte, selbstgebackenes Brot und Wein. Das alte Fachwerkgebäude mit den hübschen Butzenfenstern und dem großen Scheunentor ist ein nettes Fotomotiv.

Karin und Heinrich Hemme
Wasserwerkstraße 19
30900 Wedemark-Elze
✆ 05130 / 40155, Fax 05130 / 40155
Geöffnet: täglich 7-21

❑ Kartoffeln und Capellini Stechinelli

Spargel in der Saison und ganzjährig Speisekartoffeln, von den frühen bis zu den einkellerungsgeeigneten – das wird auf dem Hof der Hemmes mitten im Ortskern von Elze angeboten. Gutbürgerliche Küche bieten das Gasthaus *Goltermann* sowie *Kreugers Gast- und Winstuben.* Anschauen sollte man sich in Elze das restaurierte, nach dem italienischen Günstling des Herzogs Georg Wilhelm von Celle benannte Stechinelli-Gutshaus aus dem Jahre 1570, das heute als Pfarrhaus genutzt wird.

Willi Kohne
Mittelstraße 9
30900 Wedemark-Elze
✆ 05130 / 40979
Geöffnet: nach Absprache

❑ Kartoffeln, ganzjährig
Der Familienbetrieb von Bauer Kohne, der auch 300 Mastschweinplätze sein eigen nennt, baut auf 58 ha im Fuhrberger Feld seine Speisekartoffeln an, die direkt ab Hof verkauft werden. Da die Anbaufläche im Wassereinzugsgebiet der Stadt Hannover liegt, darf nur sehr eingeschränkt mit Pflanzenschutz- und Düngemitteln gearbeitet werden.

Heinz Mohlfeld
Celler Straße 12
30900 Wedemark-Gailhof
✆ 05130 / 4777 u. 39728,
Fax 05130 / 39728
Geöffnet: täglich 8-13 u. 14-18

❑ Altes Niedersachsenhaus
2 km östlich der A 7 (Abfahrt Mellendorf) liegt Gailhof, und dort der 200 Jahre alte Hof von Heinz Mohfeld mit dem typischen Niedersachsenhaus. Geflügel und Milchvieh sind hier zu Hause, eine Hofbesichtigung (der Betrieb ist Mitglied der Fördergemeinschaft integrierter Pflanzenanbau) ist auf Anfrage möglich. Außer Eiern, Schinken und verschiedenen Wurstsorten werden Kartoffeln, Nudeln, Marmeladen und Honig verkauft. Nicht unerwähnt bleiben soll die Wassermühle von 1474, die – wie könnte es anders sein – Mohmühle genannt wird.

Ute und Friedhelm Hanebuth-Grödecke
Hellendorfer Str. 5
30900 Wedemark-Hellendorf
✆ 05130 / 4230
Geöffnet: werktags

❑ Familie aus einem Roman
Bis zur Jahrhundertwende fuhren viele Hellendorfer Bauern den Sand, der noch heute am westlichen Dorfrand abgebaut wird, als Streusand für Wohnungen nach Hannover. Es ist ein traditionsreicher Ort; der Hof der Glödeckes ist seit 500 Jahren im Besitz der Familie, und so nimmt es nicht wunder, daß ihr Name auch in Hermann Löns' »Wehrwolf« erwähnt wird, jenem Roman, der von den geschundenen Haidbauern zur Zeit des Dreißigjährigen Krieges berichtet, die sich zum Schutz gegen die mordende Soldateska in der Lüneburger Heide zusammenschließen. Heute bietet der Glödecke-Hof frische Eier, Schaffleisch, Hühner, Gänse und Enten an.

Forellenhof der Wedemark.
Hartmut Pflüger
Meitzer Straße 15
30900 Wedemark-Hellendorf
✆ 05130 / 3331 o. 01724013331
Geöffnet: Mo-Fr 8-12.30 u. 14.30-18,
Sa 8-12.30, So 9-10.30

❑ Angeln & Räuchern
»Petri Heil«, heißt es es auf dem Forellenhof, zu dem auch eine 100 Jahre alte Wassermühle gehört. Mit seinen Teichen auf 3 ha Gelände und einem eigenen Angelteich kommen die Fischfreunde jederzeit

auf ihre Kosten. Während die Großen sich vielleicht eher im Fischrestaurant Zeit lassen, drängt es die Kleinen zum Spielplatz oder zur Streichelwiese mit Pony, Esel etc.; eine Führung durch Räucherei und Fischzucht ist für alle interessant. Zu bekommen sind Karpfen, Schleie, Forellen, Aale, Lachse und Fischplatten. Zum Auftakt der Karpfensaison findet am letzten Samstag im September ab 10 Uhr ein großes Fischfest mit Musik statt (ca. 2.000 Besucher).

Klaus Kreutzer
Hellendorfer Str. 1
30900 Wedemark-Hellendorf
✆ 05130 / 4797
Geöffnet: Mo-Fr 9-12 und 15-18, Sa 9-12

❑ Von Gemüse bis Fruchtsaft

Im Wedemarker Ortsteil Hellendorf befindet sich der Hof von Klaus Kreutzer; im Frühjahr ist hier blütenweißer, frischer Spargel erhältlich, danach folgen die verschiedenen Saisongemüse sowie Kartoffeln. Obst wird im Hof zu vitaminreichem Fruchtsaft vermostet. Eier, frisches Geflügel und Dosenwurst runden das Angebot ab.

Elisabeth und Heinrich Rust
Ibsinger Ring 4
30900 Wedemark-Ibsingen
✆ 05130 / 4263, Fax 05130/ 7671
Geöffnet: Mo-Fr 8-12 u. 13-18, Sa 8-13

❑ 22 Einwohner, Zucchini und Lauchzwiebeln

Ibsingen ist der kleinste Ort im Landkreis Hannover, mit 22 Einwohnern und – einer 1000jährigen Linde, die als Naturdenkmal eingetragen ist. Am Fuße des Brelinger Hanges befindet sich der – allerdings nicht von Linden, sondern von großen Eichen umsäumte Hof der Rusts mit rund 200 Enten, 300 Gänsen und 900 Schweinen. Direkt zu kaufen gibt's jedoch die Kartoffeln, frische Erbsen, grüne Bohnen, Bundmöhren, Grünkohl, Gurken, Zucchini, Lauchzwiebeln sowie Gladiolen. Rustsche Erdbeeren sind auf der Plantage im Neustädter Ortsteil Helstorf zu bekommen. Kinder haben viel Spaß mit den Schafen auf der Streichelwiese.

Heinrich Ahlvers
Dorfstraße 34
30900 Wedemark-Meitze
✆ 05130 / 2814
Geöffnet: Mo-Fr 9-18, Sa 9-14, So 9-11.30

❑ Charolais und Heidelbeeren vor Fachwerkhäusern

Zum Betrieb von Heinrich Ahlvers gehören etwa 100 Charolais-Rinder (Mutterkuhhaltung), deren wohlschmeckendes Fleisch man ab Hof erstehen kann, auch als Wurst in Dosen. Ab Mai sind hier Spargel zu haben, danach Gemüse der Saison, weiterhin Kartoffeln, Fruchtsäfte und Fruchtweine, nicht zu vergessen die aromatischen Heidelbeeren. Unter den vielen restaurierten Fachwerkhäusern in Meitze finden sich sogar einige aus Raseneisenstein erbaute. Gut speisen kann man im Gasthaus *Goltermann* in Wennebostel oder *Zum alten Zöllnerhaus* in Scherenbostel.

Gutshof Bestenbostel. Christiane Bremer
Alt Bestenbostel 1
30900 Wedemark-Mellendorf
✆ 05130 / 3845, Fax 05130 / 790138
Geöffnet: Mo-Fr 8-12 u. 15-18, Sa 7-13;
Fr u. Sa vorm.: Rollender Bauernwagen (Bissendorf, Mellendorf), Fr nachm.: Bauernmarkt in Schwalmstedt

❑ Bauerhof, Café und Backstube

Seit mehreren hundert Jahren im Familienbesitz, hat der Gutshof Bestenbostel am Rand des Brelinger Berges eine lange Geschichte, die Frau Bremer und Frau Sievert bei einer Hofbesichtigung gerne erzählen. Am 1. Sonntag im Monat (oder auf Anfrage) öffnet das Hofcafé seine Pforten; ansonsten werden hier Eier, Kartoffeln, Gemüse, Lammfleisch, Wurst und Käse sowie Konfitüren zum Verkauf angeboten. Die eigene Backstube, die auf Anmeldung ebenfalls angeschaut werden kann, hält Vollkornbrot und Vollkornprodukte bereit. In der näheren Umgebung laden schöne Wanderwege zum Spazieren ein.

Rollender Bauernladen.
Interessengemeinschaft Direktvermarktung
Salhop 4
30900 Wedemark-Mellendorf
✆ 05130 / 5773 (W. von Blanckenburg)
Geöffnet: Fr 8-12.30 in Bissendorf,
Sa 8-12.30 in Mellendorf

❑ Aber der Wagen, der rollt ...

Sieben landwirtschaftliche Betriebe aus der Wedemark betreiben zusammen den *Rollenden Bauernladen*, mit sie in Bissendorf Am Markt und in Mellendorf vor der Volksbank zu den dortigen Marktzeiten ihre Produkte feilbieten. Ausschließlich aus dem eigenen Anbau dieser Höfe werden Kartoffeln, Obst, Gemüse, Spargel, Geflügel, Eier, Wurst, Schinken, Brot, Brötchen, Marmelade, Honig, Saft und Blumensträuße angeboten.

Wilhelm Schwentker
An den Hängewiesen 4
30900 Wedemark-Resse
✆ 05131 / 52266, Fax 05131 / 52213
Geöffnet: Di-Fr 9-12.30 u. 15-18, Sa 8.30-13

❑ Stattliche Ochsen an der alten Handelsstraße

Die durch Resse führende Landstraße war in früheren Zeiten eine wichtige Handelsstraße, die zu den ältesten im norddeutschen Raum zählt. Auf 100 ha Ackerland baut der Landwirt Wilhelm Schwentker Kartoffeln und Gemüse an, auf der Weide stehen 30 stattliche Ochsen, die saftiges Rindfleisch geben. Hühnchen und Legehennen sorgen für Geflügelfleisch und frische Eier, auf Stroh gehaltene Schweine für gute Dosenwurst – hier sieht man noch, was man später verzehrt. Auch Marmelade, Äpfel, Obstweine und Säfte sind zu haben.

Inge und Heinrich Bünger
In Rodenbostel 21
30900 Wedemark-Rodenbostel
✆ 05072 / 507
Geöffnet: nach Absprache; Bauernmarkt Do 14-18 an der Marktkirche in Hannover

❑ Himmlische Ruhe

Fast liegt der Hof noch so dörflich ruhig wie anno 1858, als die Altvorderen das Anwesen in Rodenbostel erbauten. Kühe und Bullen, Masthähne, Enten und Gänse bevölkern die Stallungen. Nach Absprache kann man direkt ab Hof Rinderwurst, Rindersülze, schmackhafte Rindermettwurst, Geflügel sowie Kartoffeln kaufen.

Bütehorner Ziegenhof.
Fam. Doris und Wolfgang Wengen
Langenhagener Str. 27
30900 Wedemark-Scherenbostel
✆ 05130 / 6465
Geöffnet: Fr 15-18, Sa 9-12

❑ **Purzelnde Zicklein & Walnüsse**

Aus dem Hobby wurde ein Nebenerwerb: 12 putzige Milchziegen der Rasse »Bunte Deutsche Edelziege« haben seither mit ihren Zicklein Familienanschluß und liefern frische Milch zum Verkäsen. Von März bis Oktober ist Ziegenkäse-Saison, in der es Quark, Kräuterquark, Weichkäse in Distelöl mit Kräutern oder Knoblauch, Weichkäse nach Camembertart sowie Schnittkäse gibt. Auf Bestellung ist auch Ziegenmilch und Ziegenlammfleisch erhältlich. Zudem sind ab Oktober frische Walnüsse zu haben. Besonders viel Spaß haben Kinder von Februar bis April, wenn sie mit den tapsigen Zicklein spielen können. Zum Restaurant *Zum Alten Zöllnerhaus* mit Wildspezialitäten ist es nur 1 km, den *Löns-See* des Dichters hat man in 3 km erreicht.

Hans Stoll u. Heike Stoll-Gutdoski
Langenhagener Straße 4
30900 Wedemark-Schlage-Ickhorst
✆ 05130 / 7488 o. 7282, Fax 05130 / 7488
Geöffnet: Mo-Fr 8.30-13 und 14.30-18, Sa 8-14

❑ **Gemüse beim alten Eichhorst (=Ickhorst)**

Nur 20-30 Minuten vom Stadtzentrum Hannover entfernt, liegt der Betrieb am Rande des Bissendorfer Moors (wunderbare Wanderwege!) mitten im Grünen; er ist rasch über die Kreisstraße L 190 zu erreichen. Auf 62 ha werden Kartoffeln, Obst und Gemüse nach Saison angebaut; es gibt Eier und auch Schlachthühner. Der Ortsname Schlage kommt im übrigen von der bis 1723 bestehenden Zollstation mit Schlagbaum, an dem Wegezoll errichtet wurde – womit denn auch der Name des nur 200 m vom Hof entfernten empfehlenswerten Gasthauses *Zum alten Zöllnerhaus* erklärt wäre.

Vorzugsmilch-Hof Hemme.
Jürgen und Jörgen Hemme
Sprockhofer Straße 9
30900 Wedemark-Sprockhof
✆ 05130 / 5434, Fax 05130 / 582598
Geöffnet: täglich

❑ **Milchkarussell**

Bei der Ankunft am Milchhof der Brüder Hemme wird der Besucher zuerst einmal von den Kühen Onbine, Elsana und Reana Dorflinde begrüßt. Jederzeit ist durch das Milchfenster ein Blick in die Welt der weißen Energiequellen möglich; auch das erste schwimmende Milchkarussell Nordeuropas ist zu besichtigen. Fast könnte man's über die vielen hier erhältlichen Informationen rund um die Milch vergessen: Selbstverständlich kann man im 400 Jahre alten Familienbetrieb auch die Vorzugsmilch in 2- und 3-Liter-Pfandflaschen kaufen. Oder der Milchmann bringt sie vor die Haustür.

Wilfried Kreikenbaum
Lindenstraße 26
30900 Wedemark-Wennebostel
✆ 05130 / 8470
Geöffnet: Mo-Fr 8-12 u. 15-18, Sa u. So 8-12

❑ Kohlrabi, Birnen und eine 850jährige Eiche

Quer durch den Garten ist bei Wilfried Kreikenbaum vielerlei zu haben: Kartoffeln (Hansa, Cilena, Secura), Gemüse nach Saison, Spargel, Heidelbeeren, Tomaten, Bohnen, Erdbeeren, Blumenkohl, Kohlrabi, Äpfel und Birnen – und 50 Hühner und fünf Schweine gibt es auch noch. Wennebostel, 1990 Kreissieger im Wettbewerb »Unser Dorf soll schöner werden«, beherbergt auf seinem Gemeindegrund die Firma Sennheiser, ein restauriertes Backhaus und die 850 Jahre alte Mackensen-Eiche. Wen der Hunger plagt, der findet in *Bahls Besenwirtschaft* und im Gasthaus *Bludau* gutbürgerliche Küche vor.

Kornbrennerei Warnecke
Geertien u. Hans-Heinrich Warnecke
30974 Wennigsen-Bredenbeck
✆ 05109 / 6232, Fax 05109 / 63476
Geöffnet: Mo-Sa 9-13,
Fr zusätzlich von 16-18

❑ Hollerblüten und Eichenfässer

In der Dorfmitte von Bredenbeck liegt seit 1826 die Kornbrennerei Warnecke. Der eigene Ackerbaubetrieb sorgt für die »Rohstoffe« des in Eichenfässern gereiften Weizenkorns, des süffigen Kirschlikörs, des eleganten Holunderblütenlikörs und des Eierlikörs. Die geschlossene Hofanlage eignet sich ideal für Veranstaltungen, die auf Wunsch auch von Warneckes organisiert werden. Ebenso kann der Fußlagerraum für Feiern gemietet werden; Betriebsführungen sind möglich.

Obstplantage Zabel
Linderter Straße 47
30974 Wennigsen-Holtensen
✆ 05109 / 3537, Fax 05109 / 3503
Geöffnet: Mo-Fr 10-18, Sa 8-13.
Bauernmarkt in Gehrden: Sa 8-12.30

❑ Nette Früchtchen

Je nach Saison gibt es bei Albrecht Zabel, der Diplom-Ingenieur für Gartenbau ist, Erdbeeren, Himbeeren, Johannisbeeren, Süß- und Sauerkirschen (auch entsteint!). Versteht sich von selbst, daß er daraus selbstgemachte Marmeladen und Konfitüren zaubert. Weiterhin sind 15 verschiedene Apfelsorten vom Frühapfel bis zum Lagerapfel im April aus Speziallägern im Angebot.

Peter Koch
Am Blumengarten 36
31515 Wunstorf
✆ 05031 / 71814 o. 01728300391
Geöffnet: Mo-Fr 10-17.30, Sa 10-13

❑ Zwiebeln und Getreide ohne Dünger

Der 1996 wegen eines Truppenübungsplatzes der Bundeswehr aus Dergen ausgesiedelte Hof von Peter Koch hat sein neues Domizil in Wunstorf gefunden. Hier werden nun auf 50 ha Kartoffeln, Zwiebeln und allerlei heimische Gemüse angebaut, des weiteren Getreide, das völlig ohne Dünger oder Pflanzenschutzmittel gedeiht und zum Verfüttern und zum Brotbacken bestimmt ist. 120 Schweine aus artgerechter Tierhaltung (Stroh) liefern deftige Dosenwurst.

Bettina und F.C. Lehmkuhl
Bokeloher Straße 8
31515 Wunstorf
✆ 05031 / 3167, Fax 05031 / 3167
Geöffnet: Mo-Sa 7-12.30 u. 14-18.30

❑ Fachwerkgiebel, Breitbrusthähnchen und schöne Radwege

Zwischen Deister und Steinhuder Meer, gleich unterhalb der Kaliabraumhalde (die hier ironisch *Kalimandscharo* genannt wird) liegt der 200 Jahre alte Hof mit dem kürzlich restaurierten Fachwerkgiebel; ihn umgibt ein parkähnlicher Garten mit Fischteich. Kartoffeln, Eier, Rinderwurst und Wurst von den eigenen Schweinen verkaufen die Lehmkuhls hier, Gemüse und Obst je nach Saison; aus letzteren entstehen dann die selbstgekochten Marmeladen und Gelées. Im Juni sowie Anfang September gibt es im Hof frische Breitbrusthähnchen. In einer Viertelstunde hat man die schönen Radwege durch's Feld zum Steinhuder Meer erreicht. Auch die 1000 jahre alte Sigwardskirche in Idensen und der dortige Yachthafen oder das Schlößchen derer zu Schaumburg-Lippe in Hagenburg lohnen ein Besuch. Stärken kann man sich vor oder nach einer solchen Tour im Gasthaus *Glück auf*, wo gutbürgerliche Küche und finnische Spezialitäten serviert werden.

Wegeners Hof. Gerda u. Werner Wegener
Leinechaussee 44
31515 Wunstorf
✆ 05031 / 72315, Fax 05031 / 71512
Geöffnet: Mo-Sa 8-18.
Von 1. Mai - 24. Dezember auch So geöffnet

❑ Alles zum Frühstück

Der 100 ha große Betrieb in Einzellage bietet außer Spargel im Frühjahr auch Gemüse, Kartoffeln, gute Hausschlachtwurst, Rindfleisch und Geflügel an. Neben Frischmilch, Honig und Marmelade kann man hier Frisch- und Trockenblumen für den Frühstückstisch beziehen, Brot kommt von einem Bioland-Betrieb, das 4-Minutenei sowie Obst ebenso von einem anderen Hof. Ideal für Familien mit Kindern, kann man hier zu den Pferden, Schweinen, Kühen und Kälbchen gehen – Landwirtschaft zum Anfassen.

Dolores von Hörsten
Leinechaussee 11
31515 Wunstorf-Blumenau
✆ 05031 / 74848
Geöffnet: täglich 8-18,
auch am Wochenende

❑ Unterm Storchennest

Ehrwürdige 250 Jahre alt ist der Hof, zu dem sogar ein Storchennest gehört, und so nimmt es nicht wunder, daß das gesamte Anwesen unter Denkmalschutz steht – idyllisch wie im Bilderbuch. 45 ha gehören zum Hof, Sauen, kleine Ferkel, Mastschweine, Enten und Masthühner werden gehalten. Neben Fleisch & Wurst sowie Geflügel gibt es Kartoffeln, frische Eier und Gemüse. Schließlich bietet Dolores van Hörsten noch etwas ganz anderes an: hübsche Trockengestecke, Blumen und praktische Körbe. Zum Wunstorfer Moor und zum Steinhuder Meer ist es von Blumenau aus nicht weit.

Bioland-Gemüsediele.
Susanne u. Rudolf Speckhan
Maschstraße 12
31515 Wunstorf-Blumenau
✆ 05031 / 74961, Fax 05031 / 75836
Geöffnet: Mo-Do 9-13 u. 15-18, Fr 9-18, Sa 9-13

❑ Gemüse und Käsespezialitäten

Auf dem Weg zum Steinhuder Meer liegt die Ortschaft Blumenau; wer einen Abstecher dorthin macht, sollte im Gemüsehof Speckmann vorbeischauen. Seit 1989 Mitglied bei Bioland, bietet er neben Obst und Gemüse aus biologischem Anbau auch Käsespezialitäten, Milch, Brot, Frischfleisch und Wurst an. Eier, Kartoffeln, Getreide, Honig und Sauerkraut, teils auch von anderen kontrolliert biologischen Betrieben, runden die Lebensmittelauswahl ab.

Kaffeestube Idensen. Hannelore Hattendorf
Niengraben 2
31515 Wunstorf-Idensen
✆ 05723 / 8593
Geöffnet: Mi-So 14-19

❑ Torten und Fresken am Mittellandkanal

Bis vor 14 Jahren hatte der Nebenerwerbsbetrieb noch Tiere verkauft – dann wurde das mittlerweile 150 Plätze umfassende Hofcafé eröffnet. Nur 1.000 m nördlich vom Mittellandkanal liegt der 1873 erbaute Hof abseits des Dorfes, so daß man die die größeren Schiffe vorbeifahren sehen kann. Sämtliche der leckeren Torten (bis zu 10 Sorten täglich) sind aus eigener Herstellung und werden auch außer Haus verkauft. In Idensen sollte man es nicht versäumen, die durch ihre einmalige Freskenmalerei in der Kalk-Secco-Technik bekannte, um 1130 im romanischen Stil erbaute Siegwardskirche zu besuchen. Am Mittellandkanal befindet sich hier ein Yachthafen, wo es immer was zu schauen gibt.

Angela und Heinrich Menke
Heidorner Str. 33
31515 Wunstorf-Kleinheidorn
✆ 05031 / 14311
Geöffnet: tägl., auch sonn- und feiertags 8-19

❑ Spezialität: Pfannenschlag

In der neunten Generation schon ist der Gemischtbetrieb an der Kreisstraße zwischen Wunstorf und Steinhude in der Hand der Familie Menke. Gerne darf man den Hof besichtigen und die kleinen Kälber, Ferkel und Katzen streicheln. Kartoffeln, Eier, Breitbrusthähnchen, gute Dosenwurst und Schinken werden angeboten, auf Bestellung Rind- und Schweinefleisch. Als Spezialität der Region gilt die Rinderwurst (»Pfannenschlag«) frisch oder in der Dose. Dazu gibt's im Frühjahr grünen und weißen Spargel direkt vom Feld zwischen Klein- und Großenheidorn. Das nur einen Kilometer entfernte Wunstorf hat eine sehenswerte historische Altstadt und eine attraktive Fußgängerzone; das Naturschutzgebiet Steinhuder Meer beginnt in 3 km.

Erdbeerplantage Blanke. Richard Blanke
Bültenstraße 17
31515 Wunstorf-Kolenfeld
✆ 05031 / 3298, Fax 05031 / 68541
Geöffnet: In der Erdbeersaison ab dem frühen Morgen

❑ Marmelade und Fachwerk

Der 1652 erbaute Hof von Richard Blanke liegt am Ortsrand von Kolenfeld, nahe der

Autobahnabfahrt. Auf 70 ha bewirtschafteter Fläche tummeln sich 15 Pferde und Fohlen, insbesondere aber wachsen hier die Erdbeeren, die in Eigenproduktion zu fruchtiger Marmelade weiterverarbeitet werden. 400 Schweine sorgen für pikante Dosenwurst. In der Nähe befindet sich das Klostergut Mönchehof mit einer schönen Fachwerkanlage, selbst der Hofteich ist mit Fachwerktürmchen umsäumt.

Annette und Cord Beckedorf
Seeweg 7
31515 Wunstorf-Luthe
✆ 05031 / 71582
Geöffnet: täglich 9-18

❑ **Wie wär's mal mit Spargelomelett?**
Wenn die Spargelzeit kommt, sollte der Hannoveraner einen Besuch in Luthe beim Bauernhof der Familie Beckedorf einplanen, um das Gemüse des Lukullus mit den zarten weißen Stengeln nicht zu verpassen. Daneben baut Cord Beckedorf auf 8 ha Kartoffeln an, 2.400 Legehennen im Käfig liefern täglich frische Eier. Ein köstliches Spargelomelett ist also jederzeit drin.

Christian Willies
Schloß Ricklinger Straße 7
31515 Wunstorf-Luthe
✆ 05031 / 71630
Geöffnet: Mo-Fr 8-13 u. 14.30-18.30, Sa 8-13

❑ **Unter alten Kastanien**
Auf dem Weg zum Steinhuder Meer sollte man es nicht versäumen, am 300 Jahre alten Hof von Christian Willies vorbeizukommen, der unter alten Kastanien idyllisch am Luther See liegt (Kastaniensammeln im Herbst!). Neben den 820 Legehennen sind hier auch 13 Pferde und Ponies (teilweise als Pensionsgäste) zu Hause; Reitunterricht kann genommen werden. Der Hof bietet fast alles: Eier, Kartoffeln, Gemüse (zur Saison auch frischen Spargel), Schinken, Wurst, Geflügel und Äpfel.

Landkreis Hameln-Pyrmont

Aerzener Austernpilze. Karl Miserre
Gellerser Str. 42
31855 Aerzen
✆ 05154 / 3461, Fax 05154 / 2436
Geöffnet: übliche Geschäftszeiten

❑ **Austernpilze aus Aerzen**
Auf dem Weg von Aerzen in Richtung Gellersen trifft man nach etwa 500 Metern auf den Betrieb von Karl Miserre, wo leckere Austernpilze gezogen und natürlich auch verkauft werden.

Bioland-Gärtnerei Alteburg.
Anette und Alfred Schuldt
Alteburg 1
31855 Aerzen
✆ 05154 / 3511, Fax 05154 / 3511
Geöffnet: Mo-Fr 8-13 u. 15-18, Sa 8-13.
Mittwochnachmittag geschlossen

❑ **»Gläserne« Bio-Produktion**
Ein saisonal wechselndes, umfangreiches Angebot an Obst, Gemüse, Eiern, Kartoffeln, Jungpflanzen, einem Grundsortiment an Milchprodukten und Naturwaren bietet die Bioland-Gärtnerei Alteburg. Alle Waren stammen aus kontrolliert ökologischem Anbau, teilweise werden sie auch von ebenfalls ökologisch wirtschaftenden Kollegen und Nachbarn bezogen. Von der Methode und

der Qualität dieser Art des Landbaus kann sich jeder selbst überzeugen: Die »Gläserne Produktion« verschafft Einblicke in die Arbeit, die Gewächshäuser und die Felder. Kinder können auf einem großen Spielplatz fern des Autoverkehrs toben. In der idyllischen Landschaft bietet sich ein Spaziergang an, und die nahe Stadt Hameln ist immer einen Besuch wert.

Ludwig Meyer
Ohrsche Str. 22
31855 Aerzen-Groß Berkel
✆ 05154 / 8390, Fax 05154 / 8390
Geöffnet: Mo-Sa 8-18 Selbstbedienung

❑ Gemüse am Stand

Kartoffeln und Gemüse aus eigenem Anbau kann man am Selbstbedienungsstand von Ludwig Meyer kaufen, der am Ortsrand von Groß-Berkel an der Landstraße nach Ohr steht. Das angebotene Gemüse variiert nach Jahreszeit: Kohlrabi, Weiß- und Rotkohl, Wirsingkohl, Brokkoli, Zucchini. Buschbohnen, Rosenkohl, Steckrüben und Grünkohl sind zu finden. Zusätzlich kann Kaminholz mitgenommen werden. Ein Abstecher lohnt sich ins nahegelegene Hameln, und bei schönem Wetter sollte man sich Zeit für einen Spaziergang in der schönen Landschaft nehmen.

Christian Herbst
Hachmühler Str. 28
31848 Bad Münder
✆ 05042 / 51397, Fax 05042 / 53119
Geöffnet: Fr 8-18, Sa 8-13

❑ Frisches Putenfleisch

Zu finden ist der Betrieb leicht: er liegt an der B 217. Vor allem frisches Putenfleisch, aber auch Roggenschrotbrot, Konfitüren, Marmelade, Gelee, Säfte, Eier von Freilandhühnern und Puten- und Schweinewurst in Dosen bietet Christian Herbst auf seinem Hof zum Kauf an. Außerdem gibt es Gestekke und Kränze aus Trockenblumen und Getreide. Zugekauft werden Bioland-Gemüse und -Kartoffeln und Äpfel aus integriertem Anbau.

Ziegenhof Nettelrede. Christian Sigmann
Zum Texas 6
31848 Bad Münder-Nettelrede
✆ 05042 / 4138
Geöffnet: Mo-Sa täglich geöffnet

❑ Ziegenkäse und -fleisch vom Ziegenhof

In Bad Münder findet man den Ziegenhof Nettelrede im gleichnamigen Ortsteil am Ortsrand. Auf dem Bioland-Betrieb direkt am Naherholungsgebiet Deister-Sünteltal leben 65 Ziegen mit Nachzucht. So gibt es auch vor allem selbsterzeugten Ziegenkäse und im Frühjahr Ziegenlammfleisch zu kaufen, daneben – aus dem Zukauf – Kartoffeln, Eier und Honig, Wein, Bier und Naturkost. Eine Besichtigung des Betriebes und der Tiere ist möglich, und natürlich dürfen Kinder die Ziegen auch streicheln. In der nächsten Nähe gibt es verschiedene Wandermöglichkeiten in Deister und Süntel. Beliebte Ausflugsziele sind der Sünteltum, die Eulenflucht und die Ziegenbuche.

Bb Eickermann Nitsche
Im Unterdorf 8
31812 Bad Pyrmont
✆ 05281 / 3207, Fax 05281 / 3207
Geöffnet: Mi u. Fr 16-18, Sa 10.30-12.30

❑ Molkereiprodukte am Emmertal

Die Milchviehhaltung bildet den Schwerpunkt auf dem Hof von Klaus Eickermann und Kathrin Nitsche, die Mitglied in der Erzeugergemeinschaft Bioland GmbH sind. Ebenso werden jedoch auch Schweine, Hühner und Pferde auf dem Hof gehalten und Gemüse angebaut. So bietet der Hofladen ein reichhaltiges Angebot an Molkereiprodukten: Milch, Sahne, Quark, Joghurt, Trinkjoghurt und Käse. Außerdem gibt es eigene Wurstprodukte von Rind und Schwein, Rindfleisch, Getreide, Kartoffeln, Möhren, Zwiebeln, Wein, Bier, Apfelsaft, Nudeln, Reis und Brotaufstriche. Im Ort kann man in einer Gastwirtschaft mit schönem Kaffeegarten pausieren, und das Naturschutzgebiet Emmertal lädt zu Wanderungen und Spaziergängen ein, z.B. zu Aussichtstürmen oder dem Germanengrab.

Milchhof Kinast. Jürgen Kinast
Zum Dachtelfeld 29
31848 Beber
✆ 05043 / 5898, Fax 05043 / 7430
Geöffnet: Hofladen ganztägig geöffnet

❑ Milch oder Bier?

Vorzugsmilch, Eier, Nudeln, Eierlikör, Dosenwurst, Rindfleisch, Honig und Emaillegeschirr – all dies gibt es im Hofladen des Milchhofes Kinast zu kaufen. Der Ackerbaubetrieb mit 90 Milchkühen und 160 Rindern und Kälbern liegt am Ortsrand in direkter Nähe zum Wald. Nach nur 150 Metern beginnt der Süntel, der einige Wandermöglichkeiten bietet. Auf dem Milchhof kann man aber nicht nur einiges für das leibliche Wohl tun, sondern auch etwas lernen. Denn hier sind Führungen über den modernen Milchviehbetrieb möglich, auf denen es neben Kostproben von Milch und Rinderwurst sogar eine Melkvorführung gibt. Die Tiere dürfen im Boxenlaufstall auch gestreichelt werden. Wer ein kühles Bier der kuhwarmen Milch vorzieht, der dürfte im *Felsenkeller Lauenau* oder im Gasthaus *Kornhus* in Bad Münder gut aufgehoben sein, denn beide Gasthäuser haben eine eigene Brauerei im Haus.

Bienenhof am Deister.
Ingo Lau u. Karen Griewatsch
Oberdorf 5
31848 Brullsen
✆ 05156 / 98106
Geöffnet: Verkauf ab Hof nach tel. Absprache, Markt in Gehrden 1. u. 3. Sa im Monat 8-12.30

❑ Heimischer Honig

Im 250-Seelen-Dorf Brullsen liegt die alte Hofanlage von 1800, die heute nicht mehr landwirtschaftlich, sondern als Bienenhof genutzt wird. Die meisten der rund 100 Bienenvölker befinden sich allerdings nicht auf dem Hof, sondern verteilt in der Landschaft. Dennoch ist auf dem Bienenhof an einigen »Schauvölkern« eine Führung für Kinder und Erwachsene möglich. Verkauft wird heimischer Honig, der bei Zimmertemperatur abgefüllt wurde. Im Sommer werden zusätzlich Süßkirschen für Selbstpflücker angeboten. Eine touristische Attraktion – vor allem für Kinder – ist der unweit gelegene Saupark bei Springe; die Hügellandschaft des Weserberglandes lädt zu Spaziergängen mit herrlichen Ausblicken über Deister, Süntel und Ith ein.

Jörg-H. Schlie
Hauptstr. 19
31860 Emmerthal
✆ 05155 / 8418 o. 05155 / 7446
Geöffnet: Mo-Sa 9-18

❑ Hausmacherwurst und Schinken

Im Laufstall haben die Mastschweine von Landwirt Schlie einigen Auslauf. Die Sauen und Ferkel leben auf dem seit 1570 im Familienbestz befindlichen Hof, der zwischen Hameln und Bad Pyrmont im Weserbergland liegt. Direkt vom Hof werden Hausmacherwurst (im Darm und in Dosen) und Schinken verkauft. Neben der Möglichkeit zu langen Spaziergängen sind vor allem die Städte Hameln und Bad Pyrmont einen Besuch wert.

Hans Heinrich Rohlfing
Amelgatzer Str. 7
31860 Emmerthal-Amelgatzen
✆ 05155 / 8407 oder 7962,
Fax 05155 / 7962
Geöffnet: nach Vereinbarung

❑ Seit 500 Jahren in der Familie

Am Ortsrand von Amelgatzen liegt der Hof von Hans Heinrich Rohlfing, der sich bereits seit 500 Jahren im Familienbesitz befindet. Hier werden Mutterkühe und Freiland-Flugenten gehalten. Zu kaufen gibt es nach Voranmeldung Rindfleisch (der Rassen Charolais und Limousin), Flugenten, Dosenwurst, Kartoffeln, Eier aus Bodenhaltung, Weihnachtsbäume und Marmelade. In der Umgebung ist nicht nur das nahe gelegene Bad Pyrmont eine Besichtigung wert, auch das alte Schloß Hämelschenburg lädt zu einem Besuch ein.

Hof Strüver, Der Bauernladen.
Justus und Undine Strüver
Am Bach 3
31860 Emmerthal-Börry
✆ 05157 /327, Fax 05157 /467
Geöffnet: Di-Fr 10-13 u. 15-18, Sa 10-17

❑ Sagenumwobener Landstrich

Mitten im Ort liegt der Hof Strüver (500 Jahre im Besitz der Familie) mit einem 200 Jahre alten Fachwerkhaus, in dessem vorderen Dielenbereich sich »Der Bauernladen« befindet. Dort gibt es diverse Kartoffelsorten (darunter auch Spezialitäten), Eier von freilaufenden Hühnern und auf Bestellung Geflügel und Rindfleisch. In Kooperation mit anderen Direktvermarktern werden außerdem Hausschlachtewurst und Vorzugsmilch, zur Weihnachtszeit auch Weihnachtsbäume angeboten. Im Ort ist das Museum für Landarbeit und Landtechnik zu besichtigen, und Sageninteressierte sollten einen Besuch in Hameln (13 km), Ort der Rattenfänger-Sage, und in Bodenwerder (8 km), dem Ursprung der Münchhausen-Sage, nicht versäumen.

Marienhof Esperde
Kniepstr. 3
31860 Emmerthal-Esperde
✆ 05151 / 368 o. 05151 / 1225,
Fax 05151 / 1320
Geöffnet: Di 16-19, Sa 9-12. Wochenmärkte: Mi u. Sa in Hameln, Fr in Bodenwerder

❑ Biolandbetrieb »Marienhof«

Seit 1990 befindet sich der Biolandbetrieb auf dem 700 Jahre alten Marienhof in Emmerthal-Esperde. Die Betriebsgemeinschaft

Landwirtschaft und Gemüsebau baut auch für die Firma Hipp Bio-Gemüse für Babynahrung an. Im Hofladen stehen zum Verkauf: Kartoffeln (Sorte Linda u.a.), Gemüse der Saison, Naturprodukte, Käse und Wurst, Fleisch auf Bestellung und Eier. Kinder können die Marienhof-Schweine in ihrem Auslauf und die Hühner im Freiland-Hühnergarten besuchen oder im Winter die Kühe und ihre Kälber im Laufstall beobachten. Die nahegelegene Weser lockt mit Ausflugsdampfern oder – wie auch der Ith – einfach zu einem netten Spaziergang.

Geflügelhof Mund.
Henning u. Andrea Mund
Herkenser Str. 30
31863 Herkensen
✆ 05156 / 8825, Fax 05156 / 8825
Geöffnet: Fr 8-13 u. 15-17.30, Sa 8-13

❑ Jede Menge Federvieh

Hühner, Hähnchen, Gänse, Puten, Enten und Perlhühner – insgesamt laufen über 1300 Tiere auf dem Geflügelhof Mund herum. Verkauft werden die Eier der Hühner aus Auslaufhaltung, Frischei-Nudeln und Eierlikör; außerdem Marmelade, Roggenvollkornbrot, Beerensaft, Trockenblumen, Putenwurst in Dosen, Obst und Gemüse der Saison und verschiedene Sorten Frischgeflügel. Des weiteren sind Kartoffeln und Gemüse, Getreide, Ziegenkäse, Honig, Vorzugsmilch und Heidschnucken- sowie Rinderwurst in der Dose von anderen Direktvermarktern zu haben. Der Geflügelhof gehört der Fördergemeinschaft »Einkaufen auf dem Bauernhof« an und veranstaltet im Frühherbst einen Hoftag mit Streicheltieren und Spezialitätenständen. Im 6 Kilometer entfernten Coppenbrügge ist das Burgmuseum einen Besuch wert.

Sanderhof. Elke und Rainer Sander
Hemeringer Str. 49
31840 Hess.-Oldendorf-Hemeringen
✆ 05158 / 1418 o. 05158 / 2320
Geöffnet: tägl. ab 15

❑ Hoch zu Roß

Vor allem Tiere trifft man auf dem Sanderhof: sechs Islandpferde, Mutterkühe, Heidschnucken, Mastschweine, Hühner, Puten und Kaninchen. Verkauft wird daher auch vor allem Tierisches: Hausmacherwurst (im Darm und in Dosen), Saisongemüse, Obst und Kartoffeln, Heidschnuckenfleisch und Wurst (von Oktober bis Dezember), Putenfleisch, Kaninchen und Eier. Der Hof liegt mitten im Weserbergland, in der Umgebung gibt es viele schöne Wander- und Reitwege. Wie gut, daß es da auf dem Hof eine Ferienwohnung gibt und daß man sogar sein Pferd als Gast mitbringen und unterbringen kann! Wer nicht auf Schusters Rappen unterwegs ist, findet auch für seinen Drahtesel schöne Wege in nächster Nähe, z.B. den »Radfernweg Weser« in nur 3 km Entfernung.

Bio-Hof Bernd Brune
Röthestr. 38
31840 Hess.-Oldendorf-Rumbeck
✆ 05152 / 1774 u. 0171 / 2104963,
Fax 05152 / 1774
Geöffnet: nach Absprache

❑ Schafe und Geflügel

Lammfleisch und Spezialitäten vom Lamm, Felle, Geflügel (Puten, Gänse, Enten und Hähnchen), Eier, Gemüse, Honig und auf Bestellung auch Brot kann beim Bio-Hof von Bernd Brune direkt auf dem Hof gekauft werden. Auf dem biologisch bewirtschafteten Hof nach EWG-Kontrollsystem werden etwa 85 Schwarzkopfschafe, 500 Stück Federvieh und zehn Bienenvölker gehalten, der Gemüseanbau befindet sich im Aufbau. Der relativ junge Hof liegt direkt an der Weser, und die waldreiche Landschaft bietet gute Wandermöglichkeiten.

Landkreis Hildesheim

Siegfried und Gerlinde Bünger-Lang
Masch 2
31061 Alfeld-Föhrste
✆ 05181 / 4186
Geöffnet: nach Absprache

❑ **Weitblick über das Leinetal**
Malerische Wälder und Höhen umgeben die bisweilen als Perle des Leineberglandes bezeichnete Stadt Alfeld. Mit ihren 15 Ortsteilen bietet die Stadt zahlreiche Ausgangspunkte für erholsame Wanderungen und Radtouren in dichten Laubwäldern und prächtigen Leineauen. In Foehrste kann man auf dem Bünger-Langschen Hof Rindfleisch, Hühnereier (aus Bodenhaltung), Kartoffeln und Geflügel kaufen. Nach dem Einkauf sollte man sich einen der schönen Spaziergänge in der Umgebung nicht entgehen lassen. Gekennzeichnete Wege führen etwa zum Himmelbergturm hinauf, von wo es einen herrlichen Weitblick über das Leinetal zu genießen gilt. Andere Wege bringen einen zu sagenumwobenen Plätzen wie der Höhle des Raubritters Lippold von Rössing. Besonders Kinder spricht der Freizeitzoo Fliegenpilz mit seiner exotischen Tierwelt an.

Hof Stadler. Thomas Stadler
Masch 7
31061 Alfeld-Föhrste
✆ 05181 / 1298, Fax 05181 / 26836
Geöffnet: saisonal geöffnet. Lieferdienst

❑ **Hinter den Sieben Bergen**
Am Rand des alten Ortskerns von Alfeld findet sich der Hof Stadler. Auf 190 ha werden hier Kartoffeln und Erdbeeren angebaut, auf weiteren 40 ha gibt die Mutterkuhhaltung mit extensiver Bullenmast zartes Rindfleisch. Alle Produkte werden auf Wunsch auch geliefert. Die Stadt Alfeld mit ihren zahlreichen Stadtteilen liegt im Leinebergland am Fuße der Sieben Berge. Mancher Besucher glaubt, dort auf den Spuren einer der bekanntesten Volkserzählungen der Brüder Grimm zu wandeln, hinter den sieben Bergen bei den sieben Zwergen... Wer es weniger aufregend mag und einfach nur die beschauliche Ruhe in weiter Natur sucht, ist ebenfalls genau richtig. Die gekennzeichneten Wanderwege bieten viel Ruhe und Entspannung.

Bauernmarkt
Rathaus
31032 Algermissen
✆ 05102 / 2303
Geöffnet: Fr 15-18

❑ **Herkunft bekannt**
Entsprechend dem Jahresablauf gibt es auf dem Algermisser Bauernmarkt Produkte direkt vom Feld bzw. aus dem Stall; jeder Landwirt übernimmt die Garantie für Frische, Qusalität und Herkunft. Angeboten werden Kern-, Stein- und Beerenobst, Honig, Marmeladen, Konfitüren, Eier, Nudeln, Schweine- und Rindfleisch, Geflügel, Wurst, Schinken, Quark, Joghurt, Frischkäse, Kar-

toffeln, Gemüse selbstgefertigte Puppen und handgenähte Puppenkleider. Das Bild der Gemeinde Algermissen in der Hildesheimer Börde prägen alte Bauwerke und sehenswerte Kirchen wie etwa St. Andreas (von 1179) in Groß Lobke.

Helmut Meyer
Burgstemmer Str. 10
31032 Betheln
✆ 05182 / 1717
Geöffnet: nach Absprache

❑ Mittelalterliche Stadt Gronau

Im 1000-Seelen-Dorf Betheln liegt am Ortsrand in Richtung Gronau der Hof von Helmut Meyer mit 20 Milch- und ebenso vielen Mutterkühen. Verkauft wird Rindfleisch (Highland und Welsh Black, auf Bestellung und ab 1/8 Tier), Geflügel und Milch. Kinder dürfen die Kleintiere auf dem Hof streicheln: Puten, Gänse, eine Ziege und Hängebauchschweine. Einen Besuch wert ist das nahegelegene Gronau. Die Altstadt mit ihrer inselartigen Lage zwischen den Leinearmen ist gut erhalten und wurde zum größten Teil im Stil typisch niedersächsischer Fachwerkhäuser renoviert. Mittelpunkt des alten Stadtkerns ist die neugotische St. Matthäi-Kirche. Das älteste noch erhaltene Haus, der von Engelbrechten'sche Hof, ist von 1590 und beherbergt heute das Stadtmuseum. Im Norden Gronaus liegt die Gronau-Masch, ein aus der einstigen Tonförderung entstandenes Naturschutzgebiet, das wegen seiner artenreichen Tier- und Pflanzenwelt weithin bekannt ist.

Annette Herke
Hagenbach 4
31167 Bockenem-Bönnien
✆ 05067 / 6431, Fax 05067 / 69564
Geöffnet: ganzjährig

❑ Geschichte, Natur und Technik

Zentral (5 km von der Autobahn und nahe der B 243) und dennoch ruhig gelegen ist der Ackerbaubetrieb Herke in Bockenem-Bönnien. Das 1877 erbaute Haus bietet Übernachtungsmöglichkeiten mit Frühstück, Aufenthaltsraum und Fernsehen für maximal 6 Personen. Besonders sehenswert ist die kleine Fachwerkstadt Bockenem, deren Ortskern nur zwei Kilometer entfernt liegt. Der große Marktplatz und die in gotischem Stil erbaute Sankt-Pankratius-Kirche geben noch heute Zeugnis von der hochmittelalterlichen Blütezeit. Heute ist Bockenem mit seinen verwinkelten Gassen und dem Tillyhaus, einem gotischen Fachwerkhaus, in dem der Feldherr Tilly bis zur Schlacht am Barenberge wohnte, Teil der Deutschen Fachwerkstraße. Außerhalb der Stadtgrenze erwarten den Wanderer kilometerlange Wege durch den Ambergau sowie bizarr-zerklüftete Sandsteinformationen in den Bodensteiner Klippen. Im Automuseum Störy sind über 130 Kleinmobile und zahlreiche Roller und Mopeds aus den 50er Jahren zu besichtigen. Ebenso sehenswert ist das Turmuhrenmuseum in Bokkenem, das Produkte der einstigen Bockenemer Turmuhrenfabrik zeigt.

Geflügelschlachterei
Karin u. Gerhard Jarchov
Heerstr. 35
31167 Bockenem-Bornau
✆ 05067 / 833, Fax 05067 / 3095
Geöffnet: Vermarktung auf Wochenmärkten der Umgebung: Bornum: Sa vorm., Osterode: Sa vorm., Seesen: Do vorm., Bockenem: Do nachm., Vienenburg: Do nachm., Goslar: Fr vorm., Bad Gandersheim: Fr vorm., Bad Salzdetfurth: Fr nachm.

❑ Alles Gute von der Pute

Etwa 2000 Puten werden auf dem alteingesessenen Hof Jarchov heute gehalten. Von ganzen Puten über Teile wie Schnitzel oder Oberkeule, verschiedenen Wurstsorten (Jagdwurst, Leberwurst, Rotwurst) bis hin zu 20 verschiedenen Aufschnittsorten ist alles von der Pute zu bekommen. Fast alle Städte, in denen die Geflügelprodukte auf den Wochenmärkten angeboten werden, sind wegen ihrer alten Fachwerkarchitektur besonders sehenwert und bieten darüber hinaus weiter lokale Attraktionen (wie das Tillyhaus in Bockenem, in dem der Feldherr bis zur Schlacht am Barenberge wohnte, die Goslarer Kaiserpfalz aus dem 11./12. Jahrhundert oder das Jagdschloß in Seesen, in dem sich heute ein Museum befindet).

Friedrich und Christina Niehoff
Am Sägewerk 7
31167 Bockenem-Bültum
✆ 05067 / 6460, Fax 05067 / 69492
Geöffnet: nach Absprache

❑ Milch, Eier und ein Tortenservice

Auf dem seit 1857 in Familienbesitz befindlichen Hof werden Milch und Eier, Marmeladen und Säfte feilgeboten. Außerdem kann man Getreide- und Trockenkränze erwerben, und wer die Torten für das nachmittägliche Kaffeekränzchen oder zu größeren Anlässen nicht selber backen möchte, kann das besondere Angebot des Hofes in Anspruch nehmen: einen Tortenservice! Die Zeit, die man beim Kuchenbacken spart, steht so für andere Aktivitäten zur Verfügung: Immer einen Besuch wert ist die bereits inm 15. Jahrhundert zu den niedersächsischen Hansestädten gehörige Stadt Bockenem mit gut erhaltener Altstadt und Tillyhaus. Und auch außerhalb seiner Stadtgrenze bietet Bockenem in landschaftlich reizvoller Gegend zahlreiche Ausflugsziele und Sehenswürdigkeiten. Dazu zählt die 1000jährige Linde in Upstedt genauso wie der Dillsgraben, eine geologische Besonderheit, über die es viele Sagen und Geschichten gibt. Bei dem Erdfall, der durch die Auslaugung löslichen Gesteins im Untergrund entstanden ist, handelt es sich um den größten dieser Art in Norddeutschland.

Wulf und Sabine Warnecke
Obere Str. 8
31171 Burgstemmen
✆ 05069 / 96326, Fax 05069 / 96328
Geöffnet: nach Absprache

❑ Ganz nah am Schloß Marienburg

Seit nunmehr elf Generationen betreibt Familie Warnecke schon Landwirtschaft. Heute bauen sie Weizen, Zuckerrüben und Kartoffeln an, wovon letztere auch direkt vermarktet werden. Der Hof hat mit der B 1 eine gute Verkehrsanbindung. Nur zwei Kilometer entfernt und schon von weitem sichtbar ist die Marienburg, die von einer waldigen Berghöhe aus große Teile des Leinetals beherrscht. Das Schloß ließ Georg V., der letzte König von Hannover, in den Jahren 1857 bis 1866 errichten und schenkte es dann seiner Gattin Marie als Sommersitz. Das Schloßmuseum zeigt wertvolle Sammlungen.

Jutta und Otto Lahmann
Uetzer Str. 1
31234 Edemissen-Oelerse
✆ 05177 / 8266
Geöffnet: tägl. (außer So) 9-12 u. 15-18.
Bauernmarkt Algermissen: Fr 15-18

❑ Hofladen und Bauernmarkt

An der Kreuzung mit der Landstraße befindet sich in Edemissen die 12.000 qm große Hofstelle mit altem Baumbestand. Hier steht auch der Hofladen, in dem nach Saison Früh- und Speisekartoffeln, Spargel, Zwiebeln, Kohlköpfe, Porree, Sellerie, Möhren, Gurken und Bohnen, außerdem Eier, Nudeln und Fruchtsäfte angeboten werden. Neben der Möglichkeit, regional produzierte Nahrungsmittel zu erwerben, kann man alte Fachwerkhäuser und Höfe sehen. Original alte Straßenbahnen berichten im Straßenbahnmuseum Wehmingen-Hohenfels ebenfalls von vergangenen Zeiten.

Rittergut 2 Elze. Carsten u. Ina Bartels
Hauptstraße 22
31008 Elze
✆ 05068 / 2256, Fax 05068 / 4077
Geöffnet: Ladenraum in Elze,
Bahnhofstr. 13, Mo-Sa 9-12 u. 15-18,
Mi geschlossen.
Bauernmarkt Algermissen: Fr 15-18

❑ Kleine Geschenke und Gestecke

Idealer Ausgangspunkt für viele Exkursionen ist das Städtchen Elze. Am Schnittpunkt der Bundesstraßen 1 und 3 und mit einer Bahnstation an den Stecken Hannover-Göttingen und Braunschweig-Rheinland liegt der Ort besonders verkehrsgünstig. Hier kann man in der Bahnhofstraße vom Hof der Bartels Brotaufstriche der besonderen Art, kleine Geschenke aus Garten und Küche sowie saisonale Frisch- und Trockengestecke kaufen, um sich und anderen eine Freude zu machen. Im Westen grenzen die Ausläufer des Osterwaldes an die Stadt, der mit seiner Weitläufigkeit Ruhe und Erholung verspricht. In der Umgebung lohnen die St. Urbanuskirche von 1773 in Mehle und die Mühle an der Saale, die 1850 als eine der ersten auf Dampf umgestellt wurde und heute als Heimatmuseum besichtigt werden kann, einen Besuch.

Heuhotel und Hofcafé Wittenburg.
Brigitte Lenz
Zur Finie 1
31008 Elze
✆ 05068 / 3765, Fax 05068 / 4380
Geöffnet: Mi-So 14-18

❑ Kuchen & Kunsthandwerk

Unterhalb der Wittenburg, einem ehemaligen Kloster, befindet sich eine Hofanlage aus dem 16. Jahrhundert. Im Heuhotel Wittenburg können Familien, Vereine, Schulklassen, Wandergruppen etc. zünftig im Heu übernachten. Auch ein Grillplatz mit Lagerfeuer ist vorhanden. Wer nicht so lange bleiben möchte, ist im Hofcafé in gemütlichem Ambiente und bei selbstgebackenem Kuchen bestens aufgehoben. Und nicht zuletzt kommt hier auch noch der Kunstliebhaber auf seine Kosten, denn es werden Aquarelle, Grafiken, Antik-Möbel und Kunsthandwerk, das von Frauen aus den umliegenden Dörfern hergestellt wurde, zum Kauf angeboten. Zu empfehlen sind

Besichtigungen der Wittenburger Kirche, des Damenstiftes Wülfinghausen und des Schlosses Marienburg, die sich alle in nicht allzu weiter Entfernung befinden.

Hof Luna. Wilhelm-Rudolf Bertram u.
Heide-Marie Spielmann-Bertram
Hauptstr. 7
31085 Everode
✆ 05184 / 8328
Geöffnet: Di 16-18.30, Fr 15-18;
Neustädter Markt Hildesheim: Sa 7.30-13

❑ Landwirtschaft und Sozialarbeit

Direkt in der Ortsmitte von Everode liegt der Hof Luna, seit 1987 als Demeter-Gemischtbetrieb bewirtschaftet und seit seiner Gründung vor 200 Jahren in Familienhand. Eine Besonderheit des Hofes ist heute, daß bei der Auswahl der Mitarbeiter bewußt eine Verkopplung von Sozialarbeit und Landwirtschaft stattfindet. Neben dem Akkerbau liefern 30 Milchkühe und ihre Nachzucht, 15 Schweine und zehn Hühner hofeigene Milch und Milchprodukte, Wurst und Fleisch. Außerdem gibt es Gemüse, Kartoffeln und Getreide, im Sommer auch Blumen. Durch Naturkostwaren-Zukauf bietet der Hofladen zusätzlich ein vollständiges Naturkost-Trockensortiment (Nudeln, Reis u.a.). In der nächsten Umgebung des Hofes Luna liegen zahlreiche Wege, die zum Wandern und Spazieren in der hügeligen und waldigen Landschaft des Leineberglands einladen. Gekennzeichnete Wege führen z.B. zum Himmelbergturm, der einen herrlichen Weitblick über die Felder und Wälder ermöglicht.

Familie Wiegmann
Weserberglandstr. 10
37640 Golmbach
✆ 05532 / 8657
Geöffnet: jederzeit, auch am Wochenende

❑ Harzer Schmorwurst und Nackenbraten

Auf Stroh wachsen die Schweine einer norddeutschen Landrasse auf dem kleinen Bauernhof der Familie Wiegmann auf. Zahlreiche Sorten Wurst werden hier in Dosen und im Darm angeboten, darunter Harzer Schmorwurst, Braunschweiger und luftgetrocknete Mettwurst oder Kinderjagdwurst. Neben der Wurst gibt es verschiedene Fleischsorten wie Schnitzelfleisch, Kasseler oder fertig gewürzte und gefüllte Nackenbraten. Auch Sonderwünsche erfüllt man gern. Alle Schweine werden mit eigenem Getreide gefüttert und von einem Fleischermeister vor Ort geschlachtet. Bei der Verarbeitung verzichtet Familie Wiegmann auf Fremdstoffe, neben dem reinen Schweinefleisch finden nur noch Gewürze Eingang in die Wurst. Kinder dürfen auf dem Hof die kleinen Ferkel streicheln und füttern, und in der Umgebung laden Wanderwege zu Spaziergängen ein.

Henry Becker
Mittelstr. 16
31177 Harsum
✆ 05127 /6168
Geöffnet: Sa 8-12 u. nach Vereinbarung

❑ 1000jährige Eiche

Im Dorfkern von Harsum findet man den Ackerbaubetreib von Henry Becker, auf dem auch Schweine und Hühner gehalten sowie Speisekartoffeln und Eier verkauft werden. Harsum, in unmittelbarer Nähe von Hildesheim, bietet Sportbegeisterten und Heimatinteressierten zahlreiche Möglichkeiten für Freizeitaktivitäten. Besichtigt werden können beispielsweise die Machtsumer Bockwindmühle aus dem 17. Jahrhundert, die 1000jährige Aseler Grafeneiche und einige Heimatstuben. In Asel gibt es zudem ein besonderes Zeugnis der Geschichte zu sehen, eine in Norddeutschland einzigartige und noch immer voll funktionstüchtige Paltrockmühle.

Bioland-Betrieb Hartmann.
Engelbert Hartmann
Am Bäckerbrink 4
31177 Harsum-Borsum
✆ 05127 / 6849, Fax 05127 / 4824
Geöffnet: Sa 9-13 u. n. tel. Absprache

❑ Weltkulturerbe und Windmühlen
Der Bioland-Betrieb Hartmann, ein biologischer Ackerbaubetrieb mit artgerechter Mastschweinehaltung, bietet in seinem Hofladen Weizen, Roggen und Dinkel, Kartoffeln und Hausschlachteschweine an. Von hier aus bietet sich ein Abstecher in die Stadt Hildesheim mit ihren vielen Kulturdenkmälern an. Der 1000jährige Rosenstock ist dort zu bewundern, die zum »Weltkulturerbe der Menschheit« gewordene Michaeliskirche, das alte Knochenhaueramtshaus und Fassaden aus sechs Jahrhunderten. Am Marktplatz beginnt die »Rosenroute«: Weiße, auf das Pflaster gemalte Rosen weisen auf einem Rundgang den Weg zu 21 sehenswerten Stationen der Stadt.

Imkerei. Jens und Martina Ackermann
Steinberger Str. 88
31139 Hildesheim
✆ 05121 / 21540
Geöffnet: Mo-Sa

❑ Imkerei am Waldesrand
Direkt am Waldrand des Steinbergs findet man die Imkerei von Imkermeister Jens Akkermann. Dank der guten Parkmöglichkeiten ist schnell ein Platz fürs Auto gefunden, und die Qual der Wahl unter den vielen lekkeren Honigspezialitäten kann beginnen. Sortenhonige aus eigener Imkerei, cremig gerührte Frühjahrs- und Sommerblütenhonige sowie flüssige Honige wie Edelkastanienhonig befinden sich im Angebot. Besondere Spezialitäten der Imkerei sind Lindenhonig und Honige mit Propolis. Nach dem Einkauf sollte ein Besuch in Hildesheim, der Stadt mit der 1000jährigen Geschichte, nicht versäumt werden. Wer sich für altägyptische Kunst, chinesisches Porzellan oder Dinge aus dem alten Peru interessiert, wird dort im Roemer- und Pelizaeus-Museum nicht mehr aus dem Staunen herauskommen.

Josef Marheineke
Quelle 2
31135 Hildesheim-Einum
✆ 05121 / 55675, Fax 05121 / 58882
Geöffnet: nach tel. Absprache

❑ UNESCO-Weltkulturerbe und 1000jähriger Rosenstock
5 km vom Zentrum Hildesheims liegt der Marktfruchtbetrieb der Marheinekes, der sich seit 150 Jahren im Familienbesitz befindet. Hier gibt es frei ab Hof Dinkel und Dinkelmehl (der Typen 550 und 1050, die in der Algermissener Mühle gemahlen wer-

den) und Ende September/Anfang Oktober Einkellerungskartoffeln. Einen Besuch, zu dem man am besten einige Zeit mitbringt, ist die »jüngste Großstadt der Bundesrepublik« Hildesheim wert. Das »Wunder der Rose« veranlaßte Kaiser Ludwig den Frommen bereits im Jahr 815, hier ein Marienkirchlein zu errichten und den Bischofssitz von Elze nach Hildesheim zu verlegen. Noch heute ist im 872 vollendeten Dom der 1000jährige Rosenstock zu bestaunen. Menschen aus aller Welt kommen, um die Bernwardinische Kunst im Dom und die Michaeliskirche zu besichtigen, die von der UNESCO zum »Weltkulturerbe der Menschheit« erhoben wurde.

Klosterhof Sorsum.
Diakonische Werke Himmelsthür
Hinter dem Dorfe 18
31139 Hildesheim-Sorsum
✆ 05121 / 604132 u. 604250,
Fax 05121 / 604 553
Geöffnet: Di-Fr 8.30-12, Do 13-16.30.
Neustädter Markt: Mi 8-12,
Marienburger Höhe 8-12

❑ Biologisch-organischer Landbau auf dem Klostergut

Am Hildesheimer Wald gelegen, erreicht man von Hildesheim kommend den Hof über die B 1. Auf einem ehemaligen Klostergut der Klosterkammer Hannover werden hier 84 ha mit Gemüsebau biologisch-organisch bewirtschaftet, 500 Hühner leben in Bodenhaltung. Zum Gut gehört auch eine große Parkanlage. Verkauft werden eigene Kartoffeln, Eier, Gemüse und Getreide, aus dem Zukauf außerdem Säfte, Wein und Bier, Körner, Müsli, Brot, Tee und Brotaufstriche. In 4 km Entfernung (also genau richtig für einen Spaziergang) liegt der Hildesheimer Aussichtsturm. Die Marienburg bei Nordstemmen ist auch nur 10 km entfernt. Das romantische Bauwerk wurde Mitte des vorigen Jahrhunderts von König Georg V. von Hannover für seine Gemahlin Marie als Sommersitz in Auftrag gegeben.

Helmut und Waltraud Wintel-Hildebrandt
An der Beeke 7
31008 Hildesheim-Sorsum
✆ 05068 / 2386, Fax 05068 / 2386
Geöffnet: nach Absprache

❑ Alles, was Federn hat

Federvieh aller Art begegnet einem auf dem Hof von Wintel-Hildebrandts. Aber neben Enten, Gänsen, Puten, Hähnchen, Hühnern, Perlhühnern, ja sogar zwei Pfauen, Wachteln und Tauben werden hier auch 30 Sauen und 300 Mastschweine gehalten. Zum Verkauf stehen frisch geschlachtetes Geflügel, Frisch- und Dosenwurst aus Hausschlachtung, Eier und Walnüsse. Für Kinder sind allein schon die vielen verschiedenen Tiere ein Erlebnis, das aber sogar noch gesteigert werden kann, wenn man mit ihnen im nur 2 km entfernten Wittenburger Heuhotel übernachtet. Nicht weit ist es auch bis Elze als idealem Ausgangspunkt für Ausflüge ins Leinebergland, besonders in den weiträumigen Osternwald, oder in den Saupark bei Springe am Deister.

Imkerei Jürgen Steinmetz.
Bienen- und Naturprodukte
Dorit-Gesine Steinmetz
Parkstr. 5b
31188 Holle
✆ 05062 / 752
Geöffnet: nach Absprache

❑ Honigbier, Pyramiden und Burgen

Honig und andere Bienenprodukte aus der Imkerei von Jürgen Steinmetz (wie Honigwein, -schnaps, -bier und -likör) verkauft Dorit-Gesine Steinmetz in Sillium und auf verschiedenen regionalen Märkten. Auch im Familien-Freizeitpark Sottrum ist ihr Bienenstand zu finden. Den Ort Holle erreicht man am besten über die A 7, Abfahrt Derneburg, dann noch 2 km bis Sillium. Holle ist bekannt als Gemeinde der Schlösser und Burgen, die Flußniederungen der Innerste und der Nette sowie bewaldete Hänge prägen der Landschaftsbild und laden zu ausgedehnten Spaziergängen ein. Bester Ausgangspunkt für eine Wanderung ist der Wohlenberg mit seiner Burgruine aus dem Mittelalter. Der alte Burgturm bietet einen wunderschönen Rundblick über das Hildesheimer Land bis zum Harz. Von hier aus sieht man auch das Schloß Henneckenrode, das 1850 in Stil der Renaissance vollendet wurde. Einen Ausflug wert ist auch das Schloß Derneburg. Rund um das Schloß befindet sich heute ein englischer Landschaftsgarten mit dem »Laves-Kulturpfad«. Dieser kulturhistorische Lehrpfad führt vorbei am Schloß zu einem griechischen Tempel auf dem Donnerberg und zu einer ägyptischen Pyramide.

Heinrich und Wilma Thormann-Uhde
Mitteldorfstr. 2
31087 Landwehr-Eyershausen
✆ 05183 / 1464, Fax 05183 / 1464
Geöffnet: noch kein Hofladen;
Verkauf auf dem Bauernmarkt

❑ Vollkornbrot in klösterlicher Ruhe

In der Nähe der Kurstadt Bad Gandersheim, die auch wegen ihrer Domfestspiele bekannt ist, liegt der Ort Landwehr, und mitten in Landwehr-Eyershausen trifft man auf die Hofstelle von Heinrich Thormann. Einen Hofladen gibt es noch nicht, deshalb verkauft Ehefrau Wilma ihr Vollkornbrot auf dem Bauernmarkt. Im nahen Klosterort Lamspringe wird das Ortsbild durch viel Fachwerk, eine gut erhaltene Barockkirche und das Benediktinerkloster geprägt. Geruhsam kann man hier durch die großzügigen Parkanlagen mit der Lammequelle schlendern. Eine alte Wassermühle zeugt von den vielfältigen Aktivitäten im Bereich des alten Klosters.

Forellenzucht Rheden. Frank Feuerhake
Kirschweg
31039 Gronau-Rheden
✆ 05182 / 4553 u. 05068 / 3129,
Fax 05068 / 3129
Geöffnet: Mo, Mi, Do, Fr, Sa 9.30-12.30; Di, Do 15-17.30; So 9.30-11. Märkte in Hildesheim, Gronau, Elze und Gehrden

❑ Fischzucht in Quellwasser

Im Leinetal am Fuße der Sieben Berge kann man Fische aus dem Quellwasser-Zuchtbetrieb bekommen: Bachforelle, Lachsforelle, Regenbogenforelle, Lachs und Aal (zugekauft) sowie Karpfen. Der Betrieb ist Mitglied im Verband der deutschen Forellenzüchter und im Niedersächsischen Binnenfischer-Verein. In der Teichwirtschaft mit 25 Teichen werden 80.000 Regenbogenforellen, 40.000 Bachforellen und 10.000 Bachsaiblinge gehalten. Die nahe Stadt Gronau an der Leine ist eine lebendige Kleinstadt mit Freibad, Sportanlagen und Golfplatz am Übergang der Mittelgebirge zur Norddeutschen Tiefebene. Die waldreiche Umgebung bietet Wanderern zahlreiche abwechslungsreiche Touren, in der Stadt selbst sind viele alte Fachwerkhäuser erhalten und stilecht renoviert.

Margrit und Henning Grobe
Siebenbrüderstr. 16
31196 Sehlem
✆ 05060 / 2252
Geöffnet: Mo, Mi, Do, Fr 9.30-13 u. 15-18, Sa 9-12

❑ **Erholung im Vorharz**
Bei Lamspringe liegt der Ort Sehlem, wo Henning Grobe neben Ackerbau Ferkelaufzucht und Schweinemast für die Direktvermarktung betreibt. Auf seinem Hof kann man Wurst, Statice und Flugenten, Fruchtaufstrich und Fruchtsaft sowie Kartoffeln, Gemüse und Honig kaufen. Der in der Nähe gelegene staatlich anerkannte Kur- und Erholungsort Lamspringe bietet Ruhe abseits vom Massentourismus. In der reizvollen Hügellandschaft des Vorharz finden sich zahlreiche Möglichkeiten zu Wanderungen, und auch die Städte Bad Gandersheim und Bad Salzdetfurth laden zu Kuranwendungen, zu Entspannung und Erholung ein.

Hermann Ohlendorf
Obere Dorfstr. 8
31196 Sehlem
✆ 05060 / 334, Fax 05060 / 334
Geöffnet: nach Absprache

❑ **Alles Wurst**
Leicht zu finden ist der Ohlendorfsche Hof aus dem Jahre 1891 in Sehlem: Mitten im Dorf, gegenüber der Cäcilienkirche, leben 350 Mastschweine. Zum Verkauf stehen folgerichtig diverse Wurstsorten (jeweils à 300 g): Knappwurst, Leberwurst, Rotwurst, Brägenwurst, Eisbein mit Mett, Sülze und Mettwurst. In der Nähe von Lamspringe, Bad Gandersheim und Bad Salzdetfurth gelegen, bieten sich neben verschiedenen Wanderungen und Spaziergängen im Vorharz auch kulturelle Ausflüge an.

Landkreis Holzminden

Ölmühle Solling. Gudrun Baensch
Am Schloß 14
37639 Bevern
✆ 05531 / 81275 o. 05531 / 120557, Fax 05531 / 916568
Geöffnet: Mi 9-18 u. n. tel. Absprache

❑ **Altes Handwerk in neuem Gewand**
Eine Ölmühle für heimische und exotische Ölsaaten und Nüsse betreibt Gudrun Baensch in Kooperation mit Naturland in Bevern. Die Speiseölgewinnung erfolgt über kalte Pressung und schonende Aufarbeitung. Verkauft werden Speiseöle und Pflanzenöle für Naturkosmetik, die alle naturbelassen sowie kaltgepreßt sind – d.h., sie enthalten noch alle wertvollen Inhaltsstoffe wie z.B. die Vitamine – und aus anerkannt ökologischem Landbau stammen. Auch Nußmehle und Nußmuse sowie Fut-

termittel sind zu haben. In Gudrun Baenschs »Ölmühle Solling« kann man auch Informationen über eine gesunde und ausgewogene Ernährung bekommen.

Weserhof Boffzen. Henning Büchse
Obere Dorfstr. 37
37691 Boffzen
✆ 05271 / 5322
Geöffnet: Mo, Mi, Fr, Sa 10-12,
Mo, Mi, Fr 16-18

❑ Direkt am Weserwanderweg

Wer den Weserradwanderweg entlang fährt oder läuft, kommt direkt am Weserhof Boffzen vorbei; wer vom Dorf her den Weg sucht, folgt dem Schild »Zum Schiffsanleger« und gelangt so zum unter großen, alten Kastanien gelegenen Hofgebäude. Hier erwarten einen Wurst, Eier, Kartoffeln, Nudeln, Getreide und Honig, die zum Verkauf angeboten werden. Teilweise sind die Waren von Biolandbetrieben und anderen Direktvermarktern der Region zugekauft. Nach einer Rast, frisch gestärkt, kann es dann weitergehen auf dem Weser(rad)wanderweg.

Burkhard und Ruth Elsner
Bahnhofstr. 13
31073 Delligsen
✆ 05187 / 1530, Fax 05187 / 1530
Geöffnet: Mo-Fr 8.30-13 u. 15-18,
Sa 8.30-13, Di nachm. u. Mi Ruhetag,
Bauernmarkt Algemissen Fr 15-18

❑ Wurst nach Hausschlachterart

50 Sauen, ein Eber und 300 Mastschweine bilden die Grundlage des Elsnerschen Betriebs, zu dem 40 ha Ackerland gehören. Der Hof befindet sich direkt in der Mitte des Ortes Delligsen. Hier werden Wurst nach Hausschlachterart im Darm und in Dosen, luftgetrocknete Mettwurst und Schinken angeboten. Außer im Hofladen kann man die Würste auch auf dem Bauernmarkt in Algemissen bekommen, der jeden Freitagnachmittag stattfindet. Der Betrieb ist Mitglied im Arbeitskreis Direktvermarktung.

Birgit's Bauernladen.
Birgit und Helmut Sandhof
Eschershauserstr. 19
37632 Eimen-Mainzholzen
✆ 05565 / 1000, Fax 05565 / 1000
Geöffnet: tägl. 9-12 u. 15-18
sowie nach Absprache

❑ Große Auswahl bei Birgit

Marktfruchtbau und Schweinemast dominieren das Geschehen auf dem Hof von Birgit und Helmut Sandhof mitten im Weserbergland. Birgit's Bauernladen im hundert Jahre alten Fachwerkgebäude auf dem Hof bietet – in Kooperation mit anderen Direktvermarktern – ein weites Spektrum an Nahrungsmitteln. Hier gibt es Kartoffeln, viele Sorten Wurst nach Hausmacherart in Dosen und im Darm, Schinken und Speck, Eier von freilaufenden Hühnern und Käse sowie Obst und Gemüse der Saison (so z.B. im Frühsommer auch Spargel). Außerdem bietet der Laden Fruchtsäfte, Wein, Honig, Marmelade und Wild an. Auf dem Hof befindet sich ein Kinderspielplatz, so daß die Kleinen ruhig toben können, solange ihre Eltern einkaufen.

Obsthof Sander. Hans-Heinrich Sander
Gangolfstr. 7
37640 Golmbach
✆ 05532 / 8280
Geöffnet: während der Saison
durchgehend

❑ Kernobst mitten im Ortskern

Im Ortskern von Golmbach, direkt neben der Kirche, fällt ein altes Fachwerkhaus in einer geschlossenen Hoflage auf: der Obsthof Sander. Hier werden im Sommer Erdbeeren und Kirschen, im Winter Weihnachtsbäume und jederzeit Obstweine zum Kauf angeboten. Der Betrieb ist Mitglied in der Kooperation »Die Pflückfrischen«. Nach dem Hofeinkauf bietet es sich an, das in der Nähe gelegene Kloster Amelungsborn zu besichtigen. Der nahe Solling und der Vogler locken zu jeder Jahreszeit zu einem langen Spaziergang, und ein Besuch in der Münchhausenstadt Bodenwerder sollte auch nicht versäumt werden.

Walter Busche
Hopfenberg 3
37649 Heinsen
✆ 05535 / 353
Geöffnet: nach Absprache

❑ Kälber aus Hausschlachtung

Nur Mutterkühe der Rasse Limousin werden auf dem reinen Grünlandbetrieb von Walter Busche gehalten, und alle Flächen werden nur extensiv bewirtschaftet. Zum Verkauf stehen Weidemastkälber aus der Mutterkuhhaltung, die hausgeschlachtet werden. Wer neben dem Einkauf Entspannung sucht, ist mit einem Spaziergang in der grünen Landschaft gut beraten, wer eher kulturelle Zerstreuung sucht, kann z.B. die nahe Stadt Holzminden besuchen, in der noch einige gut erhaltene alte Fachwerkhäuser zu sehen sind.

Voglerhof. Karl-Heinz und Barbara Vogler
Tiebrink 5
37619 Kirchbrak
✆ 05533 / 1514, Fax 05533 / 6215
Geöffnet: Di 15-18, Fr 10-12 u. 15-18,
Sa 10-12

❑ Gutes vom Gutshof

Seit 1989 befindet sich der Bioland-Betrieb Voglerhof auf einem denkmalgeschützten ehemaligen Gutshof mitten in Kirchbrak. Der kleine Ort liegt zwischen Eschershausen und Bodenwerder. Alle angebotenen Produkte stammen aus biologischer Produktion, auch die zugekauften Gemüsesorten, Milch- und Trockenprodukte und alle Getränke (Saft, Bier Wein). Auf dem Voglerhof werden Kühe, Kälber und Rinder, eine Sau und Ferkel, Mastschweine sowie Hühner gehalten. Verkauft werden neben den zugekauften Produkten aus eigener Erzeugung Milch und Eier, Fleischportionen nach Bestellung, ein breites Wurstsortiment von Schwein und Rind, Gemüse der Saison und Getreide. Die Würste enthalten keine chemischen Zusatzstoffe und nur Gewürze aus biologischem Anbau. Kinder und Erwachsene können die Tiere jederzeit in ihren offenen Ställen besuchen.

Imkerei. Armin Blume
Brink 6
37643 Negenborn
☽ 05532 / 8302 o. 05532 / 81300,
Fax 05532 / 81309
Geöffnet: nach Anmeldung 8-18 tägl.

❑ Imkerei und Imkerschule

Der anerkannte Imkerei-Fachbetrieb von Armin Blume öffnet seine Türen nach Anmeldung und bietet dann neben Honigen auch Pollen (zugekauft), Propolis, Bienenliqueur und Bienentee an. Eine Besonderheit ist, daß es hier auch eine Imkerschule, regelmäßige Lehrgänge zu allen Fragen der Imkerei und praktische Unterweisungen gibt; zudem werden Hilfen bei der Einrichtung einer eigenen Imkerei angeboten. Für Bienenvolk-uninteressierte Partner kann – parallel zum Lehrgang – auch eine Informations- und Freizeittour in die Umgebung organisiert werden.

Heiner und Ina Küster
Breite Str. 29
31868 Ottenstein
☽ 05286 /205
Geöffnet: nach Absprache. Markt in Bodenwerder Fr 8-13

❑ Selbst sehen, was man ißt

Auf dem 70 ha großen Hof der Küsters werden Mutterkühe, Hühner und Schweine gehalten. Zu kaufen gibt es Eier und Wurst, Kartoffeln, Marmelade und Eierlikör, auf Bestellung auch Gänse und Enten, sowie Weihnachtsbäume im Dezember. Nach dem Motto »Sie sollen wissen, was Sie essen und sehen, woher es kommt« kann man sich davon überzeugen, daß die Tiere auf dem Hof in natürlicher Freilandhaltung aufwachsen, die Kälber nicht von ihren Müttern getrennt werden, die Rinder auf der Weide gehalten werden und die Schlachtung mit möglichst wenig Streß vonstatten geht. Auf dem Hof findet zum Erntedankfest jährlich ein Bauernmarkt statt. Kauft man Küsters Produkte freitags auf dem Markt in Bodenwerder, sollte man es nicht versäumen, hier noch ein wenig auf Münchhausens Spuren zu wandeln.

Regina und Hermann Reese
Hauptstr. 25
37619 Pegestorf
☽ 05533 / 3112, Fax 05533 / 3112
Geöffnet: Verkauf nach Bestellung bzw. Absprache

❑ Mastbullen, Heidschnucken, Masthähne

Mastbullen, Heidschnucken und Masthähne halten die Reeses auf ihrem Hof. Die Tiere werden nur mit auf dem Hof erzeugten Futtermitteln gefüttert. Bestellt werden kann Geflügelfleisch (je Masthahn ca. 3-5 kg bratfertig), Heidschnuckenfleisch und Rindfleisch, das bereits fachgerecht zerteilt und einfrierfertig ist. Der Verkauf erfolgt dann nach Vereinbarung. Pegestorf liegt im Herzen des Weserberglandes, etwa 6 km stromaufwärts von Bodenwerder, der Geburtsstadt des Baron v. Münchhausen. Empfehlenswert ist ein Besuch des Münchhausenmuseums, und auch eine Dampferfahrt auf der Weser ist stets ein Spaß für Groß und Klein.

Wilmeröder Berg. Renate u.
Thomas Schröder u. Manfred Häuser
Wilmeröder Berg 1
37647 Polle
✆ 05535 / 8609
Geöffnet: nach Absprache, Markt in Höxter u. Holzminden Mi u. Sa 8-13

❑ Hoch auf dem Berg

Auf dem Wilmeröder Berg, 200 Höhenmeter und 3,5 Kilometer vom Ortskern von Polle entfernt, liegt der Hof von Renate und Thomas Schröder und Manfred Häuser, auf dem sieben Ziegen, 29 Milchschafe und 230 Hühner gehalten werden. Daneben dominiert der Gemüsebau. Verkauft wird (Markt Höxter) Schafs- und Ziegenkäse, Kuhkäse, Gemüse, Brot, Eier, Lammfleisch und diverse Trockenwaren; (Markt Holzminden) Käse, Gemüse, Brot, Eier, Lammfleisch und Trockenwaren. Zugekauft werden vom Naturkosthändler einige Käsesorten, Gemüse und die Trockenwaren. Direkt vom Hof sind alle Waren erhältlich. Und wenn man schon einmal so hoch auf dem Berg ist, sollte man sich einen Spaziergang mit Ausblick keinesfalls entgehen lassen.

Forstbachtaler Milchhof. Familie Quentin
Rösecke 1
37640 Warbsen
✆ 05532 / 81233 o. 05532 / 81022,
Fax 05532 / 81022
Geöffnet: Verkauf auf Bestellung, Milchbringdienst

❑ Vorzugsmilch von glücklichen Kühen

Mitten im Weserbergland liegt der Gemischtbetrieb Quentin mit Ackerland und Grünland, in dem 50 Rinder und ebensoviele Kühe gehalten werden. Den natürlichen Lebensumständen der Tiere wird Rechnung getragen, indem sie artgerecht auf saftigem Grün frei herumziehen oder sich wahlweise in das Stroh der Stallungen legen können. Das gute Weideland liegt am idyllischen Forstbach, wo den Tieren auch Bäume zur Verfügung stehen. Verkauft wird hauptsächlich Vorzugsmilch – Rohmilch allerhöchster Qualität –, daneben Dosenwurst, Rindermettwurst, Rinderschinken und Marmelade. Auf Bestellung werden Schweine und Rinder geschlachtet. In der nahegelegenen Stadt Einbeck sind besonders schöne Fachwerkhäuser erhalten. Und wie wäre es, einmal ein Stück entlang der Deutschen Märchenstraße oder Straße der Weserrenaissance zu fahren?

VI. Vom Boldecker Land bis zum Großen Bruch

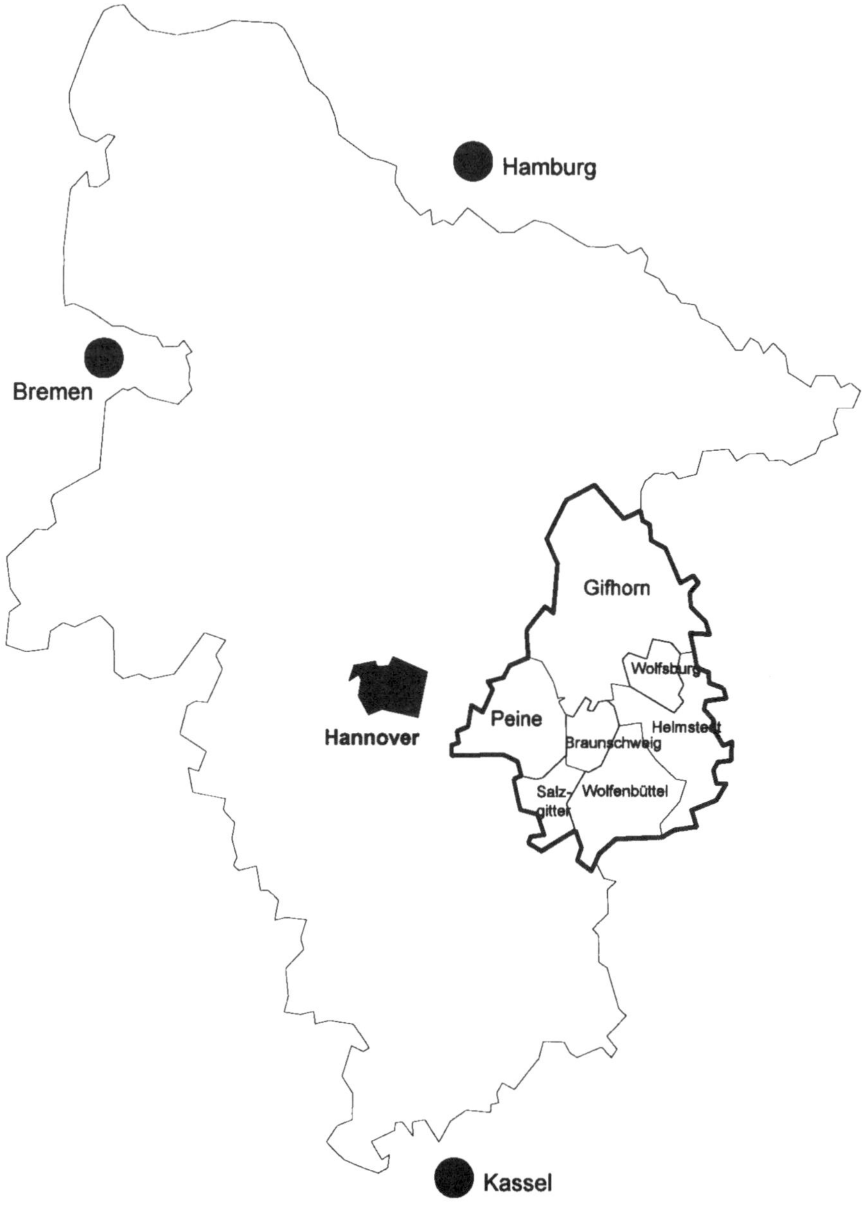

Landkreis Gifhorn

Christine u. Ernst-Dieter Meinecke
Hauptstr. 7
38476 Barwedel
✆ 05366 / 1830, Fax 05366 / 1830
Geöffnet: 9-12 u. 16-18 (und nach Bedarf)

❑ Kreative Basteleien

Die ganze herrliche Bauernhof-Tierwelt ist vertreten, und das nicht zu knapp: Angus-Rinder, Schweine, Hühner, Hähnchen, Enten, Gänse und Puten. Kinder dürfen ganz nah ran und streicheln. Neben Rindfleisch, Geflügel, Wurst, Spargel und Eiern gibt es für die Kaffeetafel leckeren Kuchen (auf Bestellung). Wer noch ein Geschenk sucht, dem seien die Präsentkörbe oder die kreative ländliche Trockenfloristik empfohlen. Das spezielle Angebot für Kinder: »Ferienbasteln« und ein »Nachmittag auf dem Bauernhof«. Vorher unbedingt anmelden!

Albrecht Meyer-Böwing
Im Dorfe 1
38465 Brome-Altendorf
✆ 05833 / 225 o. 224, Fax 05833 / 225
Geöffnet: Erdbeerverkauf ab Feld

❑ Erdbeeren

Hinter dem Lidl-Markt in Brome liegt der Hof von Landwirt Meyer-Böwing, wo es Erdbeeren in Hülle und Fülle gibt. Saison ist von Mitte Juni bis Mitte Juli; die roten Früchte werden ab Feld verkauft. Wer will, kann selbst pflücken. Ganz in der Nähe: Burg Brome mit angegliedertem Handwerksmuseum. Ebenso sehenswert: die Wehrkirche in Altendorf.

WeBo's Gemüsekurve, Werner Schaper
Hamburger Str. 50
38518 Gifhorn-Gamsen
✆ 05371 / 73097 o. 73546,
Fax 05371 / 74573
Geöffnet: Mo-Fr 9-18, Sa 9-13

❑ Kartoffel- und Gemüseanbau

darauf ist Landwirt Schaper spezialisiert. Von Gifhorn aus auf der alten B 4 Richtung Norden erreicht man etwa 2 km nach Durchfahren einer Rechtskurve den Hof (auf der rechten Seite, in der Ortsmitte von Jansen). Verschiedene Sorten Kartoffeln und ein außerordentlich breites, täglich frisch geerntetes Gemüsesortiment werden im Hofladen angeboten. Des weiteren: Wurst aus eigener Schweinemast, bunte Sommerblumen und Futtermöhren. Aus Zukauf direkt vom Erzeuger: Äpfel aus dem Alten Land, Badische Weine, Eier aus Freilandhaltung sowie Honig. Im Mühlenmuseum in Gifhorn kann man Originalmühlen und Modelle aus der ganzen Welt bewundern.

Bauernhof Heerdes
Dorfstr. 46
29386 Hankensbüttel-Emmen
✆ 05832 / 1640 o. 6343, Fax 05832 / 6343
Geöffnet: Mo-Fr 9-12.30 u. 14-16, Sa 9-13

❑ Probesitzen auf dem Trecker

Direkt an der Ortsdurchgangsstraße gelegen, ist der seit 350 Jahren in Familienbesitz befindliche Hof mit dem Auto gut zu erreichen. Aus eigenem Anbau werden Kartoffeln und Frühkartoffeln angeboten. Die Spezialität der Heerdes: Dosenwurst, Mettwurst, Schinken und Darmwurst aus eigener Schweinehaltung; die Tiere werden mit eigenem Futter gemästet. Des weiteren gibt es Eier von Hühnern aus Freilandhaltung. Aus

Zukauf erhältlich: Qualitätsware vom Imker, Winzer, Apfel- und Gemüsebauern. Besonders begehrt sind laut Heerders die Steckrüben. Während die Eltern im Hofladen sind, können sich die Kinder die Zeit auf einem hofeigenen Spielplatz vertreiben. Auf Wunsch können sie die kleinen Ferkel und Hühner streicheln oder auf dem Trekker probesitzen. Für Tierliebhaber dürfte das am Isenhagener See gelegene Otterzentrum in Hankensbüttel ein Erlebnis sein, wo in Freigehegen Fischotter, Dachse, Iltisse und Steinmarder leben.

Damwildzucht u. Direktvermarktung,
Lutz Bodenmüller
Sandstr. 4
38550 Isenbüttel
✆ 05374 / 3004
Geöffnet: Gatterbesuche nach tel. Vereinbarung

❑ Damwild, auch für Lehrer

Halbe und ganze Wildkörper werden vom Fleischermeister tiefkühlfertig und nach Kundenwunsch zugeschnitten; der Betrieb unterliegt ständig amtlicher Fleischkontrolle. Da das Schlachtgewicht ganzer Tiere etwa 22 kg beträgt, sollte man vorher unbedingt Platz im Gefrierschrank schaffen. Auf Bestellung sind auch Damwildsalami und Damwildschinken erhältlich. Der Hof liegt am 1. Koppelweg in der Gemarkung Clausmoor-Gifhorn/Ost. Nach Absprache können Besucher an der Wildfütterung teilnehmen. Und welche Lehrer suchen noch nach einem Ausflugsziel für den nächsten Wandertag? Herr Bodenmüller lädt Klassen mit bis zu 20 Schülern dazu ein, die Tiere am Gatter zu besuchen. Also anrufen und nachfragen!

Henning Müller
Hauptstr. 27
38550 Isenbüttel
✆ 05374 / 1218
Geöffnet: nach Vereinbarung

❑ Und nach dem Einkauf Ponys streicheln geh'n

Zentral im Städtedreieck von Gifhorn, Wolfsburg und Braunschweig liegt Isenbüttel, wo Familie Müller seit drei Generationen Landwirtschaft betreibt. Zu den eigenen Erzeugnissen im Angebot gehören zehn Sorten Dosenwurst sowie Gemüse der Saison. Aus Zukauf von Berufskollegen sind Eier, Kartoffeln und Honig zu haben. Wer die Gegend näher kennen lernen möchte, kann auf dem Hof auch übernachten. Die Kinder wird's freuen: Direkt nebenan gibt's einen Ponyhof, wo man reiten oder Kutschfahrten unternehmen kann.

Wilhelm Ziegenbein
Hauptstr. 51
38477 Jembke
✆ 05366 / 1236
Geöffnet: tägl. 8-18

❑ Eine ehemalige Wassermühle

idyllisch mit einem Mühlenteich am Waldrand gelegen, der Hofladen ist im alten Wirtschaftsgebäude untergebracht. 70 Legehennen laufen in Freilandhaltung umher, sie sorgen täglich für frische Eier. Landwirt Ziegenbein hat sich auf den Anbau von Speisekartoffeln spezialisiert, aus eigener Küche kommen Konfitüren und Gelees. Von anderen Direktvermarktern gibt's – teilweise im Produktaustausch – Fleisch und Wurst, Honig, Nudeln, Säfte und Weine, Zwiebeln, Spargel, Erdbeeren und »Wela«-Produkte. Geflügel kann man an Festtagen sogar bratfertig mit nach Hause nehmen. Wilhelm Ziegenbein empfiehlt einen Spaziergang am nahen Bernsteinsee und eine Einkehr im 1 km entfernten Restaurant und Kaffeegarten *Brackstedter Mühle.*

Lüers-Laden,
Danika Schrader u. Martin Lüdke
Hauptstr. 17
38536 Meinersen
✆ 05372 /7053
Geöffnet: Mo-Fr 7-12.30 u. 14-18, Sa 7-12.30

❑ Die Südheide von oben sehen

Auf der B 188 zwischen Uetze und Gifhorn kommt man mit dem Auto nach Meinersen an der Oker. Der Hof, dessen Geschichte bis in die Anfänge des Dreißigjährigen Krieges zurückreicht, liegt direkt an der Bundesstraße, in der Ortsmitte gegenüber der Volksbank. Der Mischbetrieb beherbergt 10 Rinder, 20 Schweine und 200 freilaufende Hühner und bietet im Hofladen Gemüse, Kartoffeln und ungespritztes Obst, Eier, Hausmacher Wurst und Schinken, Honig, Konfitüre, diverse Säfte und Weine sowie handgearbeitete Weidenkörbe. Das Getreide wird auf Wunsch geschrotet. Die kleinen Kunden können sich an einem Spieltisch die Zeit vertreiben, während die Großen in Ruhe einkaufen. Die besondere Attraktion für Wagemutige: Nach telefonischer Absprache werden zum Selbstkostenpreis Ultraleicht-Rundflüge angeboten. Der Flugplatz ist nur 30-Autominuten von Lüers-Laden entfernt.

Hans-Hinrich Heuer
Langlinger Str. 1
38536 Meinersen-Böckelse
✆ 05082 / 435
Geöffnet: nach Vereinbarung

❑ Wo der Storch auf die Schafe blickt

Der Hof der Heuers blickt auf eine bewegte Geschichte zurück. Seit 400 Jahren im Besitz der Familie, wurde er 1830 nach einem Brand vor dem Dorf ausgesiedelt. Zum Hof gehören 200 ha Acker, 16 ha Wald und 50 ha Grünland, auf dem sich auch Störche blicken lassen. 1000 Schafe (plus Nachzucht) liefern Fleisch und Felle, die zum Verkauf angeboten werden. Außerdem: Geflügel und Eier aus Freilandhaltung. Die vegetarische Abteilung bietet Kartoffeln, Zwiebeln und Getreide, bei Bedarf auch heimisches Obst und Gemüse. Im Winter sind Brennholz, Weihnachtsbäume und Schnittgrün zu haben. Ab 1998 soll eine Ferienwohnung am Wald Urlaubsgästen ein schönes Quartier bieten. Sehenswert für den Tagesausflug: Der Kornspeicher in Böckelse aus dem 17. Jahrhundert.

Hörnings' Hof. Jörg Hubertus Hörning
Höfen 8
38536 Meinersen-Höfen
✆ 05372 / 5281, Fax 05372 / 6607
Geöffnet: Hofladen: Di-Fr 9-13 u. 14-18, Sa 9-13.30. Märkte in Wolfsburg (Rathaus u. Brandenburger Platz), Lehrte und Celle (Brandplatz)

❑ Gänse, Enten, Puten, Hähnchen und Hühner

beherbergt der zehn Jahre alte Hof in Einzellage mit viel Platz für artgerechte Tierhaltung. Verkauft werden Frischgeflügel, Eier, Dosenwurst, Kartoffeln, Gemüse und

Nudeln, auf Bestellung ist Schweinefleisch erhältlich. Kooperiert wird mit Direktvermarktern der näheren Umgebung. Zur Zeit ist bei Hörnings mächtig was los: Es entstehen ein Café und Restaurant, in dem es Lekkereien aus eigenen Produkten geben wird, eine Streichelwiese, ein Spielplatz für Kinder und außerdem ein Biergarten. Für einen Familienausflug ist der 5 km entfernten Ersepark in Uetze wunderbar geeignet.

Philippe und Anita Bernard
Appelweg 4
38536 Meinersen-Päse
☏ 05372 / 6287 o. 6920, Fax 05372 / 6287
Geöffnet: tägl. außer Sa. Wochenmarkt in Braunschweig: Di u. Fr, Markt in Hannover: Mi, Straßenverkauf an der B 4 u. B 6 Richtung Bad Harzburg: So

❑ Alte Eichen

zieren Hof Bernard, der 1788 gegründet wurde. Auf 50 ha Ackerland werden Gemüse, Kartoffeln, Raps, Gerste und Weizen umweltfreundlich angebaut. Angeboten werden Spargel, Porree, Sellerie, Rote Bete, Möhren, und Kohl, außerdem Kartoffeln und Obst in kleinen Mengen. Dazu Saisongemüse wie Gurken, Bohnen und Blumenkohl -alles zu 80% ungespritzt und unbehandelt. Geht das eigene Gemüse-Angebot zu Ende, werden ausgesuchte deutsche Produkte zugekauft. Die Eier stammen aus tiergerechter Haltung eines Naturland-Biobetriebs. Ein Reiterhof und ein Spielplatz liegen um die Ecke, so daß bei Kindern keine Langeweile aufkommt. Auf Wunsch kann man auf dem Trecker bei einer Führung über die Felder teilnehmen.

Homann's Eichenhof,
Hermann u. Ulrike Homann
Volkserstr. 19
38536 Meinersen-Seershausen
☏ 05372 / 8270, Fax 05372 / 8272
Geöffnet: Verkauf ab Hof

❑ Eichenumstanden

Auf dem Vebindungsweg zwischen der B 188 und der B 3214 gelangt man nach Seershausen. Im alten Dorfkern, etwas abseits von der Hauptstraße, liegt dicht an der Oker der Hof der Homanns, umgeben von über 60 Eichen. Aus eigener Haltung werden angeboten: Eier von freilaufenden Hühnern, Rindfleisch (auf Bestellung), Dosenwurst und Enten aus Freilaufhaltung. Für die vegetarische Küche empfehlen sich Kartoffeln und Spargeln. Kinder sind hier gern gesehene Gäste: Auf dem Hof stehen Rutsche, Schaukeln, Sandkasten und ein Spielhaus. An Gaststätten seien die *Waldquelle* in Seershausen und das *Alte Weegehaus* in Meinersen empfohlen.

Henning Meyer
Warmser Weg 1
38536 Meinersen-Seershausen
☏ 05372 / 6925
Geöffnet: im Sommer Verkauf an der B 214 auf Gut Steinhof (vor Braunschweig), Lieferung frei Haus für Kunden aus Harz und Vorharz

❑ Spargel, Erdbeeren und Kartoffeln

gibt es auf dem 80 ha großen Hof (auch wieder mit vielen Eichen drumherum), der 1831 an den Ortsrand umgesiedelt wurde. Wegen der abseitigen Lage bietet Herr Meyer seine Ware im Sommer auf Gut Steinhof zum Verkauf an.

Gustav Evers
Bahnhofstr. 3
38539 Müden/Aller
✆ 05375 / 2970, Fax 05375 / 2970
Geöffnet: nach Absprache

❑ Damwild und Zebu-Rinder

In der Ortsmitte von Müden liegt der Hof von Landwirt Evers. Auf 4 ha Land hält er 35 Stück Damwild und 5 Zebu-Rinder. Das Damwild wird sowohl als Lebendtiere als auch als Schlachtkörper verkauft. Die wahlweise halben (ca. 12-16 kg) oder ganzen (ca. 24-32 kg schweren) Körper werden auf Wunsch zerlegt. Sehenswert: die St.Petri-Kirche mit spätgotischem Backsteinbau und Fachwerk.

Landwirtschaft Rolf Götz Lippel
Hauptstr. 17
38524 Sassenburg-Westerbeck
✆ 05371 / 6565
Geöffnet: Selbstbedienung.
Wochenmarkt in Wolfsburg/Nordkopf: Do 8-13, Markt in Vorsfelde: Fr 8-13

❑ Jede Menge Federvieh

Der Hof liegt im Ortskern von Westerbeck. 300 Hühner, 400 Enten, 100 Masthähnchen, dazu noch Gänse und Puten nennt Familie Lippel ihr eigen. Außerdem grunzen 60 Schweine im Stall. Auf 9 ha Land werden Kartoffeln und Spargel angebaut. Im ganzjährigen Angebot: Kartoffeln und Eier, Dosenwurst und Marmelade. Saisongebunden ist der Verkauf von Spargel, Schlachtgeflügel, Gemüse und Salaten. Empfehlenswert: Gasthof *Neuhaus* oder *Rammes Hofcafé* – und danach zum Baden, Spaziergehen oder Minigolf-Spielen an den Bernsteinsee im Nachbarort Stüde.

Treuen-Hof. Marie-Luise Meinecke
Dorfplatz 7
29396 Schönewörde
✆ 05835 / 7633
Geöffnet: Mo-Fr 8-12 u. 14-18 oder nach tel. Vereinbarung

❑ Milchvieh und Mastbullen, Hühner und Enten

hält Frau Meinecke auf dem 470 Jahre alten Treuen-Hof mitten im Ortskern von Schönerode. Die Schweine im Stall sind nicht für die Direktvermarktung bestimmt. Auf Bestellung kann Rindfleisch in kleinen und großen Mengen sowie köstlicher hausgemachter Hefekuchen abgeholt werden. Außerdem: Dosenwurst und Mettwurst im Darm sowie Konfitüren und Säfte aus Wildfrüchten. In unmittelbarer Nähe läßt sich am Elbe-Seiten-Kanal prima radfahren. Wer die Welt lieber von dem Rücken der Pferde aus betrachtet, dem sei der Reiterhof Wulfshof im Nachbarort Betzhorn empfohlen, dort finden sich im Naturschutzgebiet »Heiligen Hain« auch Spazierwege in reizvoller Heidelandschaft. Nach solcherart Bewegung in frischer Luft schmeckt dann das Essen der gut bürgerlichen Küche des Landgasthauses Heiner Meyer im 2 km entfernten Wahrenholz doppelt gut.

Renate Sanderbrandes
Hauptstr. 13
38179 Schwülper
✆ 05303 / 5781
Geöffnet: Markt in Riddagshausen: Fr 8-13, Markt in Groß-Schwülper: Fr 14.30-18

❑ In einem Wiesengrund

liegt Hof Sanderbrandes. Dorthin gelangt man auf der Verbindungsstraße zwischen B 214 und B 4. Am Stand von Renate Sanderbrandes auf den Märkten von Riddagshausen und Groß-Schwülper liegen Dosenwurst, Rindfleisch, Hähnchen, Enten- und Putenfleisch, Eier, Spargel und Perlhühner aus. Das Gemüsesortiment wird aus Zukauf vom Frischmarkt vervollständigt.

Spargelhof Genter, Hans-Hennig Genter
Hauptstr. 9
38179 Schwülper
✆ 05303 / 4186 o. 4983, Fax 05303 / 6368
Geöffnet: Hofladen in Planung

❑ Die Spargelstecherinnen

Schwerpunkt des Ackerbetriebes in der Ortsmitte von Groß-Schwülper ist das lukullische Gemüse. Seit 1995 könnensich Klein- und Großverbraucher mit Hilfe einer Schälmaschine beim Zubereiten des edlen Gemüses viel Arbeit ersparen. Die artgerecht gehaltenen, mit betriebseigenem Futter gemästeten Schweine werden in der Zeit von Oktober bis April nach Absprache geschlachtet und das Fleisch den Wünschen de Kunden entsprechend zerteilt. Dosenwurst ist das ganze Jahr über vorrätig. Gegenüber des Hofes kann man in einem Gasthaus gut Spargel essen – etwa 100 m weiter steht die Bronzeplastik »Die Spargelstecherinnen«, die einzige ihrer Art in ganz Norddeutschland.

Hof Michels / Pension »Unter den Eichen«
Hagener Dorfstr. 5
29365 Sprakensehl-Hagen
✆ 05837 / 1347 (Landwirtschaft),
05837 / 1205 (Pensionsbetrieb),
05837 / 866 (Reiterhof)
Geöffnet: nach Absprache

❑ Ferien auf dem Bauernhof

Mitten im 130-Seelen-Dorf Hagen liegt der 300 Jahre alte Familienbetrieb der Michels. Ein Fachwerkgebäude mit großem Hofgelände grenzt unmittelbar an Weiden und Felder an. Der land- und forstwirtschaftliche Betrieb bietet Rindfleisch und Rinderwurst (Galloway-Herdbuch), aus Eigenjagd ist Reh-, Rot- oder Schwarzwild zu haben; wer gern angelt, bekommt hier Köderfische. Außerdem gibt's Kartoffeln, Eier, Honig, Hafer und Runkeln und, für die kalte Jahreszeit, Kaminholz. Wer seinen Urlaub hier verbringen möchte, hat die Wahl zwischen Fremdenzimmern und Ferienwohnungen. Auf den Haflingern und Shetlandponies des Hofes können ausgedehnte Ausritte auf Waldwegen in der Umgebung unternommen werden. Und wer den Pferderücken scheut, der leiht sich Fahrräder oder macht eine Kutschfahrt.

Meyer's Hof,
Heinz D. Meyer u. Christine Heuer-Meyer
Hauptstr. 14
38479 Tappenbeck
✆ 05366 / 294
Geöffnet: Mo-Sa 8-12 u. 14-18.
Märkte in Wolfsburg (Westhagen u. Brandenburger Platz): Di u. Fr

❑ Kartoffeln, Grünspargel, Wurst

Der landwirtschaftliche Vollerwerbsbetrieb der Meyers liegt verkehrsgünstig direkt an der B 248. Hier werden 20 Rinder und 40 Schweine artgerecht gehalten und mit selbsterzeugten Futtermitteln gemästet. Das Motto lautet »Verbraucherfreundlichkeit« – und so werden denn alle Produkte auf Wunsch auch ins Haus geliefert. Vorrangig stehen Kartoffeln zum Verkauf. Sodann: Gemüse der Saison (Spezialität: Grünspargel), Wurstwaren aus eigener Tierhaltung und Kaminholz. Für eine gemütliche Rast seien die 1 km entfernte *Alte Mühle* in Weyhausen und das Ausflugslokal *Brackstedter Mühle*, 3 km von Tappenbeck liegend, genannt.

Willi u. Margrit Balke
Luisenstr. 5
29399 Wahrenholz
✆ 05835 / 536, Fax 05835 / 536
Geöffnet: tägl. 8-12 u. 14-18 (Mi 14-18 geschlossen).
Markt im Prinzenpark/Braunschweig: Do 14-18, Markt in Wesendorf: Fr 8.30-18, Markt in Isenbüttel: Sa 8.30-12

❑ **Im Winter »Grünkohlwanderungen«**

und im Sommer »Führungen auf dem Feld« gehören bei Familie Balke zum festen Angebot. Zur Unterhaltung wird dabei mit dem Akkordeon aufgespielt. Gemüse der Saison vom Spargel bis zum Grünkohl ist im Bauernladen zu haben. Aus eigener Herstellung werden Salzgurken, Sauerkraut, Marmeladen und Gelees sowie Wurst nach Hausmacher Art angeboten. Die Bauernpräsentkörbe und die Bunzlauer Keramik sind schöne Mitbringsel. Sehenswert: die alte Wassermühle im Ort.

Land- und Gemüsebau Prilop
Hauptstr. 52
29399 Wahrenholz
✆ 05835 / 8282, Fax 05835 / 8284
Geöffnet: Mo-Sa 8-12 u. 15-18.30 (außer Mi u. Sa nachm.),
Wochenmärkte in Gifhorn, Salzgitter, Hankensbüttel

❑ **Mitten im Ort**

und genau gegenüber dem Friedhof liegt der 100 ha-Hof von Heinrich Prilop. 140 Schweine und 400 Hühner sorgen hier für tierischen Tumult. Verkauft werden Kartoffeln, Äpfel, Dauerwurst und Gemüse aller Art. Außerhalb der Saison wird das Obst- und Gemüse-Angebot aus Zukauf ergänzt. Im Naturschutzgebiet »Heiliger Hain« im nahen Betzhorn läßt sich die herbe Schönheit der Wacholderheide erfahren.

Albrecht's Bauernladen, Jens Albrecht
Rundling 1
38448 Wolfsburg-Warmenau
✆ 05361 / 66211 o. 01715575612,
Fax 05361 / 66211
Geöffnet: tägl. 8-18

❑ **Gemüse & Eier nicht nur für Kindergartenkinder**

Inmitten des Rundlingsdorfes Warmenau steht das Fachwerkhaus von Familie Albrecht. Der 150 ha große Gemischtbetrieb hat 30 Milchkühe mit Nachzucht, 140 Legehennen sowie Hunde und Katzen vorzuweisen, man bekommt Kartoffeln, Eier aus Bodenhaltung, Gemüse, Marmelade, Wurst und Milch. Vom Imker gibt's Honig. Außerdem: Handarbeitsartikel, Gestecke, Kränze, Heu und Stroh. Die Albrechts bieten Führungen, vor allem für Schulklassen und Kindergärten, an

Hilda Werner
Calberlaher Str. 29
38553 Wasbüttel
✆ 05374 / 4804
Geöffnet: nach Vereinbarung

❑ Bienenhonig und Ziegenkäse

Am Ortsrand, Richtung Calberlah, findet man den Hof von Hilda Werner. Er beherbergt zwölf Bienenvölker. Sie liefern die Grundlage für den Früh- und Sommerhonig, der hier zu haben ist. Außerdem gehören zwischen acht und zehn Ziegen zum Hof. Aus der Milch stellt Frau Werner verschiedene Sorten Ziegenkäse her: Weich-, Schnitt- und Frischkäse – letzterer besonders beliebt mit Schnittlauch und Knoblauch. Einmal in Wasbüttel, sollte man sich die alte Kapelle mitten im Dorf anschauen. Sie wurde vor dem Dreißigjährigen Krieg als Festung erbaut. In der Nähe: das Erholungsgebiet »Tankum See«, im Sommer ideal zum Baden, Surfen und Segeln.

Jörg Müller
Eutzen 24
29378 Wittingen-Eutzen
✆ 05831 / 7107 o. 8247
Geöffnet: nach Vereinbarung

❑ Rindfleisch und mehr

Eutzen – ein 750 Jahre altes, 100 Einwohner zählendes Rundlingsdorf mit historischer Kirche. Von Knesebeck kommend, ist das erste Haus auf der linken Seite das Einzelgehöft von Jörg Müller. Charolais, Galloways und Schwarzbunte tummeln sich auf dem Grünland. Außer den Fleisch- und Wurstwaren stehen hier Kartoffeln, Frischmilch und Früchte der Saison zum Kauf. Kinder sind willkommen. Tiere zum Anfassen, ein Pferd und ein Spielplatz bringen den Kleinen jede Menge Spaß. Im benachbarten Rundlingsdorf Lüben lädt das land- und hauswirtschaftliche Museum zu einer Besichtigung ein. Wer dabei eine trockene Kehle bekommt, dem sei der *Wallpub* in Wittingen empfohlen.

Hof Dreibirken, S. Kramer
Transvaal Nr. 9
29379 Wittingen-Transvaal
✆ 05834 / 6267
Geöffnet: Verkauf ab Hof: Mo-Fr 10-12 u. 14-16, Sa 10-18

❑ Alaun-gegerbte Ziegenfelle

Auf dem Grünlandhof am Waldrand laufen 40 Ziegen, drei Schafe, Hühner, Enten und Kaninchen frei herum. Hier bekommt man verschiedene Sorten Ziegenkäse und -butter, Ziegen- bzw. Kitzfleisch (auf Bestellung) sowie Alaun-gegerbte Ziegenfelle. Außerdem: Eier und Dosenwurst. Nach Vereinbarung kann der Hof sonntags besichtigt werden.

Hesterberghof, Martin u. Brigitte Orenz
Transvaal Nr. 15
29379 Wittingen-Transvaal
✆ 05834 / 5187, Fax 05834 / 5187
Geöffnet: Verkauf ab Hof nach tel. Anmeldung

❑ Selbstgemachter Rinderbraten in Sahnesauce

zählt zu den Spezialitäten des Hesterberghofes und sollte unbedingt probiert werden (vorher bestellen!). Martin und Brigitte Orenz halten Mutterkühe auf ihrem Hof in wunderbarer Waldrandlage mit 40 Morgen »Winterauslauf«. Galloways, Highlands, Limousins, Shorthorns und andere Rassen tummeln sich auf dem Grünland. Unter dem Ökosiegel wird ausschließlich Rindfleisch von Bullen, die drei Jahre alt sind, verkauft. Als Futter verwendet wird nur Heu von Naturschutz- und Landschaftsschutzflächen. Bei Voranmeldung besteht die Möglichkeit, mit hinauszufahren zu den Weiden, in eine wunderbare Vogelmoorlandschaft. Dort, so schwärmt Frau Orenz, komme man sich vor wie in einer anderen Welt.

Landkreis Peine

»Kartoffeln... und mehr«,
Hartmut Giere
Peiner Str. 25
31234 Edemissen
✆ 05176 / 571, Fax 05176 / 571
Geöffnet: Okt.-Apr.: Di 10-15 o. nach tel. Absprache

❑ Die Schwarzbunte Herdbuchherde

ist das »...und mehr«, das bei Hartmut Giere gleich nach den Kartoffeln kommt. 30 Stück Milchvieh plus Nachzucht können Besucher auf Wunsch hautnah besichtigen – vor allem für Stadtkinder ein Erlebnis. Direkt an der B 444, gegenüber der örtlichen Volksbank ist der Hof zu finden. Verkauft werden Kartoffeln und aus Zukauf Obst aus dem Alten Land.

Margret u. Hans Henning Homann
Wehnserhorst 5
31234 Edemissen-Wehnsen
✆ 05176 / 8024, Fax 05176 / 8024
Geöffnet: Mo-Fr 8-12.30 u. 14.30-18, Sa 8-12.30; während der Spargelzeit auch So 10-12 u. 16-18

❑ Spargel und Kartoffelschnaps

Der 220 Jahre alte Hof der Homanns liegt 12 km nördlich von Peine in dem kleinen Ort Wehnsen. Das Angebot ist groß: Gemüse der Saison, Obst, Kartoffeln, Wurst nach Hausmacher Art, Honig und Konfitüre, Nudeln, Säfte und Kartoffelschnaps stehen zum Verkauf bereit. Aus eigener Freiland-Tierhaltung sind Gänse, Enten, Masthähne, Schweine und Eier zu haben. Wer auf Wildfleisch steht, wird hier auch etwas finden. Weihnachtsbäume gibt's im Dezember. Jedes Jahr in der Spargelzeit veranstaltet Familie Homann einen Tag der Offenen Tür, und wer ein paar Tage Urlaub machen möchte, kann sich in einem der Gästezimmer des Hauses einquartieren.

Spargelhof Gier
Runde Str. 6
31234 Edemissen-Edesse
✆ 05176 / 1444
Geöffnet: In der Spargelsaison (auch Kartoffeln): Mo-So 10-13 u. 15-20

❑ Weihnachtsmann und Jagdfasan

Altes Eichenfachwerk ziert die Hofgebäude. Die beiden Hunde Flicka und Donax sind unermüdlich im Einsatz und sorgen dafür, daß kein Fuchs die 1500 Puten stiehlt. Nicht nur Spargel, auch Kartoffeln und, auf Bestellung, Wild, Pute und Jagdfasan kann man kaufen. Zum Christfest gibt es Weihnachtsbäume ab Plantage. Dort stattet der Weihnachtsmann an einem Adventssonntag bei den Kleinen sogar persönlich einen Besuch ab. Ansonsten kann man den Einkauf prima mit einer schönen Wanderung verbinden. Direkt hinter dem Hof liegt das Naturschutzgebiet »Edesser Seewiesen«, an dessen Rand die Gaststätte *Eichenhof* zur Rast einlädt. Wer Spargel mag, dem sei die *Sportklause* im Ort empfohlen.

Café *Zur Kaffeekanne*
Marktstr. 30
31249 Hohenhameln
✆ 05128 / 1006, Fax 05128 / 8347
Geöffnet: So-Di 14-18, Do-Sa 10-18 Uhr

❑ Vier Landfrauen und eine Idee
»Die größte Pflanze, die hier Schatten spendet, ist die Zuckerrübe«, umreißt gleichnishaft Hannelore Stolte die Gegend um Hohenhameln; eine weite, ebene Landschaft mit eigenem Reiz. Als die Kinder aus dem Gröbsten rauswaren, entschlossen sich einige Landfrauen, einen schon länger gehegten Wunsch zu verwirklichen: Ein eigenes Café. Gesagt, getan: Helgard Brandis, Ilse Kücke, Margot Jürgens und Hannelore Stolte mieteten das Erdgeschoß eines älteren Gebäudes an, gaben dem Innenraum mit eigenen alten Möbeln einen sehr gemütlichen, ländlichen Flair. Im Sommer kann man die verschiedenen selbstgebackenen Kuchensorten auch im Freien genießen; je nach Saison wird mit frischen Früchten gearbeitet. Auch Frühstück und Suppen sind zu haben. Und wer meint, zu tief ins Glas geschaut zu haben, wenn er den Turm der evangelischen Laurentius-Kirche betrachtet, irrt: Das Gotteshaus hat tatsächlich einen doppelten Turm.

Karl-Gerhard Giffhorn
An der Eiche 2
31241 Ilsede
✆ 05172 / 6508
Geöffnet: Fleischverkauf nach Absprache (vorwiegend im Herbst u. Winter)

❑ Highland-Rinder und Eselreiten
Verkehrsgünstig an der Landstraße von Hämelerwald nach Ilsede liegt der Hof von Landwirt Giffhorn. Auf zehn ha Land hält er zwischen 20 und 25 Highland-Rinder. Der Verkauf erfolgt nach Vereinbarung, in der Weihnachtszeit sind auf Bestellung auch Gänse zu haben. Eine Attraktion für Kinder: Eselreiten und Tiere zum Anfassen!

Lüddekes Hofladen
Marktstr. 6
31246 Lahstedt-Gr. Lafferde
✆ 05174 / 460
Geöffnet: Hofladen tägl. 8-13 sowie Di, Do u. Fr 15-18; Bauernmarkt Hannover Do 14-18 an der Marktkirche,
Bauernmarkt Algermissen Fr 15-18

❑ Frische Wurst und Lafferder Markt
200 Jahre hat der Hof auf dem Buckel, in dem Hühner, Rinder und Mastschweine auf Stroh gehalten werden; auf 37 ha werden Getreide und Zuckerrüben angebaut. Die Schlachtung und Wurstherstellung erfolgt im eigenen Schlachthaus durch den Landwirt selbst. So gibt es im Winterhalbjahr frisches Schweine- und Rindfleisch, Hausmacher Wurst und Mettwurst zu kaufen, ansonsten Schinken, Dosenwurst, frische Eier, Kartoffeln, Geflügel, Marmelade und Gemüse der Saison. Am letzten Mittwoch und Donnerstag im September findet der Lafferder Markt statt mit seinem traditionellen Essen: Gänsebraten und Zwetschenkuchen.

Rittergut Schwicheldt,
Ulrich Graf Hardenberg
Am Gutshof 5
31226 Schwicheldt
✆ 05171 / 52203, Fax 05171 / 53411
Geöffnet: nach tel. Absprache

❑ **Wurst & Antiquitäten**

An der B 65 zwischen Peine und Hannover liegt das Rittergut Schwicheldt, 1131 erstmals als Stammsitz der Grafen von Schwicheldt erwähnt. Heute ist es ein Ackerbaubetrieb mit 30 Schweinen und eigener Getreidemast. Ein delikates hausgeschlachtetes Allerlei wartet in hofeigenen Kühlräumen auf hungrige Abnehmer: Leber-, Knapp- und Rotwurst, Mett, Sülze, Schinken und Mettwurst. Für große Feiern können Spanferkel und Schlachtessen bestellt werden. Und wer seine Gäste nicht im eigenen Wohnzimmer unterbringen kann, der mietet am besten gleich das urige Kellergewölbe von 1708. Hier können 60-70 Leute einen festlichen Abend verbringen. Außerdem befindet sich auf dem Hof eine Restaurierungswerkstatt für Antiquitäten.

Jürgen Wiedemann
Damm 5
38159 Vechelde-Bettmar
✆ 05302 / 5611, Fax 05302 / 5611
Geöffnet: Di 8-13 u. 18-19, Fr 8-12 u. 18-19, Sa 8-13

❑ **Ackerbau und Legehennen**

Der Hof: ein altes Fachwerkhaus, ein Teil der Gebäude steht unter Denkmalschutz. In dem Ackerbaubetrieb mit Legehennenhaltung werden Eier, Kartoffeln, Wurst, Marmelade, Nudeln, Brot sowie Obst und Gemüse der Saison angeboten. Teilweise wird vom Wehnsener Hornshof zugekauft. Ausflugstip: Der Seilbahnberg in Lengede ist ein lohnendes Wanderziel.

Ziegenhof Wense, Hans Hinrich Giffhorn u. Susanne Meyn-Giffhorn
Dorfstr. 3
38176 Wendeburg-Wense
✆ 05303 / 3262 o. 2318
Geöffnet: Di u. Fr 9-12 u. 14-18, Sa 9-13

❑ **Ziegenmeckern & Schweinegrunzen**

Die Kinder sind hellauf begeistert von den Geräuschen der Schweine und Ziegen, die in Scharen herumlaufen: Der Hof der Giffhorns, ein 150 Jahre alter Fachwerkbau in Dorflage, hat viel zu bieten. Wer auf Ziegenkäse steht, sollte unbedingt vorbeischauen, verschiedenste Sorten Schnitt- oder Weichkäse, wahlweise Natur, mit Kräutern, grünem Pfeffer oder Paprika locken. Außerdem sind aus eigener Erzeugung Kartoffeln sowie Dosenwurst und luftgetrocknete Mettwurst erhältlich. Vervollständigt wird das Angebot mit Gemüse von Bioland-Kollegen und Produkten aus dem Naturgroßhandel.

Landkreis Helmstedt

Klaudia Hasenclever-Boog und Gerd Boog
Dorfstr. 5
38368 Ahmstorf
✆ 05365 / 2322
Geöffnet: nach Vereinbarung

❑ **Mastbullen und Mutterkühe**

halten die Boogs auf ihrem 25 ha großen Land. In dem kleinen Straßendorf Ahmstorf liegt ihr 100 Jahre alter Hof, der heute im Nebenerwerb bewirtschaftet wird. Interessierte können den Betrieb auf Anfrage besichtigen. Aus eigener Erzeugung werden auf Bestellung kalte Buffets zubereitet und Rindfleisch verkauft. 2 km von Ahmstorf entfernt liegt die Dorfkirche von Rhode, die mit ihren sehenswerten neuen Fenstern zum Besuch einlädt. Im nahen Naturpark Elm kann man sich beim Fahrradfahren oder Wandern erholen.

Vorzugsmilchbetrieb Andreas Rubow
Dorfstr. 20
38368 Ahmstorf
✆ 05365 / 433, Fax 05365 / 7484
Geöffnet: Verkauf ab Hof: Mo-Fr 18-18.30, 1-2 mal wöchentlich Belieferung

❑ In Pfandflaschen abgefüllt

liefern die Rubows ihre Vorzugsmilch 2- und 3-literweise an Haushalte, Kindergärten, Schulen oder Gastronomiebetriebe aus. 50 Milchkühe und ebensoviele Jungtiere garantieren ständigen Nachschub. Abends kann man sich die frische Milch auch direkt vom Hof abholen.

Biolandbetrieb Hansmann's Hofladen
Rotdornstr. 30
38464 Groß Twülpstedt-Klein Twülpstedt
✆ 05364 / 2419, Fax 05364 / 2419
Geöffnet: Hofladen: Mo 16-18, Mi 9-11 und Fr 15-18

❑ Buntes Allerlei

44 ha umfaßt der Biolandbetrieb von Familie Hansmann, wo neben der Landwirtschaft Hühner und Schweine gehalten werden. Einkaufen kann man hier in reizvollem Ambiente: Die 150 Jahre alten Hofgebäude sind zum Teil noch mit Fachwerk erhalten. Die Auswahl der Produkte aus eigener Erzeugung ist reichhaltig: Kartoffeln, Eier, Getreide, Brot, Wurst, Wein und Gemüse. Ein Naturkostsortiment von Elkershausen rundet das Angebot ab. Und wer bei all den Köstlichkeiten Appetit bekommt – das Landgasthaus *Lapau* in Papenrode ist für seine vorzügliche Küche weithin bekannt.

Johannes Dieckmann
Vorsfelder Str. 1
38350 Helmstedt
✆ 05351 / 37281, Fax 05351 / 33002
Geöffnet: nach Anfrage

❑ Schnaps und Schlempe

Direkt am Altstadtrand von Helmstedt liegt die Kornbrennerei von Johannes Dieckmann. Besucher können hier zwischen verschiedenen Klare-Spirituosen und Fruchtlikören auswählen. Der Hof, zu dem auch Milchvieh gehört, wird nach dem Prinzip des Schlempe-Kreislaufs betrieben: Die alkoholfreie Schlempe aus den unvergorenen Bestandteilen der Maische dient als hochwertiges Futtermittel für die Tiere. Vom Hof aus sind es nur noch ein paar Schritte durch die Fußgängerzone in die 1000jährige Altstadt, wo Dokumente jüngster und ältester Vergangenheit dicht nebeneinanderliegen: das Zonengrenzlandmuseum, die mittelalterliche Stadtbefestigung oder die Universität mit dem prachtvollen Renaissance-Bau »Juleum« lohnen einen Besuch.

Bioland-Hof Herwig Mollenhauer
Zum Stüh 16
38350 Helmstedt-Barmke
✆ 05356 / 804
Geöffnet: Di u. Fr 16-18

❑ Schweine, Rinder und Geflügel

Direkt an der Kirche, mitten im Ort, liegt der 50 ha große Bioland-Hof von Herwig Mollenhauer mit Sauen, Mastschweinen, Mastrindern und jeder Menge Geflügel. Aus eigener Erzeugung werden Rind- und Schweinefleisch, auf Anfrage auch Geflügel angeboten. Sodann aus Zukauf von Erzeugern aus der Umgebung: Brot und Wein sowie Elkershausener Naturkost. Die Klöster Marienberg und St. Ludgeri bei Helmstedt laden zu einem kulturhistorischen Abstecher ein.

Hirndorf-Wahnschaffe GbR, Mike Hirndorf
Burgweg 6
38154 Königslutter-Groß Steinum
✆ 05353 / 1825 oder 2380
Geöffnet: Verkauf nach Absprache

❑ Alles für die Grillsaison

Im idyllischen Groß Steinum hält Mike Hirndorf 132 junge Mastbullen – und das auf geschichtsträchtigem Boden. Teile des Hofes sind bis zu 1100 Jahre alte Burggebäude. Neben Wurst- und Fleischwaren werden auf Bestellung auch kalte und warme Gerichte für Feste zubereitet. Wer's gerne zünftig mag, kann einen Grillstand mieten. Von hier aus ist es nicht weit zum Dorm, einem urwüchsigen Waldgebiet, in dem man herrliche Wanderungen unternehmen und sogar ein altes Hünengrab besichtigen kann.

Reit- und Ausbildungsstall Joachim u. Susanne Schrader
Fallersleber Str. 11
38154 Königslutter
✆ 05353 / 5646, Fax 05353 / 5646
Geöffnet: nach tel. Absprache

❑ Hoch zu Roß

Der 100 Jahre alte Hof der Schraders vereint Pferde- und Rinderzucht mit einem Reitstall. Nach telefonischer Absprache ist hier Rind- und Kalbfleisch aus artgerechter Ammenkuhhaltung zu haben. Wer reiten lernen möchte, kann sich zum Unterricht anmelden und an Ausritten teilnehmen. Auch therapeutisches Reiten steht auf dem Programm. Derzeit werden 26 Pferde artgerecht im Offen-Laufstall gehalten. Darunter gibt es außer den Hengsten auch Gnadenbrot- und Aufzuchtpferde als Pensionstiere.

Bodo Wipper
Kirchwinkel 6
38154 Königslutter-Rieseberg
✆ 05353 / 2822, Fax 05353 / 2822
(nach vorheriger Ankündigung)
Geöffnet: Verkauf nach Absprache

❑ Tierisch was los

Dies ist die richtige Adresse für jeden, der sein Frühstücksei mit gutem Gewissen aufklopfen möchte: Die Hühner auf dem Wipperschen Hof genießen freien Auslauf. Auch alle anderen Erzeugnisse werden extensiv erwirtschaftet. Auf Wippers Hof ist tierisch was los: Schweine, und jede Menge Enten und Schafe gibt es hier. Verkauft werden Schaffelle und Schafwolle, Schweinefleisch und Enten, Hähnchen, Lammfleisch, Roggen-, Weizen- und Haferschrot. Kartoffeln werden teilweise zugekauft. Das südlich gelegene Rieseberger Moor ist mit seiner seltenen Pflanzen- und Vogelwelt ein Eldorado für alle Naturfreunde. Für Kunst- und Kulturinteressierte ist der berühmte Kaiserdom in Königslutter ein »Muß«.

Frieka Meinecke
Jansekamp 15
38536 Meinersen-Leershausen
✆ 05372 / 6931
Geöffnet: Mi, Do, Fr u. Sa

❑ Gemüse, Obst und Blumen

Schweine, Hühner und Gänse tummeln sich auf Hof Meinecke am Rand von Leershausen, einem Stadtteil von Meinersen. Frieka Meinecke verkauft Spargeln, Kartoffeln, Gemüse und Obst aus eigener Produktion. Außerdem im Angebot: Blumen und Friedhofsgestecke.

Ziegenhof, Barbara Neumann
Weferlinger Str. 9
38459 Saalsdorf
✆ 05358 / 503
Geöffnet: Mi u. Sa 8-13: Wolfsburger Wochenmarkt

❑ Alles von der Ziege

Verschiedenste Sorten Ziegenkäse aus Rohmilch, Ziegenlammfleisch (nur auf Bestellung) und Ziegenwurst in Dosen – das alles erhält man auf dem Wolfsburger Rathausplatz am Wochenmarkt-Stand von Frau Neumann. Bei dieser Auswahl gibt es nichts zu meckern, oder? Erzeugt werden die Köstlichkeiten auf dem Ziegenhof in Saalsdorf: ein Ziegenzuchtbetrieb mit 7 ha Weideland und eigener Hofkäserei.

Obstbaubetrieb Burg Esbeck,
Friederike Proetzel
Burg 6
38364 Schöningen
✆ 05352 / 8602
Geöffnet: Juni – Oktober: tägl. 10-12 u. 16-18

❑ Viele Sorten Stein- und Beerenobst

Burg Esbeck ist ein Ort mit Tradition: Seit 100 Jahren wird rund um den alten Gutshof Obstanbau betrieben. Heute vermarktet der Saisonbetrieb ausschließlich Obst und Gemüse aus eigenem Anbau. Vor allem Stein- und Beerenobst ist zu haben, im bunten Jahreszeitenangebot stehen Süß- und Sauerkirschen, rote und schwarze Johannisbeeren, Himbeeren, Pflaumen, Zwetschen, Gemüse, diverse Marmeladen und Säfte. Außerdem: Honig und Wein. Von hier bietet sich ein schöner Spaziergang über das Burggelände an, herrlich der Blick von der Brücke auf den Burggraben. Im nahegelegenen Varberg ist die mittelalterliche, trutzige Wasserburg einen Ausflug wert. Im romantischen Garten der Burgklause läßt sich bei schönem Wetter gemütliche Einkehr halten.

Bioland-Hof Twieflingen,
Melanie und Martin Hartmann
Winkel 1
38388 Twieflingen
✆ 05352 / 2998
Geöffnet: nach Absprache

❑ Dinkel und Emmernudeln

In Twieflingen angekommen, sollte man sich erst einmal einen Überblick verschaffen: Vom 1912 erbauten Heesebergturm schaut man weit ins Land hinein bis hin zum Brocken. Unten befindet sich eine schöne Ausflugsgaststätte. In Twieflingen selbst bauen die Hartmanns auf 35 ha Ackerland verschiedenste Sorten Getreide an: Weizen, Roggen, Nacktgerste, Nackthafer und Dinkel sind bekannt. Aber schon mal was von Emmer gehört? Auf einem Hektar Land wird diese selten gewordene Weizenart angebaut. Daraus lassen sich übrigens prima Nudeln herstellen. Martin Hartmann experimentiert zur Zeit mit einem alten Bioland-Bäcker. Man darf gespannt sein! Außerdem gibt's Kartoffeln, Speiselinsen und Geflügel.

Landkreis Braunschweig

Ries-Hof, Gudrun Kliemt u. Hans Löhr
Schaperstr. 11
38272 Berel
✆ 05347 / 677, Fax 05347 / 201
Geöffnet: Hofverkauf: Fr 16-18.30

❑ Kartoffeln und Wurst

Am Rande der Hildesheimer Börde liegt der Demeter-Betrieb, zu dem 24 Mastbullen gehören. Zwei Ammenkühe versorgen die Kälber, die aus Demeter-Betrieben zugekauft werden. Verfüttert wird Luzerne-Gras. Im Hofverkauf gibt es Kartoffeln, Getreide und Wurstwaren, aus Zukauf Trockenprodukte vom Naturkost-Großhandel.

Otto Dierling u. Ingrid Abend
Geiteldestr. 65
38122 Braunschweig
✆ 05300 / 288, Fax 05300 / 288
Geöffnet: Wochenmärkte in Braunschweig, Wolfsburg, Salzgitter-Lebenstedt, Clausthal und Bad Harzburg

❑ Zuckermais von Mutter Courage

Nachweislich seit dem Dreißigjährigen Krieg existiert der Hof von Otto Dierling. Die 80 ha Land werden heute ausschließlich für den Ackerbau genutzt. Verkauft wird der als Gemüsemais verwendete Zuckermais. Wer die gelbe Kolbenfrucht auf seinen Speiseplan stehen hat, der wird auf den Wochenmärkten der Region (s.o.) am Stand des Hofes Dierling sicher fündig.

Obsthof Rieß
Geiteldestr. 50
38122 Braunschweig
✆ 05300 / 91010, Fax 05300 / 910122
Geöffnet: Mo-Sa 9-12 sowie Mo, Di, Do u. Fr 15-18

❑ Erntefeste

Jedes Jahr feiern Sonja und Wolfgang Rieß Erdbeer- und Apfelernte mit Attraktionen für Groß und Klein. Beim Apfelfest wird ein gemütlicher Jazz-Frühschoppen auf dem Obsthof am Stadtrand von Braunschweig veranstaltet. Beim Erdbeerfest können sich die Kinder auf einer Hüpfburg mal so richtig austoben, während beim Wettpflücken die schnellsten »Erntehelfer« gekürt werden. Im Alltag werden im Hofladen Erdbeeren, Himbeeren, Sauerkirschen und Äpfel sowie selbstgemachte Marmeladen und Gelees angeboten. Wer seine Speisekammer auffüllen möchte oder noch ein Geschenk sucht, ist hier ebenfalls an der richtigen Adresse. Aus Zukauf gibt es Kartoffeln, Eier, Gemüse, Wurst, Säfte, Fruchtweine, Honig, Likör, Müsli und Brotbackmischungen.

Klostergut Dibbesdorf.
Bernd Barnstorf-Brandes
Am Markt 5
38108 Braunschweig-Dibbesdorf
✆ 05309 / 1963
Geöffnet: Mo, Mi u. Fr 16-19, Sa 11-13.
Milch, Eier und Kartoffeln gibt es täglich ab 18

❑ Mitten im alten Ortskern
von Dibbesdorf liegen die über 100 Jahre alten, großen Hofgebäude des Klostergutes. Auf 44 ha Ackerland werden Roggen, Weizen und Hafer sowie Kartoffeln und Möhren angebaut und zum Verkauf angeboten. Die 330 Hühner des Hofes sorgen stets für frische Eier, die sieben Kühe liefern täglich frische Milch. Außerdem: Rind- und Schweinefleisch aus eigener Haltung. Ergänzt wird das Angebot mit Produkten anderer Bioland- und demeter-Betrieben der Umgebung sowie mit Elkershausener Naturkost. Ganz in der Nähe befindet sich der Tierpark Essehof – ein Ausflugsziel für die ganze Familie.

Gemüse- und Ackerbau GbR.
Christoph Bosse, Heike Hartwich,
Mario Stengel
Stiddienstr. 1
38122 Braunschweig-Stiddien
✆ 0531 / 877762
Geöffnet: Fr 15-18 u. Sa 10-13.
Märkte in Braunschweig: Mi u. Sa

❑ Wo Pfauen ihre Räder schlagen
Etwa 7 km von der Braunschweiger City entfernt liegt der 30 ha große Bioland-Betrieb. Im Sommer 1996 ist der Hof auf ökologischen Landbau umgestellt worden. Hier läßt es sich in urig-ländlichem Ambiente einkaufen: Der Hofladen befindet sich in einem großen Stallgebäude mit direktem Kontakt zu den Tieren. Dort gibt es ein breites Gemüse-Angebot, Kartoffeln und Obst. Brot und Getreideprodukte gibt's aus Zukauf. Daß bei den Kindern keine Langeweile aufkommen kann garantiert eine große Wiese mit freilaufenden Streicheltieren, die unmittelbar neben dem Hofladen liegt. Und wer weiß: Vielleicht erweisen die Pfauen des Hofes den Besuchern dann auch die Gunst, ihr schönes Federkleid bewundern zu dürfen.

Putenhof Lüer
Schmiedewinkel 4
38274 Gustedt
✆ 05345 / 335, Fax 05345 / 355
Geöffnet: Mo-Sa 10-12 u.
(außer Mi u. Sa) 14-18

❑ Alles aus Pute

Zwischen Baddeckenstedt und Gebhardshagen liegen die alten Fachwerkgebäude des Putenhofes Lüer. Zwischen 1800 und 2500 Puten leben in artgerechter Bodenhaltung; die Endmast erfolgt mit Weizen aus eigenem Anbau. Interesse, in solch einen Großbetrieb einmal hineinzuschnuppern? Der Betriebsleiter gestattet gerne während der Öffnungszeiten einen Blick hinter die Türen und beantwortet Fragen. Geräuchert, gepökelt oder filettiert und in leckere Soßen eingelegt, von kalten Platten bis hin zu den verschiedensten warmen Braten ist hier alles zu haben, was aus Putenfleisch besteht; auch frei Haus oder per Party-Service mit erweitertem Beilagen-Angebot.

Demeter Betrieb Klostergut Heiningen,
Andreas u. Susanne Degener
Klostergut
38312 Heiningen
✆ 05334 / 6792, Fax 05334 / 7367
Geöffnet: Fr 16-18.30, Sa 10-13

❑ Altes Augustinerinnenkloster

Bereits um das Jahr 1000 gegründet, war das Gut bis 1820 ein Frauenkloster; seitdem ist es mitsamt dem schönen, alten Park im Besitz der Familie Degener. Die Hofkäserei bietet Milch, Joghurt, Quark, Frisch- und Hartkäse an. Weiterhin sind Wild-, Rind- und Schweinefleisch sowie Obst, Gemüse und Kräuter aus eigenem biologisch-dynamischen Anbau zu haben. Lust auf was Süßes? Honig gibt es von hofeigenen Bienen. Direkt am Laden können sich die kleinen Einkäufer auf dem »Kindertrecker« vergnügen oder mit den Enten, Hühnern, Gänsen und Kaninchen spielen. Drei Gasthäuser sorgen fürs leibliche Wohl. Neben dem imposanten, mittelalterlichen Gebäude-Ensemble des Klosterguts stellt die spätromanische Kirche in Heiningen ein sehenswertes Kleinod dar.

Hofbackstube, Ralf und Dagmar Rittierott
Zollstr. 12a
38162 Hordorf-Cremlingen
✆ 05306 / 2241, Fax 05306 / 2241
Geöffnet: Do 15-19, Fr 9-12 u. 15-19.
Wochenmarkt in Lehre: Fr vorm.

❑ Backen nach ländlicher Tradition

ist das Motto der Hofbackstube in Hordorf, am östlichen Stadtrand von Braunschweig. Der Kunde hat die Wahl zwischen Brot und Brötchen, leckeren Kuchen sowie den verschiedensten Mehlsorten und Getreidekernen. Außerdem halten die Rittierotts 40 Mastbullen auf ihrem 1844 gegründeten Hof. Aus eigener Erzeugung werden angeboten: Kartoffeln, Gemüse der Saison, Rindermettwurst, Rindfleisch, Käse, Marmeladen, Gelees und Honig.

Bioland-Betrieb Hofgemeinschaft
Lindenhof
Presseweg 6
38170 Kneitlingen-Eilum
✆ 09332 / 6224, Fax 09332 / 6224
Geöffnet: Hofladen: Mo, Di, Fr 16-18.30, Mi und Sa 8-13: Altstadtmarkt in Braunschweig

❑ **Hofführungen**
nach telefonischer Abrache sind möglich, und auch sonst unternimmt die Hofgemeinschaft viel, um Leben und Arbeiten auf einem Bioland-Betrieb für alle transparent zu machen. So wird jedes Jahr Anfang September ein Tag der Offenen Tür mit Programm organisiert. Nach Bioland-Richtlinien werden hier auf 100 ha Land Kartoffeln, Getreide, Gemüse, Salate und Kräuter angebaut und verkauft. In der Hofbackstube wird ständig ein breites Sortiment an Vollkornbrot und Vollkornbrötchen produziert. Im Hofladen gibt's außerdem Käse, Milch und, auf Vorbestellung, Rind- und Schweinefleisch. Von Bioland- und demeter-Betrieben der Region werden Eier aus Bodenhaltung und Naturkost zugekauft.

Bioland-Hof Petra u. Detlef Vollheyde
Bergenroder Str. 16
38690 Vienenburg-Weddingen
✆ 05324 / 6734, Fax 05324 / 6734
Geöffnet: Fr 17-19

❑ **Wie eine Perle im Vorharz**
so liegt Weddingen, umrahmt vom Salzgitterschen Höhenzug und dem Harli, idyllisch in einer Talaue. Auf der L 510 in Richtung Vienenburg gelangt man geradewegs zum Bioland-Hof von Familie Vollheyde. Ihr Betrieb am Ortsrand von Weddingen kann sich rühmen, Preisträger des ersten Harli-Umweltpreises zu sein. Es lohnt sich also, dem Hof, der im organisch-biologischen Anbau nebenerwerblich betrieben wird, einen Besuch abzustatten. Freitag nachmittags kann man sich hier für das Wochenende eindekken: Getreide, Kartoffeln, Gemüse der Saison, Fleisch und hausgeschlachtete Wurst sowie Brot vom Partnerbetrieb des örtlichen Bäckermeisters werden angeboten. Empfehlenswert: der Besuch des mittelalterlichen Komturhofs, Domäne Weddingen. Und danach lädt die gute bürgerliche Küche des Gasthauses *Freckmann* zur gemütlichen Einkehr ein.

VII. Vom Harz bis zum Eichsfeld

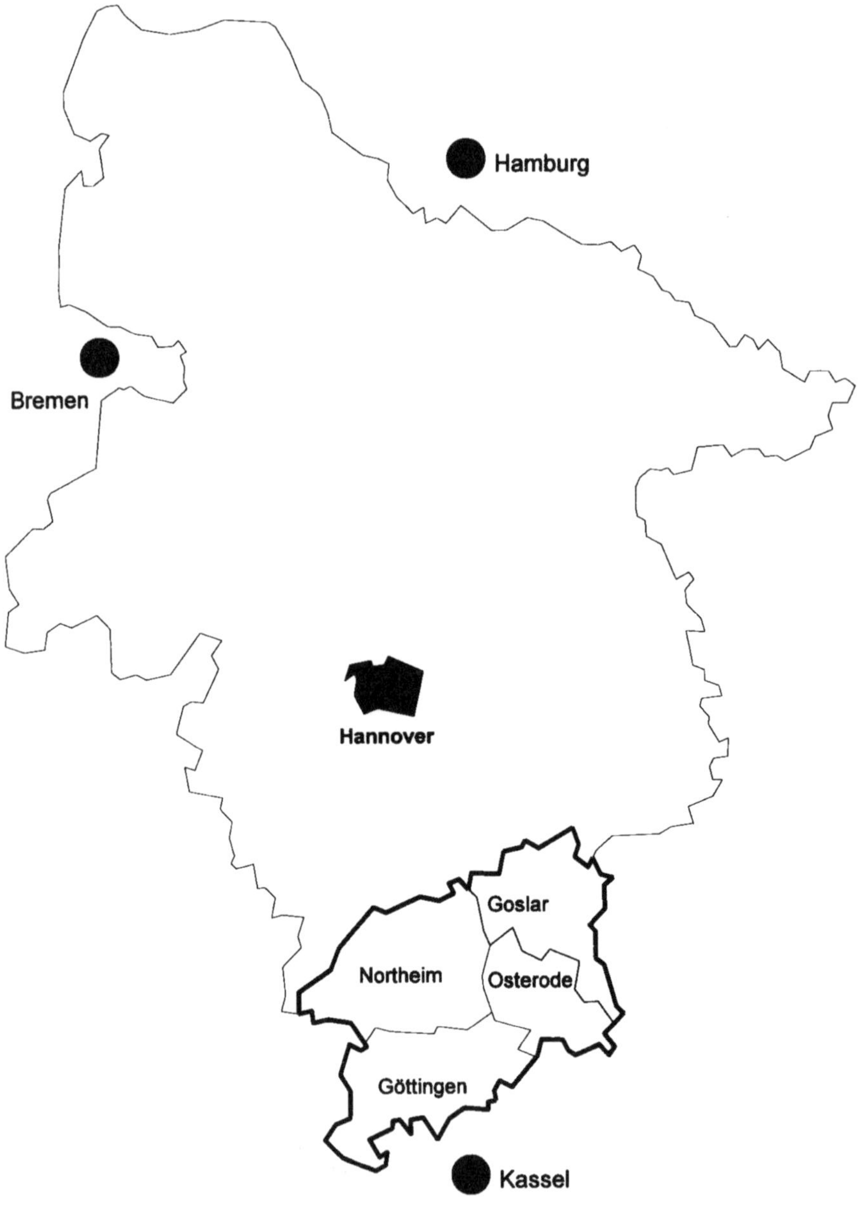

Landkreis Goslar

Brigitte Tappe
Am Süllbach 1
38704 Liebenburg-Dörnten
✆ 05346 / 4354, Fax 05346 / 6220
Geöffnet: nach Absprache

❑ Holzschnitzarbeiten

Der Ackerbaubetrieb von Brigitte Tappe liegt im Ortskern von Dörnten. Die hier angebotenen Holzschnitzarbeiten aus Lindenholz und Eiche sind allesamt Handarbeit. Wer bei der Entstehung eines Namensschildes, von Reliefarbeiten oder Plastiken zuschauen möchte, kann dies nach Absprache gerne tun. Wer's selbst einmal versuchen möchte – kein Problem. Frau Tappe zeigt, wie's geht. Schnitzereien kann man sich auch nach eigenen Wünschen anfertigen lassen. Nach getaner Arbeit oder Besichtigung lädt das *Landgasthaus Schlüter* in Dörnten zum Verweilen ein.

Wilfried Stecher
Hohe Warte 22
38644 Goslar
✆ 05321 / 81342, Fax 05321 / 51597
Geöffnet: Verkauf ab Feld: in der Erdbeersaison Juni/Juli 7-18, Verkauf ab Hof: in der Kartoffelsaison Ende Sept-Okt

❑ Erdbeeren, Kartoffeln, Junghennen

Tausend Jahre deutsche Geschichte bietet Goslar, ehemalige Kaiserstadt im Harz. Rund 1000 Gebäude in der Altstadt stehen unter Denkmalschutz. Dort, wo auch der Harzer Grauhof-Brunnen zu finden ist, liegt der 65 ha große Hof von Winfried Stecher. Zur Saison werden Erdbeeren, Frühkartoffeln und Einkellerungskartoffeln sowie Gemüse, Marmelade und, zwei mal jährlich, Junghennen aus eigener Haltung verkauft. Wen's in die Tiefe zieht, sollte dem Rammelsberger Bergbaumuseum (ehemaliges Silber- und Erzbergwerk) in Goslar einen Besuch abstatten.

Albrecht Rautenberg
Am Rotenberg 1
38729 Lutter am Bogenberge
✆ 05383 / 756
Geöffnet: nach Absprache

❑ Rund ums Schwein

Seit nunmehr 25 Jahren besteht der Aussiedlerhof von Landwirt Rautenberg am Rotenberg. Auf 500 Mastplätzen leben die Schweine, deren Fleisch und Wurst (in der Dose oder im Darm) ab Hof verkauft wird. Auch wer gern knuspriges Spanferkel mag, wird hier (p)fündig. Bekannt wurde der Ort durch den Sieg Tillys über König Christian von IV. von Dänemark im Dreißigjährigen Krieg; die Schlacht ist im Heimatmuseum nachzuerleben.

Marianne und Helmut Reimer
Graseweg 2
38704 Othfresen
✆ 05346 / 5659
Geöffnet: Mi u. Fr 14-18, Sa 8-12

❑ Von Granola bis Linda

Der Ackerbaubetrieb von Marianne und Helmut Reimer liegt mitten in Othfresen, in der Nähe des Dorfgemeinschaftshauses. Verkauft werden Zuckermais und verschiedene Sorten Kartoffeln, die die klangvollen Namen Granola, Cilena, Hansa und Linda tragen. Geplant ist, das Angebot um Zwiebeln, Eier, Rindfleisch und Geflügel zu erweitern.

Rittergut Kirchberg,
Friedrich von Pertersdorff-Campen
Alte Dorfstraße 1
38723 Seesen-Kirchberg
✆ 05381 / 8603 oder 05381 / 6314,
Fax 05381 / 6274
Geöffnet: Verkaufsstand auf dem Feld (Zeiten saisonbedingt), Selbstbedienung für Blumen

❏ **Wilhelm Busch und Himbeeren**
Zum Mitmachen wird eingeladen – denn auf dem Rittergut Kirchberg gibt es Erdbeeren, Himbeeren, Sonnenblumen (von Juli bis zum ersten Frost) und Blumen aus Mutters Garten auch zum Selberpflücken. Außerdem wird Zuckermais angeboten. Keine Probleme bei der Anfahrt mit dem Auto: ein großer Parkplatz ist vorhanden. Die Selbstbedienung wird mit Texten und Bildern verständlich erklärt. Der historische Standort (fränkische Gründung) wird für die Direktvermarktung nur im Namen und dem daraus resultierenden Logo »Rittergut Kirchberg« eingesetzt. Seesen bietet idyllisches Fachwerk und die Sehusa-Burg, die jährlich am 1. Septemberwochenende zur Kulisse für das größte Historienfest Norddeutschlands wird. In dem Ort waren der Klavierbauer Steinway und Wilhelm Busch zu Hause.

«Der Bauernladen«, Karin und Helmut Zein
Wennerode 17
38690 Vienenburg
✆ 05324 / 5910 oder 05324 / 5918,
Fax 05324 / 5909
Geöffnet: täglich 9-19

❏ **Alles vom Schwein**
Das ca. 12 km nordöstlich von Goslar befindliche Vienenburg hat sich im Schutz einer Burg entwickelt, die um 1300 erbaut wurde. Von Vienenburg in Richtung Osterwiek fahrend, gelangt man zum Aussiedlerhof von Karin und Helmut Zein. Zu ihrem Betrieb gehören 70 ha Ackerland, 60 Kühe und 600 Schweine. Geräuchert, frisch oder abgepackt erhält man hier alles, was aus Schweinefleisch ist: Wurst, Fleisch, und Schinken. Im Klostergut Wöltingerode vor Ort ist die Schnapsbrennerei zu besichtigen.

Landkreis Osterode

Imkermeister Uwe Quellmalz
Weinberg 32
37431 Bad Lauterberg
✆ 05524 / 5176
Geöffnet: tagsüber durchgehend; diverse Wochenmärkte in der Region

❏ **Meister Quellmalz' Met & Honig**
Der Meisterbetrieb von Uwe Quellmalz zählt zu den wenigen Haupterwerbs-Imkereien Deutschlands. Zwischen 120 und 150 Bienenvölker sorgen hier für süße Köstlichkeiten. Zum Verkauf stehen Honig, selbsterzeugter Honigwein (Met) in verschiedenen Sorten und andere Spezialitäten aus dem Bienenvolk. Wer kosten möchte, kann sich die Produkte auch schicken lassen. Der Betrieb kann – möglichst gruppenweise – besichtigt werden. Bei Interesse auch gerne in Verbindung mit Vorträgen zu verschiedenen Sachgebieten der Imkerei.

Hof Reinhardt, Wilhelm u. Helga Reinhardt
Steinweg 11
37534 Eisdorf
✆ 05522 / 82687
Geöffnet: tägl. 9-18

❑ Beeren, Obstwein und allerlei Geflügel

In der Ortsmitte von Eisdorf, nahe bei der Kirche, liegt Hof Reinhardt: 200 Jahre alt, 60 ha groß mit Schweinen, Gänsen, Puten, Hühnern und Flugenten. Im Türrahmen des Fachwerkhauses können Neugierige noch die eingeschnitzte Jahreszahl der Erbauung entziffern. Angeboten werden Erdbeeren, Himbeeren und Holunder sowie Konfitüren und Obstweine. Außerdem: Hausmacherwurst und Geflügel. Wer seinen Urlaub hier verbringen möchte, kann bei Familie Reinhardt eine Ferienwohnung mieten.

Ziegenfarm Horst u. Erika Böhnisch
Bahnhofsweg 4
37534 Gittelde-Teichhütte
✆ 05327 / 4322
Geöffnet: Wochenmärkte in Bad Harzburg, Goslar und Osterode

❑ Deutsche Ziegen und bunte Edelziegen

halten Horst und Erika Böhnisch auf ihrem 80 Morgen großen Hof am Ortsrand von Teichhütte. Von Gittelde kommend, biegt man gleich die erste Straße links ein und gelangt so zu der Öko-Ziegenfarm. Auf Märkten verkaufen die Böhnischs allerlei Ziegenprodukte: Milch, Käse, Butter, Quark und Frischkäse mit verschiedenen Kräutern, daneben ist auch Hausmacher Dosenwurst zu haben. Zu Ostern gibt's Ziegenlämmer auf Bestellung.

Ackerbaubetrieb Wilhelm Mackensen
Northeimer Str. 10
37520 Osterode
✆ 05522 / 5512
Geöffnet: tägl. 8-19

❑ Schweine und Geflügel

Über die Bundesstraße 241, Richtung Northeim, gelangt man zum Ackerbaubetrieb der Mackensens am Ortsrand von Osterode. Auf dem 100 ha großen Gelände finden sich Schweine, Hühner und Saisongeflügel wie Gänse, Enten und Puten. Eier, Wurst in Dosen und im Darm, Geflügel und Suppenhühner werden im Hofladen zum Verkauf angeboten. Lust auf Kirschen? Zur Saison sind die saftigroten Früchte hier zu haben.

Rainer und Annegret Deppe-Wode
Bundesstraße 34
37520 Osterode-Dorste
✆ 05522 / 1261
Geöffnet: nach tel. Absprache.
Bauernmarkt in Osterode

❑ Zebus aus dem Kaukasus

In der Ortsmitte von Dorste liegt der 90 ha große Gemischt-Betrieb, auf dem alternativ bewirtschafteten Grünland können nach Absprache die dort weidenden Zebus besichtigt werden. Ein Landwirtschaftslehrer aus Baden-Württemberg – Cousin des berühmten Generals Blücher – brachte die exotischen Tiere seinerzeit von einer Expedition aus dem Kaukasus mit nach Deutschland. Die Schlachttiere stammen heute von einer 70 köpfigen Zebumutterkuh-Herde ab, werden im eigenen Betrieb aufgezogen und können nach ca. 3 Jahren ein Maximalgewicht von 170 kg erreichen. Der Geschmack des cholesterinarmen, kurzfaserigen Fleisches liegt etwa zwischen dem von

Hirsch und Rind. Vom Großanteil über den kleinen Sonntagsbraten bis hin zum Tiefgefrorenem kann bei Familie Deppe-Wode alles bezogen werden, was aus Zebu-Fleisch ist.

Ruth und Jens Röh
Wassergasse 17
37520 Osterode-Förste
✆ 05522 / 84161, Fax 05522 / 84744
Geöffnet: Di u. Fr 15-18, Sa 9-12

❑ Alles Gute aus der Milch

Osterode-Förste im westlichen Harzvorland: Hier liegt in einem Park das alte Gut aus Natursteinmauerwerk von Ruth und Jens Röh. Auf dem 80 ha großen Land des Demeter-Betriebes werden Kartoffeln und Gemüse angebaut, im artgerechten Kuhstall tummeln sich 30 Kühe. Aus eigener Erzeugung und aus ergänzendem Zukauf von anderen Bioland- und Demeter-Höfen entsteht ein reichhaltiges Warensortiment: Vorzugsmilch, 16 verschiedene Käsesorten, Quark und Joghurt sowie Kartoffeln, Gemüse und Brot werden im Hofladen angeboten.

Gut Kehrde,
Dr. Lothar und Hannelore Oberländer
Ührde 38
37520 Osterode-Ührde
✆ 05522 / 72698, Fax 05522 / 71330
Geöffnet: Mo 15-18, Di 10-18, Fr 10-18, Sa 10-13

❑ Familienurlaub in Tierpark-Atmosphäre

Ca. 5 km vor Osterode kommt man abseits der Bundesstraße zu den denkmalgeschützten Häusern des Stadtdorfs Ührde. Hier befindet sich auch Gut Ührde, wo Familie Oberländer in ruhiger, verkehrsarmer Atmosphäre Schweine, Mutterkühe und deren Nachzucht artgerecht hält; auch Rotwild, Damwild und Wildschweine tummeln sich dort (alles auch zu besichtigen). Im »Hofladen Gut Ührde« können an 4 Tagen in der Woche Fleisch- und Wurstwaren vom Weideschwein, Rind und Wild erworben werden. Im Stadtdorf Ührde gibt es ein gutes Gasthaus, das zum Verweilen einlädt.

Jürgen Köchermann
Hinterstraße 2
37412 Scharzfeld
✆ 05521 / 3622
Geöffnet: zu üblichen Ladenzeiten

❑ Eier und Suppenhühner

Jürgen Köchermann hat auf seinem 200 ha großen Hof jede Menge Tiere zu versorgen: 50 Milchkühe mit Nachzucht, ebensoviele Schweine, 70 Puten und 350 Freilandhühner. Die 250 Jahre alte Hofstelle liegt direkt an der Kreisstraße, am Ortsrand von Scharzfeld. Im Angebot stehen Eier und Suppenhühner sowie (saisonal) Puten. Nach dem Einkauf könnte ein Ausflug in der Umgebung locken: Die Einhornhöhle mit ihren tropfenden Steinen, das Welfenschloß Herzberg oder die Rhumequelle sind lohnende Ziele.

Landkreis Northeim

Bauerncafé Sprengel
Wolperode 25
37581 Bad Gandersheim
✆ 05382 / 95550, Fax 05382 / 58296
Geöffnet: tägl. 14-18

❑ **Bauerncafé mit Streichelzoo**
Der Familienbetrieb der Familie Sprengel hat vor allem für Kinder einen besonderen Reiz, denn jede Menge Tiere dürfen bewundert, gefüttert, gepflegt und gestreichelt werden. Sauen, Ferkel, Mastschweine, Hühner, Enten, Gänse, Esel, Ziegen, Hunde und Katzen, aber auch Ponys, die zum Reiten oder Kutschenfahren einladen, gehören zu den Attraktionen. Im Bauerncafé des Hofes sollten typische bauernhofeigene Produkte wie Hausmacher Dosenwurst, luftgetrocknete Mettwurst, Schinken. Marmelade und Schmalz unbedingt gekostet werden. Außerdem: Kekse, Brot und Kuchen aus Vollkorn. Und wem das alles so gut schmeckt, daß er am liebsten bleiben würde – Ferien auf dem Bauernhof kann man bei Familie Sprengel auch machen.

Herrmann Böcker
Sechwandsweg 1
37586 Dassel-Luthorst
✆ 05562 / 403, Fax 05562 / 403
Geöffnet: Verkauf nach Absprache bzw. Vorbestellung

❑ **Damwild in der Schlucht**
Auf dem 1958 ausgesiedelten Hof von Hermann Böcker tummeln sich ca. 40 Stück Damwild, für deren naturgemäße Haltung 8 ha Gehege mit Wald und Schlucht sorgen. Zur Winterzeit finden sich auf dem Verkaufstisch neben dem Wildfleisch auch Weihnachtsbäume. Eine Kuriosität im Ort: ein Vorgarten mit über 1000 Gartenzwergen. Zur Einkehr empfehlen sich das *Wilhelm-Busch*-Landhotel mit Café und das Waldcafé *Haus Wildwiese.*

Erich und Gudrun Lohrberg
Mitteldorf 10
37589 Eboldshausen
✆ 05553 / 739
Geöffnet: nach Vereinbarung. Bauernmarkt in Osterode auf dem »Alten Schulhof«: jeden 1. u. 3. Do im Monat 15-19.30

❑ **Fachwerkhaus mit Hundezucht**
Aus dem Jahre 1651 stammt das im Ortskern von Eboldshausen gelegene große Fachwerkhaus der Familie Lohrberg. Was der Ackerbaubetrieb neben seiner Landseer-Hundezucht noch zu bieten hat, findet sich auf dem Wochenmarkt-Gemeinschaftsstand mit zwei anderen Anbietern wieder: verschiedene Sorten Vollkornbrot, Graubrot, Marmelade, Gewürzgurken, Rote Beete, Kürbiskompott. Außerdem Sauerkirschen und Prozentiges daraus: Sauerkirschwasser, -wein und -likör.

Hof Strohmeyer,
Bernd u. Dietlind Strohmeyer
Eichbaum 7
37574 Einbeck-Stroit
✆ 05565 / 1258, Fax 05565 / 1258
Geöffnet: nach Vereinbarung. Bauernmärkte in Hannover, Gehrden, Hildesheim u. Hann.-Neustadt

❑ **Hofführungen**
bietet Familie Strohmeyer ihren Besuchern an, genauso wie Damwildfleisch, Rindfleisch, diverse Fruchtsäfte und Fruchtwei-

ne. Auf ungefähr der Hälfte des 45 ha großen Hofes werden Sonderkulturen wie Kulturholunder, schwarze Johannisbeeren sowie Weihnachtsbäume gezogen. Auf dem Rest springen Damwild-Mutterkühe (ca. 100 Stück) umher. Die Stroiter Windmühle, die Greener Burg (4 km) und die schöne Till-Eulenspiegel-Altstadt von Einbeck (10 km) zählen zu den touristischen Zielen der Umgebung.

Frank Hartmann
Fuchsbreite 5
37181 Hardeggen
✆ 05505 / 1270 und 05505 / 1219,
Fax 05505 / 1270
Geöffnet: Saisonbedingt von Mai-August. Wochenmarkt in Göttingen

❑ Blumen zum Selbstpflücken

gibt es auf einem großen Feld des 100 Jahre alten und 75 ha großen Hofes von Frank Hartmann, zu dem auch vier Pferde gehören. Auf dem Wochenmarkt in Göttingen werden grüner Spargel, Erdbeeren, Himbeeren und Blumen angeboten. Sodann aus Zukauf: weißer Spargel. Gegenüber des Blumenselbstpflückfeldes freuen sich Kinder auf den Wildpark mit Streichelzoo.

Familie Friedel Molthan
Schönenbergweg 1
37181 Hardegsen
✆ 05505 / 1008
Geöffnet: nach Absprache

❑ Charolais-Rinder

Der Familienbetrieb der Molthans liegt am Rande des Landschaftsschutzgebietes Solling, im Luftkurort Hardegsen. 18 Charolais Mutterkühe grasen mit ihrer Nachzucht auf 17 ha Weidefläche, verkauft wird – wie könnte es anders sein – deren Kalb- und Rindfleisch. Mit dem 1324 erbauten »Muthaus« besitzt Hardegsen das älteste weltliche Gebäude Niedersachsens. Sehenswert: das 22 km entfernte Einbeck mit seinen historischen Fachwerkhäusern und der St. Bartholomäi-Kapelle mit der Begräbnisstätte des Morphiumentdeckers F.W. Sertümer.

Hof Froböse, Hans-Jürgen Froböse
Am Boll 10
37589 Kalefeld-Westerhof
✆ 05553 / 509
Geöffnet: nach Vereinbarung. Osteroder Bauernmarkt

❑ Whisky-Sahne-Likör und Nudeln

10.000 Masthähnchen, 1000 Legehennen und 30 Charolais-Mutterkühe mitsamt Nachzucht nennt Hof Froböse sein eigen. Der typische Siedlungshof aus den 50er Jahren ist landschaftlich schön gelegen; hinter dem Hof lädt eine Streuobstwiese mit altem Baumbestand zum Verweilen ein. Die kleine Ziegenherde des Hofs wird besonders Kinder anziehen. Neben Legehennen und Masthähnchen, Frischeiern und Rindfleisch (auf Bestellung) bietet Familie Froböse auch selbstgemachten Eierlikör, Whisky-Sahne-Likör und demnächst auch selbstgemachte Nudeln an.

»Ziegeninsel«, Angelika und
Helmut Rumpeltin
Ahlshausen 21
37547 Kreiensen
✆ 05553 / 1648
Geöffnet: tagsüber

❑ **Ziegen und naturnaher Gartenbau**

Der naturnah bewirtschaftete Hof von Angelika und Helmut Rumpeltin in Ahlshausen hat so einiges zu bieten. Das aus Teilfachwerk bestehende Landarbeiterhaus mit großem Garten ist etwa 60 Jahre alt. Ziegen (Bunte Deutsche Edelziegen/Anglo-Nabier), Gänse (Graue Pommerngänse) und Hühner (Goldfarbige Italiener) tummeln sich auf dem Grünland. Wer die Ziegeninsel besucht, kann sich mit Lammfleisch, Gänsen, Suppenhühnern, Eiern, Obst und Gemüse eindecken. Geplant ist zudem der Verkauf von Ziegenkäse und Ziegenmilch. Ahlshausen ist ein reizvolles, unverbautes, grünes Dorf mit Fachwerhäusern und großen Bäumen, dessen Umfeld wegen seiner artenreichen Flora und Fauna für Naturkenner schon lange ein Geheimtip ist.

Hofgemeinschaft Nienhagen,
Andreas Zabel
Dorfstraße 2
37186 Nienhagen
✆ 05554 / 760, Fax 05554 / 2270
Geöffnet: nach Vereinbarung. Göttinger Wochenmärkte: Di und Sa vorm., Mi und Fr nachmittag; tägl. Melkzeit 16.30-18.30

❑ **Milch, Käse, Wurst und Fleisch**

Die am Dorfrand gelegene Hofgemeinschaft mit Milchviehbetrieb und Käserei ist seit 1988 Biolandhof. 65 Kühe und Rinder (Schwarzbunte und Fleischkreuzungen) sowie 10 Schweine sorgen dafür, daß nicht nur der Marktstand mit Schnittkäse, Rinder- und Schweinesalami, Schweinefleisch und -bratwurst gut bestückt ist. Vom Biogroßhändler wird gelegentlich zugekauft. Touristische Ausflugsziele der näheren Umgebung sind das Wildgehege in Hardegsen, der Weper-Trockenrasen und das Landschaftsschutzgebiet Solling.

Rudolf Köter jun.
Northeimer Str. 11 a
37154 Northeim-Höckelheim
✆ 05551 / 65496 oder 05551 / 61159
Geöffnet: nach tel. Absprache

❑ **Eingemachtes frisch vom Hof**

2 km von der alten Fachwerkstadt Northeim entfernt liegt der Hof von Rudolf Köter, wo Hühner, Masthähnchen, Puten und Flugenten umherflattern. Nicht nur für Vollwert-Fans und Vegetarier gibt es Dinkel und Dinkelprodukte (Brot und Brötchen), Früh- und Einkellerungskartoffeln, Möhren, Kohl und Zuckererbsen und Eingemachtes wie Gurken und Marmelade. Einkäufern mit Appetit auf leckere Mahlzeiten sei das Hotel *Leineturm* empfohlen. Und wer zur närrischen Zeit kommt, sollte auf keinen Fall den traditionellen Rosenmontagszug in Höckelheim verpassen.

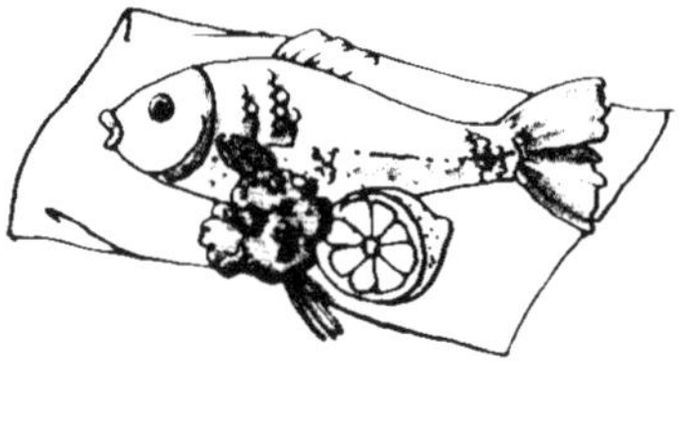

Roswitha und Jürgen-Ewald Wulf
Hauptstraße 62
37176 Parensen
✆ 05503 / 3449, Fax 05503 / 49124
Geöffnet: während der Saison von Juli-Ende Oktober, Mo-Sa 17-19 u. nach tel. Absprache; Wochenmarkt in Göttingen: Di, Do u. Sa 8-13

❑ Sonnenblumensträuße zwischen Max und Moritz

Der Ackerbaubetrieb der Wulfs mit Pferden, Hühnern, Katzen, Hund und Schwein befindet sich seit Generationen im Besitz der Familie. Angebaut und verkauft werden Zuckermais (nach den Kriterien des integrierten Pflanzenanbaus), Sonnenblumen und in kleinerem Umfang auch Himbeeren, Buschbohnen, Gurken, Tomaten und Kartoffeln. Beliebt sind vor allem die leuchtenden Sonnenblumensträuße. Für Kinder dürften besonders die beiden Katzen Max und Moritz und der Norweger-Hund Ben interessant sein, die sich gerne streicheln lassen. Ausflugsziele in der näheren Umgebung: Burg Plesse und die Burgruine Hardenberg.

Biologischer Gartenbau,
Volker und Silke Wedemeyer
Auf dem Placke 14
37176 Sudershausen
✆ 05594 / 234, Fax 05594 / 89196
Geöffnet: Verkauf ab Hof: Mo-Fr 16-18, Sa 8-13 u. nach tel. Absprache.
Markt in Bovenden: Fr 14-18,
Markt in Northeim: Sa

❑ Gemüse, Gewürze und Kräuter

Biologischer Gartenbau heißt für die Wedemeyers: Landbau ohne jeglichen Einsatz von Kunstdüngern oder synthetischen Pflanzenschutzmitteln sowie Anbau von Gemüse und Kartoffeln durch Nutzung der natürlichen Ertragsfähigkeit von Boden und Pflanze. Auf 2 ha Acker- und Gartenland wird auf diese Weise Gemüse angebaut: Kartoffeln, Spinat, Chicorée, Löwenzahn, verschiedene Salate, Radieschen, Rettiche, Kohlrabi, Frühlingszwiebeln, Gurken, Tomaten und und und... Außerdem gibt's Gewürzpflanzen wie Chilis, Knoblauch und Meerrettich sowie eine große Auswahl an Kräutern (auch im Topf). Alle Gemüse werden je nach Saison frisch oder teilweise auch als Lagergemüse angeboten.

Landkreis Göttingen

Hartmut Meyer
Hauptstraße 10
37127 Barlissen
✆ 05545 / 91122 oder 05545 / 91144,
Fax 05545 / 91133
Geöffnet: täglich

❑ Ackerbau und Schweinemast

Inmitten des kleinen Dorfs Barlissen liegt der Hof von Hartmut Meyer. Hier wird Akkerbau und Schweinemast betrieben. Wer auf eine zünftige Brotzeit steht, kann sich mit Mettwurst, Schinkenwurst, Rot- und Kopfwurst, Schwartenwurst und Sülze (sowohl abgehangen als auch in Gläsern) dafür versorgen. Aus Zukauf von anderen Direktvermarktern gibt es Säfte, Weine, Eier und Kartoffeln.

Armin Siebert
Nr. 7a
37327 Beinrode
☽ 03605 / 512534, Fax 03605 / 512534
Geöffnet: Do 9-18, Fr 8-18, Sa 8-12

❑ Leineschafe

Auf dem 120 ha großen, ehemalig volkseigenen Gut von Landwirt Siebert gibt es jede Menge Tiere zu bewundern: 600 Mutterschafe, 700 Schweine, 50 Sauen sowie Katzen, Hunde und Ziegen. Eine Besonderheit stellen die 70 »Leineschafe« dar, welche zu den bedrohten Tierarten gehören. Der 30 Jahre alte Hof liegt 3 km von Leinefelde entfernt, zwischen Leinefelde und Mühlhausen. Landwirt Siebert kooperiert mit der Direktvermarktervereinigung Thüringen. Verkauft werden diverse Fleisch- und Wurstwaren, Schweinehälften, Heu und Stroh, aber auch Lebendvieh, wie Ferkel, Schweine, Lämmer, Alt- und Zuchtschafe. Wanderer können direkt vom Hof aus schöne Wandertouren unternehmen.

Bauernmetzgerei
Dietmar-Walter und Elisabeth Faust
Harzstraße 7
37120 Bovenden-Billingshausen
☽ 05594 / 1450
Geöffnet: Di-Fr 8-13 u. 15-18

❑ Wie Leberwurst ohne Leber

Zwei mächtige Linden stehen vor dem Hof, dessen Fachwerk über 250 Jahre alt ist. 160 Mastschweine werden dort in großen Buchten auf Stroh gehalten, mit Auslaufstall. Die Tiere werden nur mit selbsterzeugtem Getreide gefüttert. Die eigene Metzgerei hält Hausmacher Wurst, Mettwürste und Weißwurst (»wie Leberwurst, nur ohne Leber und anders gewürzt«) bereit; weiterhin gibt es sehr gute rohe und gekochte Schinken, trocken-gepökelt und luftgetrocknet; Rotwurst, Schinkenwurst, Frischfleisch und Spanferkel. Etwa 5 km vom Hof entfernt kann man im Restaurant *Rodetal* gut essen; auch das Erwandern des Rodetals lohnt.

Rainer Wedemeyer
Kirchwinkel 19
37120 Bovenden-Harste
☽ 05593 / 8783, Fax 05593 / 8579
Geöffnet: Mo-Fr 8.30-12.30 u. 14-18,
Sa 8-13

❑ Blumen, Gemüse und Kräuter

Seit 1994 wird der Gartenbaubetrieb nach den Richtlinien des Bioland-Verbandes bewirtschaftet. Aus Hochglas und Folie, Frühbeeten und Gartenland zaubert Rainer Wedemeyer ein Meer aus Beet- und Balkonblumen, Gemüse- und Blumenjungpflanzen, Kräutern, Gemüsen, Topf- und Schnittwaren hervor. Der Zukauf von Gemüse, Säften, Honig, Wein, Getreide und anderen Trockenprodukten erfolgt vor allem von Biobetrieben aus der Region.

»Abtshof«, Rupert Neufert
In den Abtshöfen 2
38678 Clausthal-Zellerfeld
☽ 05323 / 81594, Fax 05323 / 83944
Geöffnet: nach Vereinbarung.
Von Mai-Oktober Markt in Zellerfeld: Do 18-20, danach jeden Do nachm.
Markt in Hildesheim

❑ Milch, Quark, Hofkäse

Lange Winter und nasse Sommer erschweren die extensive Bewirtschaftung auf dem jungen Hof (Gründung 1962). Auf 160 ha reinem Grünland grasen 90 Milchkühe; die

Milch wird direkt ab Hof verkauft oder zu Quark verarbeitet. Eine Spezialität ist der halbfeste Schnittkäse – ein richtiger Hofkäse mit offener Rinde, ohne Kulturen. Rund um den Ort liegen zahlreiche Teiche aus der ehemaligen Bergmannszeit, die zum Umwandern einladen. Einen Abstecher lohnt ebenso die alte Bergbaustadt Clausthal-Zellerfeld mit ihren Museen.

Borchardt's Bauernladen
Kungenburgweg 15
37115 Duderstadt
✆ 05527 / 3894
Geöffnet: Di u. Mi 15-18.30, Do u. Fr 10-13 u. 15-18.30, Sa 7.30-12

❑ **Schweinefleisch »Eichsfelder Art«**

Am Stadtrand von Duderstadt liegt der 120 ha große Ackerbau- und Grünlandbetrieb von Andreas Borchardt. Hier leben Hühner und rund 100 Großtiere; ca. 160 Schweine werden alle auf Stroh gehalten und ausschließlich mit eigenem Getreide gefüttert. Das Angebot des Bauernladens: Fleischwaren vom Rind, Wurst und Fleisch vom Schwein nach Eichsfelder Art; Obst und Gemüse, Kartoffeln, Eier, Säfte, Marmelade und Honig. Zum kleinen Teil wird aus der Region zugekauft. In der Nähe (ca. 15 min. Fußweg) befindet sich auf einem ehemaligen Bauernhof die »Sielmann-Stiftung Naturerlebnis«.

Gemüsebaubetrieb E. Diedrich,
Thomas Diedrich
Christus-König-Weg 14
37115 Duderstadt-Westerode
✆ 05527 / 5549, Fax 05527 / 941407
Geöffnet: tägl. 7.30-18, Sa 7.30-13

❑ **28 Gemüsesorten, integriert-kontrolliert**

Ca. 22 ha Freilandfläche sowie 8000 qm Hochglasfläche hat der Gemüse- und Gartenbaubetrieb der Diedrichs vorzuweisen. Der 1973 ausgesiedelte Hof liegt westlich von Duderstadt im Eichsfeld. Der Anbau erfolgt nach den Vorschriften und Richtlinien des »Integriert-kontrollierten-Anbaues Niedersachsen«. Beliefert wird auch die regionale Gastronomie, die sich zum Verbund »Eichsfeld-pur« zusammengeschlossen hat (Bezug von Waren nur von regionalen Produzenten). Im Angebot des Hofverkaufs stehen 28 Gemüsesorten, darunter Tomaten, Schlangen- und Einlegegurken, Stangenbohnen, Salate wie Kopf-, Eis- und bunte Salate, Kohlrabi, Blumen-, Weiß-, Rot-, Wirsing-, Grün- und Rosenkohl, Broccoli, Chinakohl, Buschbohnen, Zucchini und vieles mehr. Für Kinder steht ein Spielplatz mit modernsten Spielgeräten zur Verfügung.

Alfons Wandt
Rhumestraße 36
37434 Gieboldehausen
✆ 05528 / 8835
Geöffnet: nach Vereinbarung

❑ **Eichsfelder Spezialitäten**

Direkt an der Bundesstraße 27 liegt der Hof außerhalb des Ortes Richtung Herzberg, gegenüber der Aral-Tankstelle. Die bis zu 250 kg schweren Schweine – 300 an der Zahl – werden artgerecht auf Stroh gehalten. Das Fleisch wird zu Eichsfelder Spezialitäten verarbeitet, beispielsweise der Eichsfelder Mettwurst (luftgetrocknetes, warm verarbeitetes Fleisch), Stracke- (Reifungszeit 8 Wochen), Blasen- (Reifungszeit bis zu 6 Monaten) und Dosenwurst (Leber-und Rotwurst, Sülze).

Naturmilchhof Gartetal,
Dietrich und Marco Füllgrabe
Schwarze Gasse 6
37130 Gleichen-Diemarden
✆ 0551 / 794579
Geöffnet: tägl. 7-8 u. 17.30-18

❑ Beste Milch und frischer Wind

3 km südlich von Göttingen weht im Gartetal ein geschichtsträchtiger Wind: Auf einem hofeigenen Acker entstand eines der ersten Windkrafträder in Südniedersachsen. Der 120 Jahre alte Naturmilchhof und kontrollierte Biobetrieb (Mitglied im Verband Deutscher Vorzugsmilcherzeuger) hält 40 Milchkühe samt weiblicher Nachzucht; die hochwertige Vorzugsmilch wird montags bis samstags frei Haus geliefert. Wer seine Einkäufe kombinieren möchte: In der Nachbarschaft gibt es noch einen Bioland-Gemüsebetrieb mit Hofladen. Diemarden, das von Göttingen aus gut per Bus oder Fahrrad zu erreichen ist, bietet schöne Wanderwege und zwei Gaststätten zur gemütlichen Einkehr.

Erles Hofladen
Zum Lengdener Grund 12
37130 Gleichen-Kleinlengden
✆ 05508 / 788 0der 05508 / 92179,
Fax 05508 / 788
Geöffnet: Hofladen: Sa 8.30-12.30,
Bauernmarkt in Osterode: jeden 1. u. 3. Do im Monat 15-19

❑ Schweine auf Stroh, Rinder auf der Weide

Mitten im Ortskern von Kleinlengden, zwischen Göttingen und Duderstadt, liegt der 165 ha große Hof, wo Familie Erle eine extensive Rindviehhaltung betreibt, das heißt: die Tiere bleiben ganzjährig auf der Weide. Auf Stroh werden 250 Schweine gehalten. Von Wurst, Fleisch (auf Anfrage), Saft, Honig, Wein, Kartoffeln, Marmelade, Weihnachtsbäumen und Nudeln bis hin zu Gestecken aus Ähren wird den Kunden hier einiges geboten. Eine halbe Autostunde von Klein-Lengden entfernt: die Wilhelm-Busch-Mühle in Ebergötzen und die Kirschenstadt Witzenhausen.

Wegner & Henze. Thomas Wegner
Meinte 30
34346 Hann.-Münden-Oberode
✆ 05545 / 1861
Geöffnet: nach Vereinbarung

❑ Angus, Charolais

Der Familienbetrieb in der 3. Generation wird zu 80% in einem Wasserschutzgebiet bewirtschaftet. Thomas Wegner hält die Rinderrassen Angus und Charolais in Ammenhaltung sowie einjährige Mastschweine. Aus eigener Fütterung und Schlachtung werden Stracke und Runde Mettwurst, Leberwurst, Rotwurst, Sülze und einiges mehr angeboten.

Bioland Käsehof, Heide Ulrich und
Eberhard Prunzel-Ulrich
Oberdorf 24
37136 Landolfshausen
✆ 05507 / 91285
Geöffnet: Wochenmarkt in Göttingen:
Di u. Sa 7-13, Wochenmarkt in Göttingen-Weende: Mi 14-18,
Markt in Bovenden: Fr 14-18

❑ Ziegenkäse noch ohne Kurtaxe

Der Käsehof liegt innnerhalb einer geschlossenen, alten Hofanlage im alten Straßendorf »Langes-Husen«. Den Schwerpunkt des 40 ha großen Gemischtbetriebs bilden die Hofkäserei, die Milchschafe und Milchziegen, die im Sommerhalbjahr auf der Weide gemolken werden, und zwar in einer Mittelgebirgslandschaft mit wunderbarer Fernsicht: Prädikat »Kurtaxen-verdächtig«. Der Käsehof bietet verschiedene Sorten Schaf- und Ziegenkäse sowie Brotgetreide an, Lammfleisch gibt's auf Anfrage. Für den Marktstand werden Molkereiprodukte und einige Kuhmilch-Käsesorten zugekauft – alles aus ökologischem Anbau. Für Kindergärten und Schulklassen können Führungen auf der Weide bekommen, besonders in der Lammzeit ein tolles Erlebnis.

Herbert Rumenapf
Potzwenden Nr. 1
37136 Potzwenden
✆ 05508 / 459 , Fax 05508 / 8206
Geöffnet: Mi nachm., Sa vorm. u. nach tel. Vereinbarung

❑ Am Mittelpunkt der Erde

»Am Mittelpunkt der Erde, wo der Kirchturm keinen Schatten wirft!« – so lautet die Lagebeschreibung von Herbert Rumenapf für seinen Hof. 1000 Legehennen und 40 Sauen sind hier beheimatet; die Ferkel werden selbst gemästet. Im Angebot: Hausschlachtwurst, Eier, Suppenhühner Kartoffeln, Honig und Obst entsprechend der Jahreszeit. Aus Zukauf gibt's Honig von Imkern aus der Umgebung.

Biolandbetrieb Roselies Lehmköster
Hessebergstraße 10
37124 Rosdorf-Sieboldshausen
✆ 05509 / 2327, Fax 05509 / 2327
Geöffnet: Wochenmarkt in der Hospitalstraße in Göttingen: im Sommerhalbjahr Di, Do, Sa 8-13; im Winterhalbjahr Sa 8-19

❑ Weihnachtsgänse

Auf dem 1 ha großen Restbetrieb werden Beerenobst, Gemüse und Kartoffeln angebaut, auch die Kräuter haben ihren festen Platz. Zudem schnattern 30-40 Weihnachtsgänse, die auf Bestellung zum Verkauf angeboten werden. Auch Eier und Südfrüchte sind zu haben, von Naturkost Elkershausen sowie regionalen Bioland- und Naturlandbetrieben wird zugekauft.

Ulrich und Beate Zapfe
Hauptstraße 27
37136 Seulingen
✆ 05507 / 7320
Geöffnet: Wochenmarkt in Göttingen:
Do u. Sa, Markt in Bovenden: Fr

❑ Schlachtwurst aus dem Untereichsfeld

Der Hof liegt mitten im Ortskern von Seulingen und befindet sich seit über 100 Jahren im Besitz der Familie; die hauseigenen Schlachträume wurden 1995 neu erstellt. 18 ha Ackerbau, 50 Mastschweine auf Strohhaltung und 100 Hühner in Bodenhaltung mit Auslauf sind Grundlage für das Angebot von Eichsfelder Hausschlachtwurst, Kartoffeln und Eiern. Im Ort: die *Seulinger Warte*, ein Gasthaus mit phantastischem Ausblick über das Untereichsfeld bis zum Harz und Ohmgebirge. 3 km entfernt liegt der Seeburger See mit Bademöglichkeiten und einem Campingplatz. Außerdem sehenswert: Duderstadt mit seinen historischen Fachwerkhäusern und der Stadtmauer.

»Gallina« – der Hühnerhof,
Dipl.-Ing. Agr. Marlene Staab
Blumenstraße 6
37170 Uslar-Ahlbershausen
✆ 05571 / 6873
Geöffnet: auf Anfrage.
Wochenmarkt in Göttingen: Do u. Sa

❏ Hühner in Auslaufhaltung

Im Naturlandbetrieb von Marlene Staab genießt das Federvieh große Freiheit. In den gepachteten Hühnerställen mit 2 ha Auslauf legen 3000 Hennen täglich ihre Eier. Kooperiert wird mit dem Naturlandbetrieb Schulze in Ebergötzen in Form eines Futter- und Misttransfers. Und was kann man kaufen? Frische Eier natürlich – und Suppenhühner.

Brothof Waake, Hannes und
Conny v. Grafenstein-Lohrberg
Oberdorf 13
37136 Waake
✆ 05507 / 2290
Geöffnet: Di u. Fr 15-18, Do 17-19, Sa 11-13

❏ Steinofenbrot und Angus

Auf dem 10 Jahre alten Hof in Waake wird der eigene Roggen noch in einem holzbefeuerten Steinofen gebacken. Bei 100 Hühnern, drei Schweinen und elf Deutsch-Angus Rindern nebst 18 ha Ackerland ist die Palette der angebotenen Produkte recht groß. Aus eigener Erzeugung gibt es im Hofladen und auf den Märkten Kartoffeln, Roggen, Gemüse, Eier, Rindfleisch, Wurst, Obst und Steinofenbrot. Zugekauft werden Produkte von Elkershausen und anderen umliegenden Naturkostbetrieben.

Spezialitätenregister

Die folgende Zusammenstellung, die keinen Anspruch auf Vollständigkeit erhebt, gibt Hinweise auf relativ selten zu findende Nutztiere und Produkte. So wurden bei den Rindern, Schweinen oder Schafen nur die wenig bekannten Rassen eigens hervorgehoben. Das gilt analog für Wurst, Gemüse und Obst.

Fleisch und Wurst

Getränke

Sonstiges

Ortsregister